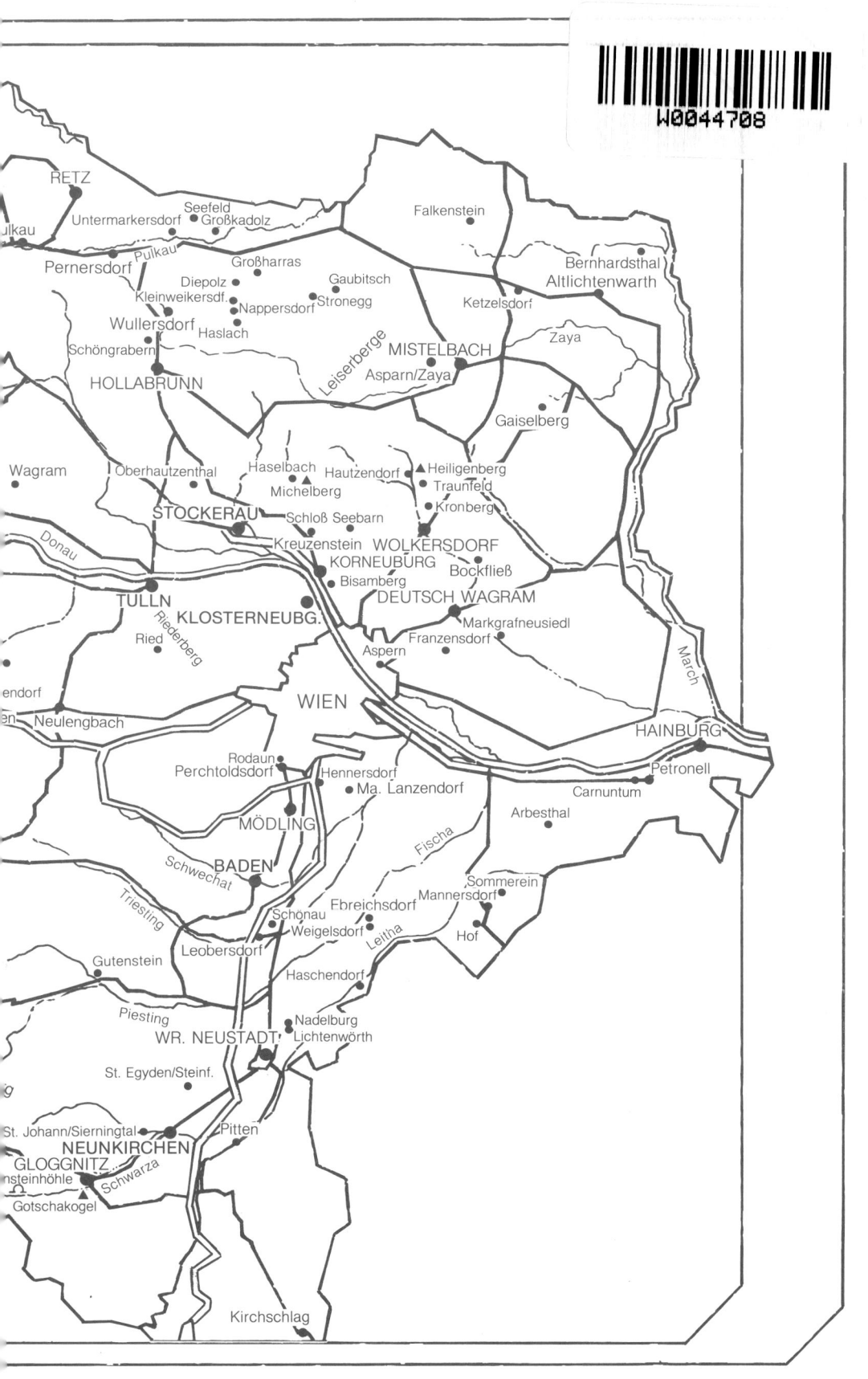

Karl Lukan
Weißer Stein und Rotes Türl

Karl Lukan

WEISSER STEIN UND ROTES TÜRL

Interessantes und Unbekanntes aus Niederösterreich

2. Auflage 1990

ISBN 3-224-17606-7 Jugend und Volk Wien

Fotos: Fritzi Lukan
Karte: Renate Uschan
Umschlaggestaltung: Bruno Wegscheider

Satz: Fa. Leingärtner, Nabburg
Druck und Bindung: Wiener Verlag

INHALT

WEISSE FLECKEN AUF DER LANDKARTE

Ich habe ihn lange Zeit beneidet . . . den Professor J. A. Schultes, der um 1800 viel in Wiens Umgebung gewandert ist und danach das berühmt gewordene Buch geschrieben hat »Ausflüge nach dem Schneeberge in Unterösterreich«. Ich habe Schultes beneidet, weil er in einer Zeit gelebt hat, in der es noch sozusagen vor der Haustür weiße Flecken auf der Landkarte gab und ein Wanderer auf Schritt und Tritt dem Unbekannten gegenüberstand.

So wie Schultes bin ich ebenfalls sehr oft zu Fuß von Wien weg auf den Schneeberg gewandert. Und so wie ihm sahen die Landbewohner auch mir etwas verwundert nach. Denn kurz nach dem Zweiten Weltkrieg galt nämlich jeder, der noch freiwillig zu Fuß ging, als nicht ganz normal. Dann kam die große Motorisierung, und da wurde es noch schlimmer . . .

»Ihr Zimmer ist im ersten Stock!« sagte die Kellnerin in einem Voralpen-Gasthof. »Und das Auto können Sie hinter dem Haus parken!«

»Wir haben kein Auto. Wir sind zu Fuß gekommen!«

Da bekam die Kellnerin große Augen. »Ach sooo . . . Sie haben kein Auto? Da muß ich erst den Chef fragen, ob das Zimmer noch frei ist!«

Das Fußwandern wurde erst später wieder modern. Da waren wir – meine Frau und ich – bereits zu Radwanderern geworden. Und wiederum große Verwunderung bei den Landbewohnern . . . »Warum kaufen Sie sich nicht wenigstens ein Moped? Damit sind Sie schneller!«

Wir wollen gar nicht schneller sein. Wir genießen das Dahinbummeln durch die Landschaft.

Wer sich unterwegs mehr Zeit gönnt, der sieht auch mehr. Wer mehr sieht, der sieht auch vieles, über das er gerne mehr wissen möchte. Warum wird der Weiße Stein noch immer weiß gestrichen, und was verbirgt sich hinter dem Roten Türl? Wer war die gekreuzigte Frau mit dem Bart, und was bedeuten die geheimnisvollen Ritzzeichen an den Felsen über Göstling? Wie kam der Rattenfänger nach Korneuburg, und wer war Herr Simandl in Krems?

Solche Fragezeichen führen natürlich in die Bibliotheken. Und das Schmökern in den Büchern bringt wiederum schnurstracks zurück in die Landschaft. Denn: Im Weinviertel soll es in einigen Orten Lichtsäulen geben mit seltsamen Maskenköpfen am Schaft . . .

Mit der Schnellbahn fuhren wir nach Bernhardsthal, von dort auf den mitgenommenen Fahrrädern in Richtung Weinviertel und Maskenköpfe. Kreuz und quer durchs frühsommerliche Hügelland und vorbei an grellgelben Rapsfeldern. Am Freitag kehrten wir kurz zurück nach Wien und am Samstag erkletterten wir am Schneeberg den Stadlwandgrat. Oben auf der »Märchenwiese« lag noch etwas Schnee. In dieser einen Urlaubswoche sind wir nie weiter als etwa sechzig Kilometer von Wien entfernt gewesen – und waren doch in zwei völlig verschiedenen Welten unterwegs.

Bereits im Jahre 1879 schrieb der Historiker und Geograph M. A. Becker im Vorwort seines Buches über »Niederösterreichische Landschaften« . . . »Mit ihrer wechselnden Scenerie vom Hochgipfel bis zur flachen Niederung, vom heimlichsten Winkel der Bergschlucht bis zum offenen, breiten, geräuschvollen Längentale, durch welches der mächtige Strom zieht, halten sie wohl auch den Vergleich mit Manchem aus, was der Vielgereiste aus der Erinnerung an ferne Gegenden mit dem Ausdrucke schön bezeichnet. Aber damit man sich dessen bewusst werde, wollen sie gekannt und mit der Musse sinniger Betrachtung genossen sein. Das wird nun dem Einheimischen schwer, da er sie täglich vor sich hat, dem Wiener namentlich schwer, da sie ihm nicht fern genug liegen, während der Fremde, der nach Wien kommt, von der Stadt selbst und ihrer zunächst erreichbaren Umgebung vollauf in Anspruch genommen, der Erforschung des Seitabliegenden keine Zeit widmen kann.«

Für einen Radfahrer ist das Sehenswerte in Niederösterreich fern genug. Und sind es auch keine weiße Flecken, in die wir noch vorstoßen können, so finden wir immerhin genug weiße Punkte da und dort, die nach etwas Farbe verlangen.

So bummeln wir nun schon lange Zeit im Land um Wien herum. Und jetzt beneide ich den Professor Schultes eigentlich gar nimmer . . .

DONAULAND

Es gab Zeiten, in denen die Donau mit Vorliebe »der Nibelungenstrom« genannt wurde.

Die Nibelungen hat es niemals gegeben.

Es gibt auch keine »blaue Donau«. Das bewies eine exakte Farbkontrolle schon im Jahre 1935, aus der hervorging, daß die Donau innerhalb eines Jahres an sechs Tagen braun war, an fünfundfünfzig Tagen lehmgelb, und dann war sie schmutziggrün, hellgrün, grasgrün, stahl-, smaragd-, dunkelgrün – nur blau war sie nie!

Hingegen haben viele Reisende bereits im 19. Jahrhundert festgestellt, daß die Donau an Schönheit und Romantik sogar den vielgerühmten Rhein übertreffe. Aber justament das kam nie richtig an.

Zu den von der Donau hellauf Begeisterten gehörte auch die Engländerin J. A. Donner, die mit ihrem Mann auf einem Boot von Regensburg bis zur Ungarischen Pforte gefahren war und danach das 1894 erschienene Buch »Down the Danube in an Open Boat« geschrieben hatte. Das Ehepaar war auch schon auf dem Missouri und Mississippi unterwegs gewesen; die Donaufahrt jedoch empfanden beide als »seltenen Hochgenuß«. Das vor allem wegen der Romantik und Stille.

In St. Nikola kehrten die beiden Engländer in einem Landgasthof ein und hätten dort gerne einen Fisch gespeist. Der Wirt sagte: »Es tut mir leid, Fische beziehen wir aus Wien. Wenn ich sie heute bestelle, können sie bestenfalls übermorgen da sein!«

So war das seinerzeit an den Ufern der schönen blauen Donau. Und schon lange sagte man, daß man da etwas unternehmen und mehr modernen Schwung in diese Idylle bringen müsse. Das tat man dann auch – man baute Kraftwerke! Und mit ihrem Bau hat man eine Lebensader – das ist jedes fließende Gewässer ganz ohne Poesie – auf langen Strecken in eine träge Brühe verwandelt.

Einst wurden auf der Donau nur die Menschen zum Aderlaß gebeten. Sechzehn Mautstellen waren im 17. Jahrhundert zwischen Wien und Regensburg zu passieren. Für einen Eimer Wein betrug die Mautgebühr fast 70 % vom Wert des Weines. Damit übertraf der Landesherr sogar noch die berühmten Kuenringer (die übrigens gar keine Raubritter waren).

In ihrem langen (2850 km) Lauf durchschneidet die Donau auch Österreich – und das im wahrsten Sinne des Wortes. Wer sie mit dem Schiff befährt, wird das kaum merken, auch nicht ein Autofahrer, wohl aber ein Fuß- oder Radwanderer, der von einem Ufer zum anderen wechselt und mehr Kontakt zu den Landbewohnern findet. Er wird diesseits und jenseits der Donau einem recht verschiedenen Menschenschlag begegnen. Ein Mostviertler ist ganz anders als ein Waldviertler, und ein Gulasch schmeckt in Marchegg viel mehliger/molliger als eines in Hainburg, das dort umso schärfer ist. (Ungarn ist nahe!)

Daß die Donau etwas Trennendes auch für das Wetter ist, zeigt sich am deutlichsten in Wien: Wer in Wien-Hütteldorf einen Schrebergarten besitzt, muß seine Blümchen nicht so oft eigenhändig gießen wie ein Schrebergartenbesitzer in Wien-Floridsdorf . . . dort regnet es nämlich wesentlich weniger.

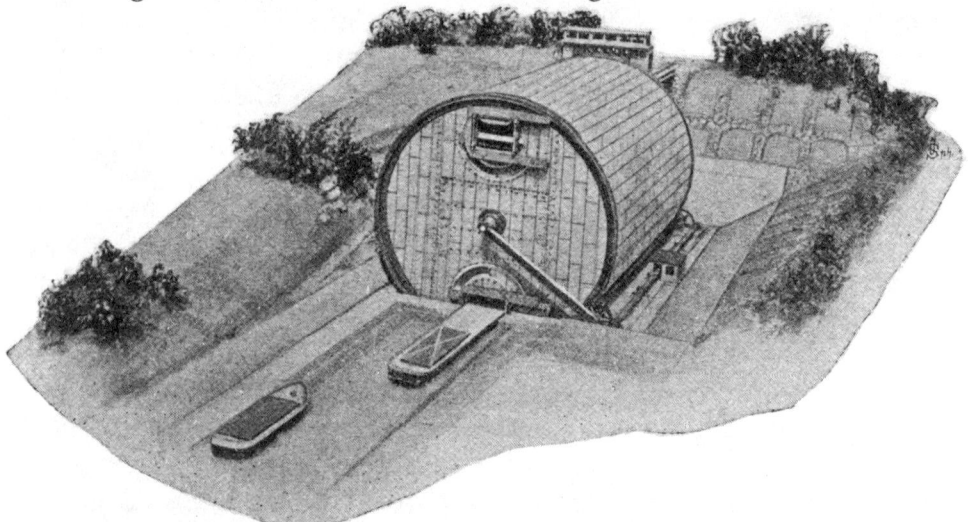

»Der Donau-Oder-Kanal muß gebaut werden!« ist der Titel einer 1908 in Wien erschienenen Schrift, in der heftigst gegen die Verzögerungen des im Jahre 1901 beschlossenen Projekts protestiert wird. In ihr werden auch Modelle der »rotierenden Schleusen« (36 Meter Hubhöhe!) gezeigt, mit denen an der Scheitelstrecke die Niveauunterschiede für den Schiffahrtsverkehr ausgeglichen werden sollten. »Was also ist dem Baubeginn noch im Wege?« fragte der Verfasser der Streitschrift. Bis heute war es recht viel . . .
Bereits im Jahre 1652 hatte der große Kurfürst Friedrich Wilhelm von Brandenburg dem Kaiser Ferdinand III. das Projekt eines Donau-Oder-Kanals unterbreitet. Und im Jahre 1701 ordnete Kaiser Leopold I. an, daß dieses Projekt durch eine Schiffbarmachung der March in Angriff zu nehmen sei. Tatsächlich in Angriff genommen wurde aber nur der im gleichen Jahr beginnende Spanische Erbfolgekrieg. Immer wieder ist bei diesem Jahrhunderte-Projekt etwas dazwischen gekommen.

Wie in Wallsee das Römerkastell entdeckt wurde

»Schon als Volksschüler stieg ich mit meinem Hauslehrer von einer Baustelle zur anderen: wir suchten und fanden römische Ziegel, Scherben u. a., und ich wuchs mit dem selbstverständlichen Begriff heran: Wallsee ist ein ehemaliges Römerkastell«, erzählt der heutige Besitzer von Schloß Wallsee, Theodor Salvator Habsburg-Lothringen.

Und da ist noch ein zweiter Mann, der bald erkannte, daß Wallsee mehr ist als nur ein Ort, in dem zufällig römische Scherben herumliegen. Als Schuldirektor Elmar Tscholl nach Wallsee kam, fiel ihm zuallererst auf, daß die Lehrerschaft seelenruhig ihre Zigaretten in einem römischen Terra-sigillata-Gefäß abdämpfte. Darauf begann auch er sich etwas mehr mit dem Boden dieses Ortes zu beschäftigen, in dem solche »Aschenbecher« zu finden waren.

Bereits in der 1889 erschienenen »Geschichte von Wallsee« hatte der Geheime Rat Dr. Carl Samwer bemerkt: »Bei jedem Hausbau stößt man (noch im Jahre 1874 bei dem Schulgebäude des Markts) auf römisches Mauerwerk, welches sich regelmäßig schon kaum zwei Fuß tief unter der jetzigen Oberfläche zeigt.« Außerdem fand man viele Pfeil- und Speerspitzen, Hufeisen, Ziegel mit Legionsstempel – alles Gegenstände, die darauf hindeuten, daß hier einst Soldaten gehaust haben. In einem römischen Limeskastell?

Die Wissenschaftler glaubten eher daran, daß sich auf diesem markanten Plateau über der Donau nur ein Wachtturm (Burgus) befand, mit einer kleinen Siedlung rundum. Um den Nachweis eines Kastells zu erbringen, wären archäologische Grabungen mitten im Herzen des malerischen Ortes notwendig gewesen – aber dagegen haben die Besitzer schöner Häuser bekanntlich etwas! So blieb Wallsee bis in die letzten Jahre ein großes Diskussionsthema und Fragezeichen der Limesforschung.

Aber Schloßherr und Schuldirektor wollten Gewißheit. Und mit einer in der Geschichte der Archäologie vollkommen neuen und höchst originellen Methode konnte der sich als Amateurarchäologe betätigende Schuldirektor schließlich auch den eindeutigen Beweis erbringen, daß sich in Wallsee tatsächlich ein richtiges römisches Kastell befunden hatte.

Tscholl hatte beobachtet, daß in einer gewissen und auffallend geraden Linie an den Hausmauern des Ortes größere und kleinere Sprünge zu sehen waren. Und wenn diese Risse die betroffenen

Hausbesitzer auch wieder zumörteln und übertünchen ließen –
nach einiger Zeit waren sie schon wieder offen. Die Erklärung:
Hausmauern, die nur auf Grundmauern erbaut sind, machen
(durch wechselnde Feuchtigkeit und Frost) alle Bewegungen des
Bodens mit; Hausmauern auf felsigem Grund machen diese Bewegungen nicht mit, und es bilden sich Setzungsrisse. Tscholl vermu-
tete, daß die Fundamente der römischen Kastellmauern dieser
»felsige Grund« sein könnten. Also ließ er – wo es leicht ging –
Suchgräben ausheben, und tatsächlich wurden in etwa 1,20 Meter
Tiefe unter dem heutigen Niveau die Fundamente einer mit soli-
dem Kalkmörtel gebundenen und ca. 2 Meter starken Bruchstein-
mauer sichtbar.

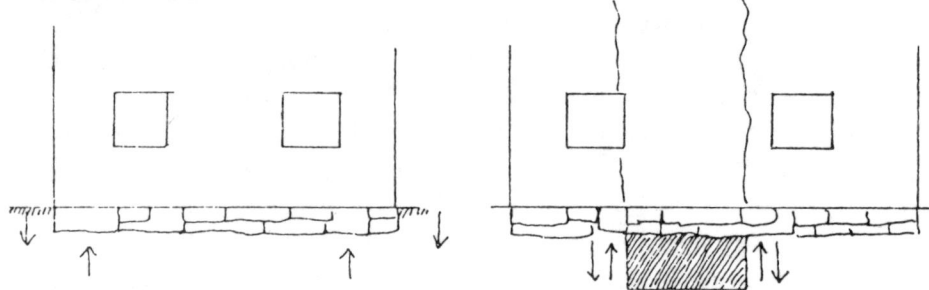

Übliche Fundamentierung macht   *Kastellmauer unter den Fundamenten.*
die Bewegung des Bodens mit: *Außerhalb liegende Teile*
Keine Sprünge   *machen Bewegungen des Bodens mit:*
                                        Parallele Sprünge

Nachdem einmal das Vorhandensein einer Römermauer festgestellt worden war, konnte dann auch ihr Verlauf lokalisiert werden
– und der entsprach genau dem Umfang eines Kastells. In mühevoller Kleinarbeit hatte der Schloßherr inzwischen auch Belege
und Beweise für den Namen des Kastells gefunden: Ad Iuvense.
Triumph für zwei Amateurarchäologen.
Wer heute über den Hauptplatz von Wallsee spaziert, folgt der
Hauptstraße des einstigen Römerlagers. Und an der von der Mühl-
steinbrecherzunft im 18. Jahrhundert erbauten St. Anna-Kapelle
sind deutlich einige der nunmehr schon berühmt gewordenen
Mauersprünge zu sehen. Einige Funde aus Wallsee sind im Vorraum und Stiegenaufgang des Gemeindeamtes auf dem Hauptplatz ausgestellt, darunter auch einige der »Wallseer Bildsteine«.
Diese Steine wurden im Verlauf der Zeit im Bereich des Schlosses und Marktes wie auch auf der Höhe von Sindelburg gefunden
und sollen von größeren Grabbauten stammen. Einer der Steine

zeigt einen bildschönen Jüngling mit langem Haar und mit einer gesenkten Fackel (oder einem Füllhorn?) in der Hand – und außerdem mit Flügeln. Solche geflügelten Jünglinge sind schon auf vielen Aschenkisten, Sarkophagen und Wandmalereien der Etrusker zu sehen. Diese glaubten, daß jedem Menschen von Geburt an zwei Genien beigegeben sind, ein guter und ein böser. Der gute Genius nimmt am Grabe Abschied von der dahingegangenen Seele . . . die Fackel ist erloschen (oder das Füllhorn ist geleert).

Die Römer haben solche Vorstellungen von den Etruskern übernommen und ihnen auch am Limes Ausdruck gegeben. Einer der Wallseer Bildsteine zeigt einen bösen Genius, der als Überbringer schlechter Nachrichten und als Todesbote anzusehen ist; sein Attribut ist ein Hammer oder Beil (und noch heute wird bei Auktionen mit einem Hammer geklopft als Zeichen, daß von einem Gegenstand Besitz ergriffen worden ist). Dieses Attribut führte schon oft zu Mißverständnissen. So wurde dieser Stein zunächst für das Grabdenkmal eines Zimmermannes gehalten.

Jetzt gibt es um Wallsee nur noch eine offene Frage: Wo war das Heiligtum des Kastells? Man vermutet es auf dem Hügel, wo heute die Kirche von Sindelburg steht. Aber dort haben bis jetzt noch keine Mauersprünge den Forschern auf die Sprünge geholfen . . .

St. Pantaleon oder die Kehrseite der Medaille

Pantaleon war der Leibarzt des Römerkaisers Maximian und starb im Jahre 305 als Märtyrer. Die erste Kirche von St. Pantaleon an der Donau entstand um das Jahr 1100, und 1802 schreibt ein Pfarrer über sie in die Chronik: »Es ist eine Kapelle in der Kirche, in welcher manchmal Meß gelesen wird. Sie ist aber wenige Stufen unter dem Fußboden der Kirche und erinnert auf die ersten Zeiten der Christenheit.«

Diese Krypta von St. Pantaleon gehört zu den ältesten romanischen Bauten Österreichs, und urtümlich ist auch noch der Schmuck ihrer Kapitelle. Die heutige Kirche mit ihrem faszinierenden Netzrippengewölbe stammt aus dem 15. Jahrhundert, und ihr großer Flügelaltar war St. Pantaleon geweiht. Das war »ein guter Heiliger« für die Bauern, weil er das Vieh schützte und außerdem noch als Patron der Ärzte und Bader galt, von de-

ren Heilkunst der Mensch abhängig ist. Man kam also mit seinen
Anliegen gerne zu St. Pantaleon, und die Kirche wurde ein loka-
les Wallfahrtsziel.

Zu Ende des 19. Jahrhunderts kam auch Graf Hans Wilczek nach
St. Pantaleon.

Zu dieser Zeit hatte – einerseits – die Kirche dringend eine Restaurierung nötig, und – andererseits – wollte der Graf den Flügelaltar für seine Burg Kreuzenstein haben. Und weil, nach der Meinung des Pfarrers, die alten Bilder ohnedies nicht zur Andacht
stimmten und die Gemeinde auch keine Freude daran habe, bekam der Graf – mit Einwilligung des bischöflichen Ordinariats
St. Pölten – alle Altartafeln um den Preis von 700 Gulden. Das
war – um einen Wertvergleich zu geben – zu dieser Zeit der
Wiener Marktpreis für etwa 1000 Kilogramm Rindfleisch.

Die Statue St. Pantaleons bekam Graf Wilczek nicht. Dominie-
rend steht jetzt der Heilige mit der Arzneibüchse in der Hand neben seinen neugotischen Kollegen Leonhard und Isidor, die neben
ihm keine gute Figur machen. Übrigens: Der neue Altar hatte den
armen Pfarrer dann 3000 Gulden gekostet!

Nur ein Mann hatte damals gegen diese Transaktion protestiert.
Im »Monatsblatt des Wiener Altertumsvereins« (1890) prangerte
ein Mitglied der Zentralkommission für Denkmalpflege, Architekt
Riewel, die Praktiken an, unschätzbar wertvolle alte Objekte gegen
neue auszutauschen. Er sah darin ein Werk »der rohen Zerstö-
rungswuth«; sein Protest blieb ohne Wirkung.

Das ist die eine Seite der Medaille – und das die andere . . .

Burg Kreuzenstein: »Anf. d. 12. Jh. an der Stelle eines frühge-
schichtl. Ringwalls erbaut, 1645 von den Schweden zerstört, von
Graf Hans Wilczek 1874-1907 unter Verwendung roman. und got.
Bauteile aus zahlreichen europ. Burgen nach dem Vorbild einer
ma. Idealburg erneuert. Wertvolle Sammlung von Waffen, Mö-
beln, Plastiken, Glasgemälden und sonstigen mittelalterlichen
Kunstgegenständen.« (Österreich-Lexikon)

Graf Wilczek (1837-1922): »Forschungsreisender, Förderer von
Kunst und Wissenschaft; rüstete 1872 die Vorexpedition in das No-
waja-Semlja-Meer aus, unterstützte finanziell die ö.-ungar. Nord-
pol-Expedition und richtete 1882 aus eigenen Mitteln die ö. Station
auf der Insel Jan Mayen ein. 1875 Präs. d. geograph. Ges.; gründete
die Gesellschaft der Wr. Kunstfreunde, nach dem Ringtheater-
brand 1881 die Wr. Freiwillige Rettungsgesellschaft, ferner das Ru-

dolfinerhaus in Wien (mit Billroth) und die Mensa der Univ.; ließ seine Burg Kreuzenstein im ma. Stil wieder erbauen.« (Österreich-Lexikon)

Das Sammeln von Kunstwerken war des Grafen große Leidenschaft. Und daß er dabei keineswegs zimperlich war, beweist eine recht makabre Geschichte, die er in seinen Lebenserinnerungen erzählt:

»Mit den Colloredos leistete ich auch in Sierndorf einmal eine große Forschungsarbeit, die noch heute mein Gewissen belastet. Die alte gotische Schloßkirche, die einen der schönsten Altäre aus der Frührenaissance besitzt, auf den von zwei Oratorium-Emporen die Steinbüsten der Familie Zelking herabblicken, hatte offenbar unter dem Hochaltar eine Gruft. Die Hoffnung, kostbare Funde aus der Zelkingerzeit zu machen, verleitete uns, in diese Gruft einzubrechen, allein wir fanden in dem geräumigen Gewölbe nur viele kupfere Särge mit unleserlichen Aufschriften, in denen Mitglieder der Familie Herberstein lagen. Unser sträfliches Interesse ging so weit, daß wir die bedeutendsten dieser Särge aufmeißelten und darin herumwühlten. Die Feuchtigkeit hatte leider alle Stoffe bis zur Unkenntlichkeit zerstört; wir fanden weder Schmuck noch Waffen, und ich nahm mir nur ein paar Schuhe und eine Perücke aus dem Beginne der Allonge-Perückenzeit mit. Unsere Hände waren von dem noch immer Fett enthaltenden Leichenstoff so imprägniert, daß wir ihn trotz Seife und Lauge tagelang nicht loswerden konnten. Um unser Gewissen wenigstens einigermaßen zu beruhigen, schlossen wir die Särge so gut als möglich, zogen sie heraus, stellten sie reihenweise um den Hochaltar herum und der Pfarrer las eine heilige Messe für die Verstorbenen, deren Ruhe wir so arg gestört hatten.«

Alles, was Graf Wilczek in Burg Kreuzstein eingebaut, aufgestellt oder aufgehängt hat, war für ihn eine Trophäe. Und so ist die Burg zu etwas geworden, das es kein zweitesmal auf der Welt gibt. Schon für Millionen Menschen ist Kreuzenstein zum großen Burgerlebnis geworden (obwohl oder weil es eine Phantasieburg ist). Und keines der darin angesammelten Kunstwerke wäre an seinem angestammten Platz bisher von so vielen Menschen gesehen, bestaunt oder bewundert worden.

Aber in St. Pantaleon bedauert man heute noch die Zerstörung eines Gesamtkunstwerkes.

Jede Medaille hat zwei Seiten. Welche ist in diesem Fall die Kehrseite?

Das Posthaus in Strengberg

Seit es die Autobahn gibt, ist es auf der Bundesstraße Nr. 1 über
den Strengberg gespenstisch still. Mehr als eine Viertelstunde lang
gehörte die breite Straße uns zwei Radfahrern ganz allein, dann
erst kam uns ein Auto entgegen . . .

Das jetzt renovierte alte Postamt von Strengberg gleicht in seiner
Größe fast einem Fürstenschloß . . . Erinnerung an die Zeit, in
welcher der Strengberg noch ein »Meilenstein« war zwischen
Wien und dem Westen. Der Bau stammt aus dem 17. Jahrhundert,
wurde aber später noch um- und ausgebaut. Die Kaiserin Maria
Theresia hat in ihm genächtigt und natürlich auch der Kaiser Franz
Joseph. Das Mobiliar des stuckverzierten Kaiserzimmers wurde
1885 in die Lainzer Hermesvilla gebracht, wo es noch heute (in Elisa-
beths Schlafzimmer) zu sehen ist.

An der Fassade des Posthauses sind zwei Sonnenuhren – eine
für den Sommer, eine für den Winter – angebracht; beide zeigen
die Zeit bis 16 Uhr an, doch eine beginnt schon mit sieben Uhr, die
andere erst um acht Uhr. Auch der Stufenstein für die auf- und ab-
steigenden Reiter ist noch erhalten geblieben.

Und das Innere des Posthauses (heute Gemeindeamt) zeigt
großräumige Vornehmheit, jede der schöngeschnitzten Holztüren
ist ein kleines Portal. Man zeigte uns das »Protokoll der über Nacht
gebliebenen Fremden« vom Jahre 1851, in dem der damalige Postmeister in seiner wie gestochen scharfen Handschrift auch »Cha-
rakter oder Gewerbe« der Gäste eingetragen hatte – es waren zumeist ausschließlich hochgestellte Persönlichkeiten, bei denen die
Rubrik »Reisezweck« unausgefüllt blieb.

Bei der Renovierung des Posthauses wurde in der großen Halle
im ersten Stock auch eine an die Mauer gekritzelte Inschrift aus
dem Jahre 1762 entdeckt . . . »nur gedult es wirt balt besser werden«. Ist es besser geworden?

So teuer wie damals ist die Post jedenfalls nicht mehr. Die Beför-
derung eines Briefleins kostete Mitte des 18. Jahrhunderts ungefähr soviel wie heute eineinhalb Kilogramm Rindfleisch. 1722 hatte
Kaiser Karl VI. die Inkammerierung (was Verstaatlichung heißt)
der Post verfügt, und damit war es auch gleichzeitig zu einer emp-
findlichen Tariferhöhung gekommen. Außerdem wurde der Brief-
transport durch Privatleute (die das natürlich wesentlich billiger
machten) bei strenger Strafe verboten. Damit begann – und das er-

scheint in unserer Zeit des Rauschgiftschmuggels fast wie ein Witz
– ein sehr lebhafter Briefschmuggel!

Übrigens: Eine Fahrt mit der Eilpost von Wien bis nach Amstetten dauerte damals 14 Stunden.

Der Postmeister war vor und auch nach der Postreform von 1722
Herr und Gebieter in seinem Posthof. Er war eine Art Lehensherr
und konnte seine Poststation ausbauen oder auch verkommen lassen, vererben oder verkaufen.

Das Posthaus von Strengberg wurde von Postmeister Johann
Georg Öttl erbaut und nach seinem Tod im Jahre 1725 von seinem
Sohn Johann Georg Sigmund übernommen. An diesen (+ 1754)
erinnert an der Kirche von Strengberg (rechts vom Eingang) noch
der Grabstein mit dem sehr barocken Postler-Nachruf:

> Vor 64 Jahr Hab Ich der Welt
> Dass Erste Liecht Ersehen
> Und Dreissig Habe Ich Gezählt
> Im Post Ambt Hier Zu stehen.
> Doch Endlich Kame Ungefehr
> Ein Allzuweite Poste
> Und dise War Darumen Schwer
> Weil Es Mein Leben koste.

Der Kanzelstemmer von Krenstetten

»Unsere Kanzel ist nicht manieristisch, sie ist schon ein richtiges
Kunstwerk!« sagte der alte Pfarrer von Krenstetten, mit dem wir im
Abendsonnenschein vor seiner Kirche saßen. Er hatte seinerzeit
noch in Kunstgeschichte gelernt, daß Manierismus etwas Minder-
wertiges sei, Künstelei oder gekünstelte Nachahmung.

Allzulange wird das Wort Manierismus ja auch noch nicht als Bezeichnung für eine ganz eigenständige Kunstrichtung zwischen
der Renaissance und dem Barock verwendet, »für eine der faszi-
nierendsten Konzeptionen, welche die Kunstgeschichte jemals
aufzuweisen hatte« (wie es vom Kunsthistoriker Franzsepp Wür-
tenberger formuliert wurde).

Die Kanzel von Krenstetten ist von dem Passauer Bildhauer
Wendelin Perg begonnen und 1636 von Johann Seitz vollendet
worden. Bestellt wurde sie für die Stiftskirche Seitenstetten, dort

jedoch stand sie nicht lange. Als man ab 1677 das Gotteshaus in einen barocken Festsaal verwandelte, schob man die Kanzel ab nach Krenstetten.

Die Kanzel zeigt »reichen figuralen Schmuck«, meldet der Dehio-Kunstführer, und das ist eher eine Untertreibung: Sie ist nämlich förmlich überladen mit Szenen, Allegorien und Symbolen. Und getragen wird der Kanzelkorb von einem fast menschengroßen Engel, und der ist das Besondere an diesem Werk.

Karyatiden scheinen etwas lächerlich (Karikatiden, meine ich, wäre das bessere Wort für sie). Man will in diesen als Architekturträger fungierenden Menchengestalten ein Nachklingen der alten Bauopfer sehen (man errichtete einen Bau auf einer Menschen- oder Tierleiche, um ihm dadurch Seele und Dauerhaftigkeit zu verleihen), aber an dieser Bauidee sind sogar schon die Griechen gescheitert . . . wer bekommt nicht ein mitleidiges Schädelbrummen beim Anblick der Steinsäulendamen an der Korenhalle des Erechtheion von Athen?

Die Künstler des Manierismus mit ihrem Hang zum Exzentrischen haben mit Vorliebe wieder Karyatiden in die Architektur gestellt. Doch ihre Figuren tragen ihre Last nicht in stiller Größe, sondern sichtlich geplagt und oft mit schauerlichen Grimassen. Vielleicht ist erst durch die Kunst des Manierismus deutlich geworden, wie abwegig es ist, den menschlichen Körper zu einem Bestandteil der Architektur umzuzwingen.

Der kanzeltragende Engel von Krenstetten verdankt wohl noch dem Manierismus seine Entstehung, in seiner Ausführung ist er jedoch schon ein junges Kind des Barock. Er ist ein liebenswerter Bursche mit einem runden Gesicht. Er hat sein Gewand geschürzt und die Hemdärmel hochgekrempelt . . . alsdann, gemma 's an! Und jetzt stemmt er fröhlich die Kanzel. Aber der Schlankel tut nur so! Zwischen seinen Händen und dem Kanzelboden sind etwa zwei Zentimeter Luft . . .

Während unserer Plauderei mit dem alten Herrn Pfarrer kamen einige Ortsbewohner vorbei, und alle sagten, wie sehr sie sein Weggehen bedauerten. Ob er in den Ruhestand träte, fragten wir ihn.

Keineswegs! Krenstetten sei eine ruhige Pfarre, und er müsse jetzt – so hatte es der Abt von Seitenstetten beschlossen – eine Pfarre übernehmen, in der mehr zu tun wäre. Der Priestermangel . . .

Ob ihm der Abschied von Krenstetten nicht schwerfiele?

»Das schon!« sagte der alte Herr. »Aber ich bin ein Mönch – und wir Mönche müssen gehorchen!« – Ein wahrer Träger seiner Kirche.

Das Badehaus von Schloß Salaberg

Heute ist der »Tierpark Haag« die Attraktion dieser Gegend, zur Barockzeit war eine Attraktion ganz anderer Art das »Badehaus« von Schloß Salaberg.

Franz Ferdinand Graf Salburg hatte längere Zeit in Venedig verbracht; er soll sogar mit den Venezianern gegen die Türken gekämpft haben. Nachdem er 1677 die Herrschaft Salaberg übernommen hatte, bestimmte sein »Traum vom Süden« den Umbau des Schlosses im italienischen Stil. Für den Festsaal des Schlosses wurden die Repräsentationssäle des Dogenpalastes zum Vorbild, für den Garten die Parks der venezianischen Landvillen.

Es ist ein eigenartiges Erlebnis, aus der Mostviertler Landschaft mit nur wenigen Schritten in diese so ganz andere Welt zu geraten . . . wo auf weiten Rasenflächen mythologische und allegorische Steinfiguren zum Raten auffordern, wen sie darstellen, und wo inmitten blühender Natur Riesenvasen herumstehen, und das nur zur Zierde und keinem anderen Zweck. In diesem italienischen Park steht auch das im Jahre 1700 vollendete Badehaus.

Die Menschen der Barockzeit waren nicht sehr badelustig. Das ist teilweise auf die durch die Gegenreformation wiederbelebte Prüderie zurückzuführen, hauptsächlich aber auf die Angst, sich in den Badestuben eine ansteckende Krankheit zu holen – eine berechtigte Angst, nachdem sich in der Renaissance viele etwas allzulustige Leute dort eine Lustseuche geholt hatten. In dieser Zeit, in der Wasser nur höchst selten zur Körperpflege verwendet wurde, war die Errichtung eines Bades etwas ganz besonders Exzentrisches.

Ludwig XIV. hatte sich ein Bad in Versailles anlegen lassen – es ist nicht mehr erhalten. Zu Nymphenburg wurde eines gebaut, das drei Zuleitungen hatte – für kaltes und warmes Wasser und für Milch! In Österreich ist das Bad von Salaberg das einzige seiner Art. Aber es ist stark verwahrlost. Seit nach dem Zweiten Weltkrieg die Russen hier gehaust haben, wurden wohl Schloß und Garten einigermaßen restauriert, das Badehaus aber nicht . . . der chronische Geldmangel für Denkmalpflege in Österreich.

Ein Einheimischer hatte uns gesagt, daß das Badhäusl »wie eine Grottenbahn« ausschaut. Tatsächlich soll der halbrunde Raum hinter den Bögen der Schauseite mit dem bunt gefärbelten und mit Kieselsteinen und Glassplittern durchsetzten Verputz eine Grotte vortäuschen. In Grotten hausten die Nymphen der antiken Mythologie – im Barock baute man gern ein bisserl allegorisch.

Zwei Eingänge führen in zwei große, mit Fresken geschmückte Räume. In diesen heizbaren Garderobesälen haben die Unerschrockenen, die tatsächlich ins Wasser steigen wollten, ihre Kleider abgelegt, was im Zeitalter der Reifröcke und Perücken sicherlich eine viel Raum erfordernde Prozedur war! Hier sollen auch die Musiker gewesen sein, deren Spiel das Bad verschönern sollte.

Schmale Türen führen in den überraschend kleinen Baderaum. Auch hier sind Fresken an den Wänden, und diese bunten Bilder zeigen inmitten einer antiken Scheinarchitektur eine – ebenfalls nur scheinbar – das Badebecken füllende Quelle. Wirklichkeit hingegen ist vor dem Becken eine massive Marmorbalustrade, von der aus das Publikum das Badeschauspiel bewundern konnte . . .

Das Badehaus von Schloß Salaberg wurde von den Herrschaften nicht aufgesucht, um sich etwa zu erfrischen oder gar zu reinigen. Baden war damals eine gesellschaftliche Veranstaltung, ein Spektakel, ein gutinszeniertes Theater mit einer entsprechenden Kulisse. Das Badebecken selbst ist winzig, jeder Schrebergärtner von heute besitzt einen größeren Plastik-Swimmingpool. Die Ausmaße des Badebeckens in dem großen Badehaus: 3 x 3 Meter!

Das Badehaus im Schloß Salaberg ist nicht frei zugänglich. Wer an einer Besichtigung ernsthaft interessiert ist, muß die Erlaubnis des Schloßbesitzers erbitten.

Schloß Seisenegg – Galgenleiter, Zehentwaage und eine Dichterin

Die Kanone unter dem Torbogen ist gegen niemanden gerichtet, wie verloren steht sie da. Die Fischernetze sind zum Trocknen aufgehängt, aber sie trocknen schon viel zu lange, sind verstaubt und morsch geworden wie alte Spinnweben. Alles ist morsch geworden in diesem alten Schloß, das so weit aus unserer Zeit liegt – und doch nur wenige hundert Meter von der Westautobahn entfernt ist.

Das Besondere an dem in das 13. Jahrhundert zurückreichenden Schloß Seisenegg ist, daß darin erstaunlich viele Gegenstände von seinerzeit noch so an Ort und Stelle stehen oder hängen, als hätte man sie gestern noch gebraucht.

Apropos hängen: Da Schloß Seisenegg bis 1848 Sitz des Landgerichtes war, hängt unter dem ersten großen Torbogen natürlich auch noch eine »Galgenleiter«. Das ist eine Doppelleiter, wie sie auf vielen Darstellungen von Hinrichtungen zu sehen ist: eine Sprossenreihe für den Henker, eine Sprossenreihe für den Deliquenten. Einst sagte man von einem Taugenichts, daß er seinen Fuß schon auf der ersten Sprosse jener Leiter habe, auf die wohl zwei hinaufsteigen, aber nur einer wieder herunter . . .

Neben dem Eingang in die ehemaligen Schloßkanzleien baumelt noch eine riesige Zehentwaage mit ganz großen Waagschalen. Einst verstand man die Worte »Zehent« und »Robot« als Synonyme für den Begriff »Ausbeutung«; heute beginnt der sich fast nur für den Staat robotend fühlende Steuerzahler zu schwärmen, wenn er von einem Zehent (der Abgabe des zehnten Teils aller Erträgnisse) hört. Um Mißverständnisse auszuschließen: Es war auch bereits der Zehent weit mehr als nur ein zehnter Teil, auch schon auf eine Zehentwaage mußte recht viel gehäuft werden an Getreide, Gemüse, später auch Erdäpfeln . . .

Auch um die Erdäpfel gibt es Mißverständnisse. Heute wird allgemein der aus Holland stammende und in Prinzendorf bei Mistelbach wirkende Pfarrer Eberhard Jungblut als Niederösterreichs »erster Pflanzer jener Knollen, die in großer Not sich so bewährt« (wie die Grabinschrift meldet) angesehen. Doch als Jungblut 1761 seine ersten Erdäpfel pflanzte, dürfte er dabei wahrscheinlich einer Anregung des fürstl. Liechtensteinischen Schloßinspektors Johann Wiegand gefolgt sein, der sie bereits 1758/59 gepflanzt hatte. Und zufällig fand der Heimatforscher Rupert Hauer beim Urkundenstudium über Dietmanns bei Gmünd eine Eintragung, welche meldet, daß dort bereits im Jahre 1757 »6 Metzen Ertopfl« als Zehent abgegeben worden sind.

Es stimmt auch nicht, daß die Kartoffelstauden mit ihren Blüten im 17. und auch noch im 18. Jahrhundert eine nur in botanischen

Gärten gehütete Rarität waren. »Georgica curiosa oder Adeliges Land- und Feldleben« ist der Titel eines 1682 erschienenen Werkes des auf Schloß Rohrbach im Mostviertel hausenden Wolf Helmhard Freiherrn von Hohberg. Darin heißt es über die Tartouffel, Indianische Papas oder Erdäpfel: »Ißt man warm oder auch überbrüht und geschält, kalt mit Öl, Essig, Pfeffer und Salz« – das Rezept für einen perfekten Erdäpfelsalat!

Schloß Rohrbach und Schloß Seisenegg sind nur wenige Kilometer voneinander entfernt. Während auf dem einen Schloß »das bedeutendste und vielseitigste Werk der landwirtschaftlichen Literatur des 17. Jahrhunderts« entstand, schwebte auf dem anderen eine Dichterin in höheren Sphären: Catharina Regina von Greiffenberg (1633-1694). Sie hatte früh die Eltern verloren und später den viel älteren Vormund geheiratet; ihre große Liebe fand sie in Gott, und *ihn* hatte sie dann ihr Leben lang in inbrünstigen Versen immer und immer wieder besungen. Die Dichterin war eine überzeugte Protestantin, die sogar glaubte, mit ihren Versen den streng katholischen Kaiser zum evangelischen Glauben bekehren zu können . . .

»Der Teutschen Urania Himmel-abstammend- und Himmel-aufflammender Kunst-Klang und Gesang« – das ist der barocke Titel nur eines ihrer Werke.

Weltfern (trotz der nahen Autobahn) wirkt auch heute noch dieses Schloß Seisenegg in dem stillen Talgrund mit den hohen, uralten Bäumen. Und hoch über so profanen Dingen wie einer Zehentwaage, auf der Kraut und Rüben gewogen wurden, saß die Dichterin in ihrem Stübchen und schrieb ihre ekstatischen Verse. Ein Kupferstich zeigt die Freiin als schon ältere Frau mit etwas verhärmten Zügen und traurigblickenden, großen Augen . . . längstvergangen schon die Zeit, in der sie noch ein »Lustliedlein bei dem Ybbserfluss« gedichtet hatte:

> Wann Aurora in der Früh
> Sprengt die Blüh /
> Komm ich / sie zu grißen,
> Opfer' einen Klingelreim /
> In geheim /
> Eh' Hitzstrahlen schiessen.

Die Opfersteine vom Kollmitzberg

Nur 469 Meter ist er hoch, der Kollmitzberg – und trotzdem einer der aussichtsreichsten Aussichtsberge unseres Landes für einen Tiefblick in das Donautal und einen weiten Panoramablick auf den Alpenzug, vom Wiener Schneeberg bis zum Traunstein.

Gekrönt wird der Berg von einer der hl. Ottilie geweihten spätgotischen Wallfahrtskirche, über die J. A. Schultes in seinen 1827 erschienenen »Donau-Fahrten« schreibt: »In dieser einsam oben am Berg gelegenen Kirche versammeln sich jährlich viele tausend Menschen, um für ihre Augen zu bethen.«

Ottilia war vom hl. Erhard (einem irischen Missionar, der später Bischof von Regensburg wurde) von ihrer Blindheit geheilt worden und hatte dann das Kloster Odilienberg im Elsaß gegründet, als dessen Äbtissin sie im Jahre 720 starb. Beide Heilige gelten als Helfer bei Augenleiden, und St. Erhard ist außerdem auch noch Patron der Schuhmacher. Alle Jahre am Ende der Herbst-Quatemberwoche (das ist nach dem 14. September) findet daher auf dem Kollmitzberg der vielbesuchte »Schusterkirtag« statt.

Der Kirtag hat eine 800jährige Tradition. Als noch viele Donaureisende den berüchtigten Greiner Strudel lieber auf dem Landweg umgingen (das tat auch König Konrad III. im Jahre 1147 mit seinen 70 000 Kreuzzugsrittern), entstand bei der Landestelle Ardagger auch ein sehr lebhafter Markt, auf dem vor allem mit Holz, Wein, Salz – und Leder gehandelt wurde. In den Pestzeiten des 16. Jahrhunderts wurde dann dieser Markt – angeblich wegen der »gesünderen Luft« – auf die Höhe des Kollmitzberges verlegt.

Auf ihm soll schon ein römisches Kastell und außerdem ein vorchristliches Heiligtum gewesen sein. Aber das sind nur Vermutungen, allerdings recht berechtigte Vermutungen, wenn man die markante Lage des Berges in Betracht zieht.

»Die Opfersteine sind aber in der Wood!« sagte man uns in dem Gasthof neben der Kirche. Wood – das soll vom germanischen Himmelsgott Wodan kommen, den »Wodl«, wie ihn die Bauern später nannten.

Nächst Innerzaun (etwa 2 km nördlich von Kollmitzberg) fanden wir den ersten Opferstein. Er war von einem gelben Kornfeld umgeben, und ein Baum mit tiefschwarzen, süßen Kirschen wuchs aus einem Spalt in dem Granitblock. Eine Tafel am Kirschbaum gibt an, daß der Granitblock ein »Germanischer Opferstein« sei; in seiner auffälligen runden Vertiefung will man eine Opferschale erkennen.

Wir fragten den Besitzer des Grundstücks, ob er Sagen über den Stein kenne. Er kannte keine. Vor schon längerer Zeit sei ein Pfarrer gekommen (es war der sehr aktive Heimat- und Schalensteinforscher Geistl. Rat Hans Wick aus Altenmarkt im Yspertal) und habe Erde und Blumen aus der runden Vertiefung entfernen lassen. »Seither heißt's halt, daß der Stein ein Opferstein war!«

Über diese Schalen in den Granitblöcken Ostösterreichs stehen zwei Meinungen im Widerstreit:

● Die Vertiefungen sind vom Menschen geschaffen und dienten als »Opfersteine« oder »Opferkessel«.
● Die Vertiefungen sind natürlichen Ursprungs. Auf den Granitblöcken sind »durch physikalische Verwitterung feine Haarrisse und Klüfte entstanden, die dem Wasser eine Möglichkeit zum Angriff bieten. Es kommt zur sogenannten Hydration: Das Wassermolekül wird an der Oberfläche und dann im Inneren des Gesteins eingelagert, so daß die zusammenhaltenden Kräfte innerhalb des Gesteins teilweise ihre Wirkung verlieren. Es entstehen Schwächezonen, die zu Rissen führen, Wassermoleküle können eindringen, dort weitere Hydration bewirken usw. Die größeren Flächen, vor allem die horizontalen, bleiben länger feucht und unterliegen damit in stärkerem Maße der chemischen Verwitterung. Pflanzen, namentlich Flechten und Moose, siedeln sich mit ihren Polstern darauf an, und die von ihnen ausgeschiedenen organischen Säuren führen zu schüsselförmigen Vertiefungen auf diesen Flächen, zu Wannen und Näpfen, die man früher als künstlich geschaffene Opferkessel gedeutet hat.« (Harald Hitz in der Zeitschrift »Das Waldviertel«, Jg. 1973)

Beide Meinungen werden apodiktisch vertreten; die Wahrheit liegt in der Mitte: Es gibt künstliche wie auch natürliche Schalen auf den sogenannten Opfersteinen. Wobei anzunehmen ist, daß auch einige der natürlichen Schalen – wenn sie schon da waren – einst eine kultische Funktion gehabt haben können. Die Schale auf unserem Kirschenbaumstein scheint eher eine natürliche zu sein.

Der andere Opferstein in der Wood besitzt zwar keine Schale, dennoch spricht einiges dafür, daß er tatsächlich ein Kultstein war.

An markanten Höhen aufragende Felsblöcke waren für den

Menschen in vorchristlicher Zeit sehr oft auch Stätten der Verehrung. Am nahen Sonntagsberg baute man später die Wallfahrtskirche über dem sogenannten »Zeichenstein«, am Kollmitzberg
wurde eine Wallfahrtskirche auf dem höchsten Punkt des Berges
errichtet und der auf dem markanten Höhenrücken über der Donau liegende Stein seinem Schicksal überlassen. Rund um den großen Stein liegen auch einige kleinere, von denen einige sichtlich so
zusammengetragen worden sind, daß sie einen (heute zum Teil
zerstörten) Steinkreis bildeten. Daß dieser Stein einst ein Ort der
Zusammenkunft war, beweisen aber vor allem die unzähligen
Tonscherben (mittelalterliche und auch wesentlich ältere), mit denen der Boden rund um den Stein förmlich durchsetzt ist.

Diesen Stein hat man also seinem Schicksal überlassen. Obwohl
unsere Augen in Ottiliens Wallfahrtskirche neu gestärkt waren,
konnten wir den Opferstein an der uns von den Landbewohnern
genau gezeigten Stelle zunächst gar nicht sehen. Dichtes Gestrüpp – seltsam kreisrund gewachsen – hat ihn in den letzten Jahren völlig umwuchert.

Warum es in Pöchlarn kein hochragendes Nibelungendenkmal gibt

Um die Jahrhundertwende entstand der Plan, in Pöchlarn ein
»hochragendes Nibelungendenkmal zu errichten, das auch den
minder Achtsamen an die gewaltige Vergangenheit dieses Ortes
gemahnen und zugleich Zeugnis geben sollte, daß in unseren Tagen die Begeisterung noch nicht erloschen ist für so große Charak-
tere, wie das Nibelungenlied sie uns entrollt« – so steht es in einer
im Jahre 1907 erschienenen und sehr aufwendig hergestellten Broschüre mit dem Titel »Das Treufest in Pöchlarn«.

Das Nibelungenlied . . . »das problematischste Werk der deutschen Literatur«, entstand kurz nach dem Jahre 1200, sein Dichter ist
nach wie vor unbekannt. Ein Werk, das aus Quellen verschiedenster
Art (Sagen, Liedern, Lesefrüchten u. a.) gestaltet wurde. Ein Werk,
das man in verschiedenen Zeiten auch verschieden beurteilt hat . . .
als »Deutsches Nationalepos« oder als »eine Tragödie des Hoch-
muts«, als ein »Hohelied der Treue« oder als »nicht endenwollende
Aneinanderreihung von Beispielen menschlicher Gemeinheit«.

Interessant ist, wie schnell diese Dichtung nach Wiederentdeckung der Handschrift im 18. Jahrhundert dann bald für Wahrheit gehalten wurde. So trägt zum Beispiel der erste Bericht über die romanischen Reliefs von Schöngrabern (in den »Vaterländischen Blättern«, 1816) den Titel »Neuentdecktes alterthümliches Denkmal in Österreich, wahrscheinlich aus den Zeiten der Nibelungen«.

Doch eine Figur neben Siegfried, Kriemhild und Etzel scheint tatsächlich eine historische zu sein: Rüdiger von Pöchlarn, der Gastgeber für die Nibelungen auf ihrem Zug nach dem Osten und Brautwerber für Etzel. Er soll im 10. Jahrhundert und in der Zeit der Ungarnherrschaft ein Grenzgraf gewesen sein und wird in zwei Gedichten aus dem 12. Jahrhundert als stark und als klug gerühmt. Das allein genügte, um Pöchlarn zur Nibelungenstadt im Nibelungengau werden zu lassen.

Als man den Bau des Nibelungendenkmals beschloß, wußte man auch schon, wie man es finanzieren konnte – ganz einfach aus dem Reingewinn von Nibelungenfestspielen.

Im Jahre 1907 wurde aus 38 eingesendeten Arbeiten »Das Fest der Treue« von Gustav Eugen Diehl zur Aufführung ausgewählt: kein Theaterstück im geläufigen Sinne, sondern Totales Theater mit Einbeziehung des Publikums in das Spiel. Schauplatz der Handlung: eine steinerne Festspielburg, 70 Meter lang, 80 Meter breit, mit Restaurationsräumen (»im Stil des XII. Jahrhunderts gehalten«) im Inneren und einem riesigen Spielplatz davor.

Die Aufführung des Spiels sollte zwei Tage dauern. In unserer Broschüre wird – zum Beispiel – der am Mittag des zweiten Tages spielende zweite Teil des Stückes so beschrieben: »Die Zuschauer sitzen rings an langen Tischen, die auf etwas erhöhtem Boden stehen, so daß jeder Gast alle Vorgänge gut beobachten kann. Von Pöchlarn her naht der lange Zug der Reisemüden, die von Rüdiger herzlich bewillkommt werden. Der Troß schlägt vor der Burg sein Lager auf, und flinke Diener schleppen Tische und Bänke für die Ritter her und stellen sie unmittelbar bei den Zuschauerplätzen auf. Nachdem die Ritter in der Burg Wehr und Waffen abgelegt haben, vereinen sich Spieler und Zuschauer zu einem fröhlichen Mahle, das sich in Sitten, Speise und Trank streng nach ritterlichem Brauche richtet.«

Und weiter heißt es über »Das Treufest in Pöchlarn«: »Die Zeit zwischen den Vorstellungen ist ausgefüllt durch altdeutsche Feste und Vergnügungen aller Art: Floßfahrten auf der Donau, Sonnwendfeier, auch Jahrmarkt u. s. f. Zur Beteiligung an diesen Veranstaltungen werden für die Zuschauer Kostüme zu Kauf und Miete bereitgehalten, die, stilvoll und doch einfach und leicht, zum Teil über den gewöhnlichen Kleidern getragen werden können. Das Publikum wird sich in diesen Kostümen auch zu den Aufführungen einfinden und so, durch sein Erscheinen im Kostüm der Zeit passiv mitspielend, viel tiefer in die Stimmung des Gebotenen hineingeraten. Es fühlt sich als Hochzeitsgast bei Etzel; es ist willkommener Freund auf Bechelaren und nimmt hier an dem Gastmahl teil, das Rüdiger den wegmüden Nibelungen bereitet. Es ist das entsetzte Heunenvolk, das erschüttert die grausigen Vorgänge des letzten Teiles miterlebt . . .«

Es blieb dem p. t. Publikum erspart, diese »grausigen Vorgänge« mitzuerleben. Die erhoffte »stürmische Begeisterung für deutsches Sein und deutsche Art« zeigte sich nicht im Kauf von Anteilscheinen und Bausteinen für dieses Unternehmen. Und erst etliche Jahre später gelang Max Reinhardt in abgeschwächter Form mit seinem Salzburger »Jedermann« ein solches Totales Theater.

Die Festspielburg zu Bechelaren konnte also nicht gebaut werden. Keine Festspiele, keine Einnahmen, kein Reingewinn – und daher auch (gottlob!) kein hochragendes Nibelungendenkmal.

Titel der 1907 erschienenen Broschüre

»Der Weiße Stein« am Hiesberg

Man sieht ihn schon von weitem – den »Weißen Stein« am Hang des Hiesberges über dem Melkfluß und dem Donautal. Ein volkstümliches Gedicht erzählt:

> Am Hang des Hiesberg's schimmert ein Felsblock hoch und breit,
> Ist weiß gefärbt wie Gemäuer, man sieht ihn schon weit.
> Im Tale steht eine Mühle, der Felsblock schaut hinein!
> Das ist die Geißenmühle, dies ist der »Weiße Stein«.
> Das Weiß am Stein verwittert in Regen, Sturm und Eis,
> Da kommen die Matzleinsdorfer und färben ihn wieder weiß!
> Wieso? Es war in alten Zeiten, ein Jahr der Hungersnot,
> Da stand das Mühlrad stille, der Müller kam um's Brot.
> Er irrte, selber hungernd, in Wald und Flur umher,
> Er fand kein rechtes Futter für seine Ziege mehr.
> Das war die liebste Habe, sein einziger Kamerad,
> Wir müssen beide hungern, kein' wird von uns mehr satt.
> Da kam ein Bauer, der wollte ihm helfen in der Not,
> Er nahm die Ziege und gab ihm dafür ein Laibchen Brot.
> Der Müller stieg auf den Felsen und sah der Ziege nach,
> Er wollte das Brot nicht essen, sein Herz schrie auf und brach.
> Die Matzleinsdorfer fanden ihn droben und sargten ihn auch ein
> Und schützten den Fels zum Gedenken, als wär's ein Leichenstein.
> Die Dörfler bewahren noch heute den alten Brauch getreu,
> Sie streichen, so oft verwittert, den Weißen Stein auf's neu.
> Sie ehren und begreifen des Geißenmüllers Schmerz,
> Uns rührt an dieser Sage der Matzleinsdorfer gutes Herz.

Bis zum Ersten Weltkrieg war es »alter Brauch«, daß die Burschen von Matzleinsdorf vor Ostern den Stein weiß färbelten. Dann vergaß man den Brauch, und nach dem Zweiten Weltkrieg wäre der Stein fast von einer Baufirma abgetragen worden – wenn nicht im Jahre 1956 die Matzleinsdorfer vom Bundesdenkmalamt seine Unterschutzstellung erreicht hätten. Dabei verpflichteten sie sich, in Zukunft für die Weißfärbelung des Steins zu sorgen.

Warum der »Weiße Stein« weiß angestrichen wird?

Der nun schon verstorbene Heimatforscher Franz Hutter aus Melk fand diese Erklärung: Der an den »Weißen Stein« im Süden anschließende Bergrücken führt heute noch die bedeutsame Bezeichnung »Böhmische Grenze« und endet beim »Rogelstein«, einem heute nicht mehr wackelnden Wackelstein, der einst wahrscheinlich ein Grenzzeichen war. Da aber der Rogelstein in einer

Mulde liegt, wurde der weithin sichtbare »Weiße Stein« als Richt-
punkt für ihn weiß angestrichen. »Restlos glücklich bin ich mit dieser Deutung nicht!« hatte Franz Hutter seinerzeit dazu bemerkt.

Es gibt noch einen anderen »Weißen Stein«, der immer wieder
weiß gestrichen wird; er befindet sich am Rande des Wienerwaldes
bei Perchtoldsdorf (in der Fortsetzung der Elisabethstraße). Der
Altmeister österreichischer Volkskunde, Gustav Gugitz, erzählt
zwei Sagen von diesem Stein. Nach der einen ist bei ihm einst ein
Weinhüter von »rohen Bierbrauern« ermordet worden, von dem
allerdings nachher nur noch Blutspuren gefunden wurden. Nach
der anderen Sage wurde 1683 nach dem Türkengemetzel ein
schwer verwundeter Weinhüter bei dem Stein gefunden und in
der Folge im Triumphzug in das Dorf getragen. Das soll auch zur
Entstehung des Perchtoldsdorfer Hüterumzuges und zu der all-
jährlichen Weißfärbelung des Steines geführt haben. Gugitz sieht
in diesem »Weißen Stein« eine ehemalige Dionysos-Kultstätte.
Dionysos wurde – nach der Sage – von rohen Titanen zerrissen,
und es blieb von ihm nur sein blutiges Herz. Der Weinhüter wurde
von rohen Bierbrauern (Konkurrenten des Weinbaues!) ermordet,
und es blieb nur eine Blutspur. Gugitz will in der sogenannten
»Hüterpritschen« des Perchtoldsdorfer Hüterumzuges den Thyr-
sosstab des Dionysos erkennen und in dem Strohherz an der
Spitze des Zuges das Herz des wiedergeborenen Gottes. Die Römer sollen diesen Kult in unser Gebiet gebracht haben.

Die Farbe Weiß hatte nicht nur im antiken Totenkult eine besondere Bedeutung, sondern auch im Rechtsbrauch späterer Zeiten
(bei der Weißfärbelung von Grenzsteinen oder von an Gebiets-
grenzen stehenden Bildstöcken). Beim »Weißen Stein« am Hies-
berg ist etwas recht Merkwürdiges zu erkennen: Er ist nicht der
einzige große Felsblock am Hang, doch während die Oberflächen
all der vielen anderen großen und kleinen Steine dunkel, verwittert und von Flechten überzogen sind, ist seine Schauseite (und
nur diese!) frisch und hell. Von dieser Schauseite muß also schon
seit langer Zeit jegliche Flechtenbildung durch ständiges Abreiben
des Steins verhindert worden sein; erst viel später dürfte sich der
Brauch entwickelt haben, den Stein weiß anzustreichen.

Das sicher auf mündlichen Überlieferungen basierende Gedicht
vom »Weißen Stein« enthält zwei Passagen, die Fragen aufwerfen.
Erstens: Dem Geißenmüller ist das Herz gebrochen. Ist es nicht
seltsam, daß bei beiden »Weißen Steinen« das Herz eine Rolle

spielt? Zweitens: Der Geißenmüller wurde da droben gefunden und auch eingesargt und der Fels geschützt »als wär's ein Leichenstein«. Klettert man von der Gipfelfläche des Steins etwa zwei Meter ab, dann erreicht man über ein schmales Band einen Felsenraum, der sehr an megalithische Grabanlagen erinnert ...

Das sind Überlieferungen, Fakten und Überlegungen zum »Weißen Stein«. Was sich tatsächlich unter der weißen Tünche verbirgt, ist noch immer ein Rätsel.

Bei der Brücke über den Melkfluß zwischen Matzleinsdorf und Großpriel beginnt ein Wanderweg zur Ruine Zelking, der auch am »Weißen Stein« vorbeiführt; Gehzeit ca. 3/4 Stunde, gelbe Markierung. Ein Stück des Weges ist noch mit Autos befahrbar; vom Beginn des Steilanstieges bis zum Stein ist die Gehzeit dann nur ca. 20 Minuten.

Melk: Warum St. Koloman nicht mehr Landespatron ist

Von den zwei großen Querschiffaltären der Stiftskirche Melk ist einer dem Ordensgründer St. Benedikt geweiht und der andere St. Koloman. Mittelpunkte beider Altäre sind Steinsarkophage; doch der des Benediktusaltares ist leer. Überhaupt dient dieser Altar eigentlich nur als architektonisches Pendant zu seinem Gegenüber – dem Kolomanialtar, in dessen Sarkophag die Gebeine des Heiligen ruhen.

Koloman war ein irischer Pilger, der ins Heilige Land wollte. Jedoch in Stockerau (damals Grenzgebiet) hielt man ihn für einen Spion, folterte ihn (indem man ihm die Beine abschnitt) und erhängte ihn dann an einem dürren Baum. Das soll im Jahre 1012 geschehen sein.

Darauf ereigneten sich Wunder: Der Leichnam blieb unverwest, der dürre Baum begann zu grünen. Nachdem man den abgeschnittenen Leichnam in einem Kirchlein in der Au bestattet hatte, blieb das Grab bei einem großen Hochwasser unversehrt. Auf Veranlassung des Markgrafen Heinrich I. wurde 1014 der Leichnam nach Melk gebracht.

Eine offizielle Heiligsprechung Kolomans gab es bis heute nicht, auch war er kein »richtiger« Märtyrer (weil er ja nicht für sein Glaubensbekenntnis gestorben ist). Trotzdem wurde er bald so stark verehrt wie kein anderer Heiliger, wurde Patron der Ostmark und Nothelfer für beinahe alles. Man trug den geschriebenen »Kolomanisegen« als Amulett um den Hals, und der sollte schützen vor Gewitter und Feuersnot, gegen Fuß- und Kopfschmerzen, vor Dieben und Hexen. Und Koloman war nicht nur ein Viehpatron, er wurde auch als Heiratsvermittler angerufen, und die Mädchen beteten:

> Heiliger Sankt Koloman
> bitte, schenk mir einen Mann!

Rudolf der Stifter hatte einen Teil jenes Steines, auf dem Koloman die Füße abgesägt worden sein sollen, als besondere Reliquie am Bischofstor des Wiener Stephansdomes anbringen lassen. Mit seiner Berührung war ein großer Ablaß verbunden, und unzählbare hilfesuchende Hände haben nun schon eine tiefe Spur in dem Stein hinterlassen.

Auch der Kolomanistein bei Eisgarn war einst eine Stätte großer Verehrung. Der Heilige soll darauf gerastet und den Abdruck seines Körpers hinterlassen haben (demnach müßte er ein Riese gewesen sein, denn die Vertiefung hat die beachtliche Länge von ca. 2 1/2 Metern und eine Breite von ca. 1 1/2 Metern).

Der Volkskundler Gustav Gugitz nannte Koloman »eine merkwürdige Heiligenfigur, die manches älteste Erbgut deutschen Brauchtums mit sich führt, was sie fast in das Dämonische bringt«. Der Kolomanskult war auch mehr als eine Lokalerscheinung, er erstreckte sich bis Südtirol und Jugoslawien, bis Lothringen und Baden-Württemberg. Daß in Österreich nicht nur Kolomans Beine »abgesägt« worden sind, sondern auch sein Kult, das hat vor allem politische Gründe.

Die Habsburger waren als Neuankömmlinge nicht beliebt in Österreich, also suchten sie möglichst viele Beziehungen zu ihrer Vorgängerdynastie anzuknüpfen, als deren hervorragendsten Repräsentanten sie den Babenberger Leopold III. sahen. Leopold war in Klosterneuburg begraben, und Anfang des 14. Jahrhunderts erkannte der tatkräftige Probst Stephan von Sierndorf, daß es auch das Ansehen des Stiftes heben könne, wenn es – wie Stift Melk – die Gebeine eines besonderen Heiligen in Besitz habe. Weltliche und kirchliche Macht versuchten also gemeinsam, Leopold zum Heiligen zu machen.

Zu seinen Lebzeiten hatte man Leopold den »milden Markgrafen« genannt. Im Investiturstreit wurde er dem deutschen Kaiser Heinrich IV. abtrünnig und bekam dafür von dessen aufständischem Sohn die Kaisertochter Agnes zur Frau (die ihm nicht weniger als siebzehn Kinder gebar!). Er bewahrte sein Land vor Krieg und starb wahrscheinlich an einem Jagdunfall. Um Leopold zum Heiligen zu machen, mußten Wunder geschehen; 1323 wurde in Klosterneuburg ein Verzeichnis angelegt, in dem alle Mirakel an seiner Grabstätte festgehalten werden sollten.

Die Benediktiner von Melk wurden durch die Aktivitäten der Augustiner von Klosterneuburg etwas besorgt. Sie begannen Koloman aufzuwerten, indem sie ihn zu einem Königssohn machten. 1362 schrieb der Melker Kellermeister Bernhard die Geschichte von dem Kellermeister Godhalm nieder, der auf der Suche nach seinem königlichen Herrn bis Mauer bei Melk gekommen und dort aus Gram gestorben war, nachdem er vom Tode Kolomans erfahren hatte.

In Klosterneuburg sammelte man weiterhin Gebetserhörungen und Wunder, in Rom fand man diese Belege mehr als ein Jahrhundert lang unzureichend. Das Stift schickte Abgesandte und Geld nach Rom, Kaiser Friedrich III. intervenierte – vergebens. Erst als der neugewählte Papst Innozenz VIII. auch die Unterstützung des Kaisers brauchte, wurde Leopold im Jahre 1485 zum Heiligen. Und damit vom Glanz des Heiligen auch etwas auf ihn übertragen werde, machte Kaiser Lepold I. den Heiligen Leopold im Jahre 1663 zum Landespatron.

Am Eingang von Stift Melk stehen sie als Statuen friedlich nebeneinander . . . der abgesetzte Landespatron Koloman und der manipulierte Heilige Leopold.

Bethlehem in der Wachau

»Heute schaut alles ein bisserl unfreundlich aus!« sagte die Frau, die uns an einem regnerischen Herbsttag in die unterirdischen Gewölbe der Kirche vom Kloster Schönbühel geführt hatte. »Wahrscheinlich können Sie es sich gar nicht vorstellen, wie feierlich es hier zu Weihnachten ist!«

Eine Nachbildung der Geburtsgrotte von Bethlehem ist sogar in dem an barocken Inszenierungen von Andachtsstätten so reichen

Österreich ein Unikum. Und barock ist auch die Entstehungsgeschichte dieser Bethlehemsgrotte von Schönbühel.

Die protestantischen Starhemberger waren noch rechtzeitig
»wieder katholisch geworden« und dadurch nicht nur der drohen-
den Enteignung entgangen, sondern für ihre Rückkehr in die katholische Kirche noch mit vielen beschlagnahmten protestantischen Gütern belohnt worden. Und wie alle Konvertiten demon-
strierten auch sie besonderen Glaubenseifer.

Graf Konrad Balthasar hatte in Schönbühel bereits eine Grab-
Christi-Kapelle errichten lassen und von dort einen Kreuzweg bis
nach Maria Langegg. Er stand als Oberstallmeister im Dienste der
bigotten Kaiserwitwe Eleonora, und diese wünschte sich auch
noch eine Christi-Geburt-Kapelle. Also wurde zuallererst ein Franziskaner nach Bethlehem geschickt, und das war zu dieser Zeit (um
1670) nicht nur eine recht kostspielige, sondern auch eine abenteu-
erliche und nicht ungefährliche Reise. Dabei war der einzige Auftrag für den Pater, die genauen Maße der Geburtsgrotte festzustel-
len . . .

Denn samt Weihrauch und Weihwasser und dem Glauben an
die Macht des Gebets war man damals auch noch uralten magischen Vorstellungen unterworfen. Man glaubte, daß in der Kopie
eines Originals nur dann etwas von dessen Kraft wunderbar wirksam werden könne, wenn sie auch die originalen Maße aufweise.

Ein Mißverständnis herrscht in unseren Breiten über den Stall
von Bethlehem: Man stellt sich ihn als ein freistehendes Holzge-
bäude vor. In Bethlehem ist es eine Grotte. Zur Zeit Jesu dienten als
Ställe sehr oft natürliche oder künstliche Halbhöhlen (solche Höh-
lenställe gibt es auch heute noch in Europa).

In Schönbühel fand Graf Starhemberg solche unterirdische Grotten, noch bevor er dort ein Kloster erbauen ließ. Wahrscheinlich
befand sich an dieser Stelle einst ein mittelalterlicher Wachtturm,
der, nachdem er verfallen war, dann nur noch das »Teufelsschloß«
genannt wurde. Die unterirdischen Gewölbe des Teufelsschlosses
erschienen dem Grafen als ideal für eine Bethlehemgrotte, weil
»dieser situs demjenigen zu Bethlehem gantz ähnlich, und damit
weit und breit diese Heilige Andacht einzurichten kein bequem-
lichere Gelegenheit finden kunte.«

Neben der »Geburtsgrotte« entstand damals in den Gewölben
eine wahrhaft barocke Ansammlung von Kapellen und Altären.
Und so wie in Bethlehem verkündete auch in Schönbühel eine In-

schrift, daß hier von der Jungfrau Maria Christus geboren worden ist. Die ganze Anlage muß aber weniger als Andachtsort gesehen werden, sondern vielmehr als Bühne für ein »theatrum Sacrum«, und das nur für eine bestimmte Stunde an einem einzigen Tag des Jahres . . . für die Heilige Nacht. Wenn die Gläubigen aus der kalten Winternacht kamen und dann in die nur mit Öllampen und Kerzen beleuchtete Grotte hinabstiegen, sollten sie dort von einer mystischen Verzauberung erfaßt werden . . .

»Wahrscheinlich können Sie es sich gar nicht vorstellen, wie feierlich es hier zu Weihnachten ist!« hatte unsere Begleiterin gesagt.

»Die Sieben Hasen« von St. Michael

St. Michael war einmal die bekannteste Kirche der Wachau . . . die Kirche mit den sieben Hasen auf dem Dach!

In einem strengen Winter gab es einmal so viel Schnee, daß sich sieben Hasen auf den Dachfirst der Kirche gehockt hatten. Dann aber schmolz der Schnee so rasch, daß die Hasen nicht mehr herabkonnten und dort oben versteinerten. Das ist die Sage. Und weil Sagen seinerzeit gerne erzählt und weiterverbreitet wurden, ist St. Michael mit seinen Hasen auf dem Dach berühmt geworden.

Später wollte man sieben Rösser in den Tieren erkennen. Eine neue Sage entstand: Der Erbauer der Kirche hieß Siebenrössl, und weil er nicht schreiben konnte, setzte er zu seiner Erinnerung die sieben Pferde aufs Dach. Diesen Herrn Siebenrössl soll auch einer der drei Steinköpfe an der Außenseite der Kirche darstellen, und eine von den Mumien im Karner wurde als sein Leichnam bezeichnet.

Und noch eine Sage gibt es: An dieser Stelle stand vor langer Zeit ein Stall, in dem sieben Hasen sorgsam gehegt wurden. Als der Papst von diesem Aberglauben erfuhr, befahl er die Tötung der Hasen und die Errichtung einer Kirche an der Stelle des Stalles. Im Jahre 1951 wurden die stark beschädigten, etwa 50 cm hohen Tonfiguren zwecks Restaurierung vom Dach heruntergeholt, und erst jetzt konnte man sehen, daß es keineswegs nur Hasen oder Rösser sind. Das erste Tier ist ein Hirsch, die Tiere 2 bis 6 sind nicht eindeutig bestimmbar und könnten Pferde, Rehe, Hunde oder Hasen darstellen, Tier 7 ist ein Pferd mit Fragmenten eines Sattels oder Reiters. So lautet die Bestimmung des Staatsbibliothekars Hugo Alker, der sich sehr intensiv um eine Deutung der geheimnisvollen Tierfiguren bemüht hat.

Nach der Überlieferung befand sich auf dem markanten Felsen ein heidnisches Heiligtum (vielleicht für Dankopfer nach Überwindung der Stromschnellen), später ein von Karl dem Großen gegründetes Kirchlein – das erste in der »Wachowe«. Es trug den Namen »Sancti Mychahelis«; und das wiederum bestätigt die Überlieferung vom Heidenheiligtum, denn fast alle heidnischen Kultstätten, die damals in christliche Kirchen umgewandelt wurden, bekamen den Erzengel und Schützer der Kirche als Patron. Auch die Sage vom Hasenstall ist ein Indiz für ein heidnisches Heiligtum. Als Opfertier, als Fruchtbarkeitssymbol, war der Hase in alten Kulten ein besonderes Tier – und als Osterhase ist er das auch heute noch.

Wenn also jener Felsen bereits eine heidnische Kultstätte trug, dann ist dort auch einiges von den alten mythischen Vorstellungen vom Christentum übernommen worden. Bei seiner Deutung der Tierfiguren auf dem Dach von St. Michael kam Hugo Alker zu folgendem Ergebnis:

● Die Tonfiguren stellen wahrscheinlich einen Hirsch dar, dem fünf Hunde und ein berittener Jäger folgen. Diese Darstellung kann als Jagd nach dem Himmelshirsch bzw. als Wilde Jagd gedeutet werden, auch dahingehend, daß der Hirsch als das Sinnbild des Lichtgedankens (Mondtier der Indogermanen) den Seelen den Weg in die ewige Seligkeit weist.
● Vielleicht können die Tiere auch als Votivgaben an den Seelenführer, den hl. Michael, aufgefaßt werden.
● Außerdem kann die Szene auch noch abwehrenden Schutz gegen Unholde und Unwetter bezweckt haben.

Aus welcher Zeit die Figurengruppe stammt, konnte infolge der rohen Ausführung und des schlechten Erhaltungszustandes nicht eindeutig bestimmt werden. (Die Originale befinden sich jetzt im Historischen Museum der Stadt Krems, auf dem Kirchendach sind Kopien.)

Die Kirche entstand zwischen 1500 und 1523 (von der alten Kirche wurden die Abwehrköpfe auch in die neue Mauer eingefügt) und hat sich bis heute im gleichen Zustand erhalten. Sie ist zwar zur festen Wehrkirche ausgebaut worden, doch schon 1532 wurde sie von plündernden spanischen Soldaten angezündet (die eigentlich das christliche Abendland gegen die Türken hätten schützen sollen!). Bei den 1544 abgeschlossenen Ausbesserungsarbeiten bekam der Turm seine originelle Bekrönung mit Zinnen. Wenn die »Sieben Hasen« nicht – so wie die Abwehrköpfe – von dem vorangegangenen Bau übernommen worden sind, dann dürften sie ebenfalls zu dieser Zeit entstanden sein.

Die Sagen sinken ins Vergessen. Einst waren die »Sieben Hasen« von St. Michael ein Wahrzeichen der Wachau, jetzt werden sie nur noch von wenigen beachtet. Unbeachtet bleibt auch eine Rötelinschrift neben dem Südeingang der Kirche; vor etwa dreihundert Jahren hatte sie jemand (wahrscheinlich ein Pfarrherr) hingeschrieben: »quo fata trahunt?« (= Wohin führt das Schicksal?)

Man versäume nicht einen Besuch des Karners aus dem Jahre 1395 (wenn er geschlossen ist, frage man im Ort nach dem Schlüsselverwahrer). Darin sind in Glasvitrinen die berühmten Mumien der »Familie Siebenrössl« zu sehen – in Wirklichkeit im Donausand mumifiziert aufgefundene Leichen aus der Zeit zwischen 1150-1300. Zwei »Sparsärge« aus der Zeit Kaiser Josephs II. stehen links vom Altar, auf dem ein Sortiment von Knochen und Totenköpfen zu einem etwas makabren Stilleben aufgebaut ist. Die mit ihrem aufklappbaren Boden immer wieder zu verwendenden »Sparsärge« wurden nicht auf eine skurrile Laune des Kaisers angeordnet, sondern beweisen, daß man auch damals schon Energieprobleme hatte. Holz war die große Energiequelle – und das war rar geworden.

Albinus hinter Gittern

St. Johann im Mauertale liegt nicht – wie der Name vermuten läßt – in einem öden Winkel, sondern im Herzen der Wachau, allerdings am stilleren rechten Donauufer. Die Kirche ist fast immer versperrt, den Schlüssel zu ihr bekommt man im gegenüberliegenden Haus.

Albinus – die besondere Sehenswürdigkeit von St. Johann – steht im hintersten Winkel der Kirche in einer kleinen, finsteren Nische, die noch dazu mit einem massiven Schmiedeeisengitter verschlossen ist. Albinus ist hinter dem Gitter kaum zu sehen. Wir müssen es glauben, was wir über ihn lesen . . . daß er eine Holzplastik aus dem Anfang des 16. Jahrhunderts ist und in einem Göttweiger Codex aus dem Jahre 1676 beschrieben wird als »vielgedachte Bildnus bei vierthalben Werckschuhen hoch mit ei-

nem kleinen aufhabenden Hüetl, ein Taschen an der Seiten, Pilgram-
stab in der Hand und in der Kleidung fast allenthalben als Pilgram«.

Einst stand er im Zentrum der Kirche. Und von weit und breit
sind die Eheleute gekommen, um sich von ihm ihre Treue bestätigen zu lassen. Denn – nur wer wirklich treu war, konnte die Statue
heben. Durch diese vielen Treuebeweisführungen wurde schließlich Albinus so schmutzig, daß die Jungfrauen von Arnsdorf beschlossen, ihn einmal in der Donau zu waschen. Das taten sie.
Doch als sie Albinus wieder in die Kirche zurücktragen wollten, gelang es ihnen nicht mehr, ihn aufzuheben. Albinus war beleidigt
wegen der eindeutigen Witze, welche die Jungfrauen bei seiner
Waschung gemacht hatten. So mußten sie den Herrn Pfarrer holen, der mühelos die Statue wieder in die Kirche zurücktragen
konnte – natürlich nicht ohne vorher den lustigen Mädchen eine
saftige Buße aufgebrummt zu haben.

Tatsache ist, daß die Kirche St. Johann bereits in einer Urkunde
vom Jahre 1240 aufscheint und in einer anderen von 1418 als Wallfahrtsort genannt wird, der von den vorbeiziehenden Schiffern
und von den Landbewohnern vor allem in Dürrezeiten aufgesucht
wurde. Vermutet wird, daß im 9. Jahrhundert der Salzburger Bischof Adalwin auf der Rückkehr von einer Missionsfahrt nach Ungarn ein hier bestehendes Wasserheiligtum in ein Johannes dem
Täufer geweihtes Kirchlein verwandelt hat. Das würde der Heilige
Brunnen neben der Kirche (jetzt in barocker Fassung) bestätigen.

Die Legende erzählt: »Unweit von St. Johann befand sich einst
eine Einsiedelei, die ein frommes Menschenpaar, er hieß Albin, sie
Rosalia, in aller Unschuld teilten, so daß sie im Rufe der Heiligkeit
starben. Sie hatten sich aber vorher gegenseitig versprochen, daß
der später sterbende Teil von ihnen das Grab des vorhergegange-
nen bewachen möge. Rosalie starb zuerst, und Albin traf die Wache. Als auch er gestorben war, wurde über dem angeblichen
Grabe Rosaliens die Johanniskirche erbaut und das Bildnis Albins
aufgestellt« (Gustav Gugitz, Österreichs Gnadenstätten).

Tatsächlich stand bis zum Jahre 1862 inmitten der Kirche ein Kenotaph (Rosaliens Grab) und davor »das Bildnis Albins«. In dem
bereits zitierten Göttweiger Codex wird dieses Grab allerdings als
das des Bischofs Adalwinus bezeichnet, und so vermutet man, daß
die Holzplastik diesen weitgereisten Missionar darstellt. Weil aber
der Pilgercharakter der Statue so besonders ausgeprägt ist, will
man in ihm auch einen St. Koloman sehen.

Albinus, Adalwinus, Koloman – wer ist der hölzerne Mann?

Weder ein Albinus noch Adalwinus scheint als kirchlicher Heiliger auf. In St. Johann waren die großen Festtage auch immer die Johannistage (vor allem der 24. Juni). Jedoch mit ihren Anliegen kamen die Menschen »zum Albinus«. Seine Statue wurde nicht nur von Eheleuten gehoben, sondern von allen Kirchenbesuchern, die zeigen wollten, daß sie ehrlich sind. Ein solcher Hebekult ist aber ganz eng verbunden mit St. Leonhard. In Leonhardskirchen wurden Leonhardsstatuen gehoben oder als Ersatz dafür schwere Eisenklötze mit kopfartigen Abrundungen (sogenannte Würdinger). Und dem heiligen Leonhard brachte man Eisenopfer (vor allem Hufeisen) dar. Auch unserem Albinus wurden Hufeisen gebracht – zumeist von den Donauschiffern, deren Schiffszugpferde er beschützen sollte.

Albinus wurde von Jungfrauen gewaschen. Das Waschen von Kultbildern ist ein uralter und weltweiter Brauch. In Pusarnitz/Kärnten wuschen z. B. seinerzeit junge Mädchen in Dürrezeiten die Holzstatue eines »Heiligen Mannes« in der Kirche; in der Wachau mußte Albinus diesen sogenannten »Regenzauber« über sich ergehen lassen. Auf diese Holzstatue sind so viele magische Kult-

Der Hahn mit dem Pfeil zu St. Johann . . . »Gegenüber von St. Johann liegt die berüchtigte Teufelsmauer, mit welcher Satan einst die Donau sperren wollte, was ihm jedoch mißlang, weil der Hahn auf dem Kirchturm zu St. Johann zu früh krähte. Der darüber erboste Teufel schoß einen Pfeil hinüber, der dem Hahn im After stecken blieb, wie man sich noch gegenwärtig durch Augenschein überzeugen kann.« – Text und Illustration aus der 1899 erschienenen Studie Anton Kerschbaumers »Wahrzeichen Niederösterreichs«. Das war die erste Dokumentation über »gewisse Sonderbarkeiten«, aus denen die Volkserzählung amüsante Geschichten (meist aus der Geschichte) machte.

handlungen aus vorchristlicher Zeit konzentriert, daß die Frage nach der Person des Dargestellten eigentlich schon sekundär ist.

Von dem Scheingrab in der Kirche berichtet Gugitz: »Durch eine Öffnung im Boden bei der Tumba trat die Erde zutage, die von den Pilgern mittels eines Löffels gefaßt und als Heilmittel gegen Fraisen, Halsschmerzen usw. von weit und breit geholt wurde, so daß das Loch immer wieder mit geweihter Erde gefüllt werden mußte.«

Schließlich erschienen der Hohen Geistlichkeit diese Erdbewegungen und Kraftakte mit Albinus nicht mehr vereinbar mit der Würde eines Gotteshauses. 1862 wurde der Kenotaph abgebrochen und der rätselvolle Albinus/Adalwinus (oder Koloman) in den hintersten Winkel der Kirche verbannt – hinter Gitter!

Kirchenfestung Weißenkirchen

Weißenkirchen gilt als der malerischste Ort der Wachau, und tatsächlich war er einst ein bevorzugter »Malerwinkel« – was die vielen Skizzen und Ansichten beweisen, die heute in dem im Teisenhoferhof untergebrachten »Wachaumuseum« zu besichtigen sind.

In Weißenkirchen steht aber auch die (nach Meinung des Wehrkirchenforschers Karl Kafka) »bedeutendste Kirchenfestung Niederösterreichs«. 1522 wurde mit dem Bau der Verteidigungsanlagen um die Kirche begonnen, 1530 waren sie vollendet; die Bewohner des Ortes konnten sich – wie sie an die Behörde meldeten – »zu unfridlichen zeiten daraus weren«.

1529 standen die Türken vor Wien . . . die Angst hatte die Festungsbauer gewaltig angetrieben. Mauern bis zu fast neun Meter Höhe und mit einer Stärke bis zu fast eineinhalb Meter (»die stärkste Wehrkirchenmauer Österreichs«) entstanden. Selbstverständlich hob man davor einen ganz tiefen Graben aus und baute Wehrgänge und massive Türme an den entscheidenden Stellen. Je länger man dieses Verteidigungswerk betrachtet, desto mehr raffiniert ausgedachte Feinheiten entdeckt man . . .

So zum Beispiel die an vielen Stellen in die Mauern eingebauten Tonröhren – durch diese Spähröhren konnte man in sicherer Deckung jede Bewegung des Feindes beobachten. Oder eine drehbare Schießscharte an der Ostseite der Mauer. Erst einige Jahrhunderte später hat man sie allgemein bei den damals modernen Forts eingesetzt; im 16. Jahrhundert muß diese technische Spielerei geradezu eine Sensation gewesen sein. Sie sollte auch den Feind beeindrukken: Menschen, denen derartiges einfällt, lassen sich bestimmt nicht leicht besiegen.

Man war auch auf längere Belagerungen vorbereitet. Es gab eine Zisterne innerhalb der Anlage, Vorratskammern, sogar eine kleine Mühle zum Getreidemahlen. Und – auch das mußte sein – etliche nach außen gerichtete Aborterker.

Bei der Anlage der Festung wollte man noch die Kirche von allem Kriegerischen ausschließen und machte keinen Wehrbau aus ihr. Aber das änderte sich in diesen unsicheren Zeiten recht bald. Nachdem die Weißenkirchner erkannt hatten, daß ihre Kirchenfestung weit und breit der sicherste Ort ist, füllten sie nicht nur immer wieder die Vorratskammern für den Notfall, sondern bargen auch andere Sachen darin.

Im Jahre 1555 mußte der Probst von St. Florian die Gemeinde grimmig ermahnen: Er habe vernommen, daß das Gotteshaus kein Gotteshaus mehr sei, sondern mit den darin gelagerten Truhen, Säcken und sonstigen Zeugs eher einem Kramhaus gleiche.

Die große Sorge des Menschen um sein irdisches Hab und Gut!

Die Väter dieser Leute hatten in die Kirche noch die um 1500 entstandene und heute vielbewunderte (etwas hochmütig wirkende) »Weißenkirchner Madonna« hineingestellt . . .

In die Festungsanlage miteingeschlossen war auch der ab 1527 umgebaute Teisenhoferhof, auch Schützenhof genannt, weil sich in seinem Hof die Bürger zum regelmäßigen Armbrustschießen getroffen hatten. Auch das älteste noch heute benützte Schulhaus des Landes (es wurde bereits 1385 urkundlich erwähnt!) war innerhalb der Kirchenfestung, da Kirche, Pfarrhof und Schule zusammengehörten.

Kyselak und »die Thermopylen der Wachau«

> Schwindlig ob des Abgrunds Schauer
> Ragt des höchsten Giebels Zack,
> Und am höchsten Saum der Mauer
> Prangt der Name – KISELAK!

heißt es in Victor von Scheffels Gedicht »Der Aggstein«, doch heute prangt dort nimmer der Name Kyselak.

Joseph Kyselak (1795-1831) ist zwar nur 36 Jahre alt geworden, war nur ein kleiner k. k. Registratur-Accessist – und ist doch einer der berühmtesten Österreicher gewesen. Dies wurde er durch eine Wette in der Wirtshausrunde »Ludlamshöhle«, bei der er sich verpflichtete, seinen Namen innerhalb von drei Jahren in der ganzen Monarchie bekanntzumachen (ohne deshalb zum Mörder oder Selbstmörder zu werden). Kyselak gewann die Wette dadurch, daß er hier und dort und überall an besonders markanten Punkten seinen Namen hinterließ.

Von diesen »Verewigungen« haben nur ganz wenige die inzwischen vergangene Zeit überstanden, und jede einzelne ist als Rarität zu werten. Eine ist am linken der zwei Obelisken des Schwarzenbergparks in Wien/Neuwaldegg eingeritzt; eine andere ist am Kirchturm von Kilb (bei Melk) zu sehen; an ihr hat jedoch der Zahn der Zeit genagt und nur noch ein KYSEL übriggelassen. Der schönste KYSELAK ist in der Wachau erhalten geblieben.

Im Jahre 1805 fand bei Loiben eine Schlacht zwischen Napoleons Soldaten und den miteinander verbündeten Österreichern und Russen statt, die von den Franzosen verloren wurde. Diese Schlacht hatte aber keine besondere Bedeutung; zwei Tage später zogen die Franzosen als Sieger in Wien ein. Und um objektiv zu bleiben: In der Schlacht bei Loiben waren etwa 24 000 Russen und Österreicher nur etwa 12 000 Franzosen gegenübergestanden. Für Österreichs »vaterländische Schriftsteller« aber wurde die felsige Engstelle am Donauufer bald zu den »Thermopylen der Wachau«, und hundert Jahre später errichtete man bei Loiben sogar ein recht häßliches Erinnerungsdenkmal an diese Schlacht.

Für Kyselak waren natürlich diese »Thermopylen der Wachau« ein würdiger Platz für eine seiner Verewigungen. Es ist überliefert, daß er dafür Schablonen benützte, um möglichst rasch (und unbemerkt) sein Werk hinterlassen zu können. Er muß sogar verschiedene Größen davon gehabt haben, kleinere (wie für den Kirchturm in Kilb) und auch große; für den Thermopylenfelsen hatte er natürlich eine große Schablone verwendet. Vor einiger Zeit hat man diese Schrift behutsam restauriert, an ihrem Duktus merkt man die Zeit, die seit ihrer Anbringung verstrichen ist.

Kyselak, der berühmt werden wollte, ist später als Sonderling abgestempelt worden. Heute gibt es Guiness' »Buch der Rekorde«. Auch Kyselak hat ein Buch geschrieben: »Skizzen einer Fußreise durch Österreich im Jahre 1825« (in dem er aber seine Verewigungen so diskret verschweigt wie Rumpelstilzchen seinen Namen).

Dieses Buch wird heute als kulturgeschichtliches Dokument ersten Ranges geschätzt. Kyselak beginnt es mit den Worten: »Ein Funke ist's, ein Trieb, der den Menschen in regeres Leben verwebt . . .«

KYSELAKS Inschrift befindet sich auf dem auffallenden Felsen zwischen dem Weiler Förthof (bei Krems) und dem Rothenhof (bei Unterloiben) in Augenhöhe neben dem neuen Radweg.

Krems: Rätsel um Simandls Geburt

Der Simandlbrunnen ist ein Stück Alt-Krems, auch wenn er erst im Jahre 1928 aufgestellt wurde. Der Simandl kniet vor seiner Biß-gurn . . . ein Kasperltheater. Wer denkt vor diesem Brunnen, daß Herrn Simandls Geburt noch immer ein Rätsel ist?

Im Duden steht: »Simandl (der od. das, -s, – eigtl.: Mann, der durch eine Frau, eine Sie, beherrscht wird), bayr. u. österr. ugs. für Pantoffelheld«.

Die Sage: Ein Ehemann aus Krems namens Simon Handl bekam von seiner Frau soviele Schläge, daß er sich im Jahre 1529 an den Stadtrat um Hilfe wandte. Der riet ihm und allen anderen unter-drückten Ehemännern, ihren Frauen bei dem alljährlich stattfin-denden Simonimarkt ein schönes Geschenk zu kaufen, um sie milde zu stimmen. Das taten die Männer. Und außerdem schlos-sen sie sich zu einem Bund zusammen. Aus diesem »Simon-Handl-Bund« soll die »Simandl-Bruderschaft« entstanden sein.

Simon ist ein hebräisches Wort für »der Gehorchende«. Das Wortspiel Simon=Siemann gebraucht auch der in Waidhofen/Ybbs geborene Paul Rebhun in seinem 1538 gedruckten »Hoch-zeitsspiel auf die Hochzeit zu Kana«. Ein Symon kommt außerdem in der 1534 verfaßten »Comoedie der Hochzeit Cana« des Schul-meisters am Wiener Schottenstift Wolfgang Schmelzl vor. Über diesen Mann, »der mit weiber gscheft verstrickt« und dem bei der Hochzeit ein Platz unter den Weibern zugewiesen wird, heißt es:

> »Wenn alle Mänder Syman wern,
> Daz sähen die Weyber von hertzen gern,
> Sos's aber wölln Hermann seyn
> Da schlecht offt Plitz und Hagl ein.«

Am Festtag des Apostels Simon (das ist der 28. Oktober) fanden auch die »Jahreshauptversammlungen« der Kremser Simandl-Bruderschaft statt. Im Stadtmuseum ist noch ein sogenannter Simandlbrief aus dem Jahre 1771 zu sehen, in dem auch niedergelegt ist, was ein Mann zu tun hat, wenn er über die »Erlaubnuß-Zeit« ausgeblieben ist. Er solle »bey der Hauß-Thier ganz demütig hinein kriechen, Seine Frau auf den Kniien um Verzeihung bitten« . . . genauso ist der Mann vom Simandlbrunnen auch dargestellt.

Kaiser Joseph II. hob im Jahre 1783 alle Bruderschaften auf. Damals gab es in Wien 116 davon, in Krems neben anderen auch eine »Bruderschaft der Todesangst«.

Diese im Mittelalter entstandenen Bruderschaften waren einmal ein wesentlicher Bestand jeder Gemeinschaft. Ob ihre Ursprünge in heidnisch-germanische Zeit zurückreichen (was oft behauptet wird), ist gar nicht so wesentlich wie die Tatsache, daß es Männerbünde schon seit uralten Zeiten bei allen Völkern gibt. Diese Bruderschaften waren auch Vorläufer des »Roten Kreuzes«. Die Männer wollten Humanitätspflichten vollziehen, welche für die Obrigkeit von damals überhaupt nicht existent waren, und ihr Wirken war daher so vielfältig wie das Leid auf dieser Welt. Bei den Zusammenkünften wurde vor allem viel gebetet, weil man auch damit anderen Heil und Hilfe zu vermitteln glaubte. Und die Mitglieder hatten ihren Patron, von dem sie erhofften, daß er ihre Bemühungen auf dieser Erde im Himmel als Fürsprecher kräftig unterstütze.

Im Verlauf der Zeit wandelten sich auch die Bruderschaften. Gewerbliche Interessen traten in den Vordergrund, aus den Betstunden wurde immer mehr ein geselliges Beisammensein.

Merkwürdig ist bei unserer Simandl-Bruderschaft das sagenhafte Gründungsjahr 1529. Da standen die Türken vor Wien, und ihre »Renner und Brenner« schwärmten durch das Land. Damals dürften die Kremser andere Sorgen gehabt haben als die mit ihren holden Frauen. Und Geschenke auf dem Simonimarkt hätten sie auch keine kaufen können, weil er in diesem Jahr sicherlich nicht stattfand. Der seit 1396 abgehaltene Jahrmarkt, zu dem Händler von weither kamen, fand immer eine Woche vor und nach dem Simonstag statt und war das bürgerliche Hauptfest des Jahres.

Wenn auch das Wortspiel Simon=Siemann schon im 16. Jahrhundert verbreitet war, so dürfte es nach allem, was über das Bruderschaftswesen bekannt ist, zu dieser Zeit noch kaum zur Grün-

dung der Simandl-Scherzbruderschaft gekommen sein. Lassen wir
das sagenhafte Gründungsjahr 1529 gelten, dann könnten sich die
Kremser Männer in dieser Notzeit zu Hilfsaktionen zusammenge-
schlossen und – auf ihren Jahrmarktspatron vertrauend – eine Si-
mons-Bruderschaft gegründet haben, die sich erst später (wahrscheinlich am Anfang des 18. Jahrhunderts) in eine Scherzbruder-
schaft der Pantoffelhelden verwandelte.

Im 19. Jahrhundert versuchte man das Bruderschaftswesen wieder neu zu beleben, doch es wurden daraus nur noch kleine, be-
deutungslose Vereine. Auch die »uralte sagenhafte Simandlbru-
derschaft« wollte man am Anfang der achtziger Jahre wieder aus
dem Schlummer wecken, und darüber erzählt Eduard Kranner in
seinem Krems-Buch eine amüsante Geschichte.

Zur Wiedergeburtsfeier erschien auch ein schwer vergrippter
und vom Fieber geschüttelter Mann, der eher ins Bett gehörte als
zu einer Feier. Doch der Mann war gar nicht freiwillig gekommen.
Seine Frau hatte zu ihm gesagt: »Wenn du nicht hingehst, sagt
diese Bande, daß ich eine Bißgurn bin und du ein Simandl bist.
Schau, daß d'weiterkommst zu deine Spezi!«

Die Römerstraße in der Wachau

Römerstraße – damit verbindet sich allgemein die Vorstellung von
eindrucksvollen Steinpflasterungen, wie sie auf dem Forum Ro-
manum in Rom oder in Pompeji oder bei uns in Carnuntum zu sehen sind. Aber das sind Paradestraßen. Die Römerstraßen, welche
bis in den entlegensten Winkel des Riesenreiches führten (und bei
der größten Ausdehnung des Imperiums eine Gesamtlänge des
zehnfachen Erdumfanges hatten!) – diese Straßen wurden aus dem
Glauben geschaffen, daß Rom ewig Mittelpunkt der Welt sein
würde –, sind daher unter bester Ausnützung aller Gegebenheiten
robust und dauerhaft gebaut.

Im Wege stehende Felsen wurden durchschnitten, feste Dämme
trugen die Straße über Mulden hinweg, sorgfältig errichtete Trok-
kenmauern sorgten für rasche Entwässerung bei Regenfällen und
Frostfreiheit im Winter. Straßenkörper wurden so solide angelegt,
daß sie auch heute noch von modernen schweren Lastwagen be-
fahren werden können. Zumindest ein kleines Stück einer solchen

alten Römerstraße zu begehen, ist stets ein Erlebnis ganz eigener Art. Oberhalb von Bacharnsdorf in der Wachau kann man es finden . . .

Bis ins 19. Jahrhundert gab es am rechten Donauufer keine durchgehende Straße zwischen Mautern und Melk; die Verbindungsstraße führte schon seit der Römerzeit über die Höhen des Dunkelsteinerwaldes. Von dieser Straße zweigten wiederum Verbindungen ab zu den Festungstürmen am Donauufer. Die Überreste eines solchen Wachtturmes (Burgus) gegen Angriffe vom anderen Donauufer wurden nach dem Zweiten Weltkrieg in Bacharnsdorf entdeckt und gleichzeitig fand man auch die durch das Kupfertal zu ihm führende Römerstraße.

Eigentlich sind es zwei Trassen, eine ältere aus der Zeit um 100 n. Chr. (wahrscheinlich einer bereits vorgeschichtlichen Weganlage folgend) und eine jüngere aus der Zeit um 300 n. Chr.; sie wird von ihrem Entdecker Dir. Franz Kainz (Mautern) mit Recht »auf Grund ihrer Bauweise und des bis heute so gut erhaltenen Zustandes zu den besterhaltenen römischen Straßen Österreichs« gezählt. Auf dieser wollen wir ein Stück dahinwandern.

»Porzen« hieß im Mittelhochdeutschen Pforte (vom lateinischen porta = Tor abgeleitet), und so lautet auch heute noch der Flurname für diese Stelle über Bacharnsdorf, wo mit einem eindrucksvollen Felsdurchschlag die Römerstraße richtig ansetzt, die fast 400 Meter Höhenunterschied zwischen der Donau und der Hochstraße im Dunkelsteinerwald zu überwinden hat. Man hat errechnet, daß für diesen Durchbruch, für dieses eindrucksvolle Felsentor, ca. 50 m^3 Fels abgearbeitet werden mußten.

Zuerst noch sachte ansteigend, führt dann die gepflasterte Straße zu einem Steilstück, in dem Rillen mit einer Spurweite von 1,10 m eingeschnitten sind. Man hielt sie lange für Spuren natürlicher Abnützung; heute weiß man, daß diese Geleise künstlich geschaffen wurden, um ein Schleudern der Wagen zu verhindern.

Auch dort, wo die alte Straße im Sommer von hochragendem Gras und Gebüsch überwuchert ist, bleibt die Trasse im Gelände stets deutlich erkennbar. In einer Talenge führt sie dann durch das »Türkentor«, dem Rest einer (nun schon zerfallenen) Talsperre, die im 16. oder 17. Jahrhundert zur Verteidigung gegen von der Landseite zur Donau wollende Feinde errichtet wurde. Die Straße führt wohl noch weiter; wir aber wollen an diesem romantischen Punkt unsere Wanderung beenden. Sie hat uns nicht nur in einen stillen, idyllischen Winkel der Wachau geführt, sondern auch davon überzeugt, daß die römischen Ingenieure tatsächlich geschaffen haben, was von ihnen verlangt wurde: Solide Straßen, die nach ihrer Erbauung nur noch wenig Erhaltungsarbeiten erforderten, Straßen, wenn auch nicht für die Ewigkeit, so doch für lange, lange Zeit . . .

Zu diesem Teil der alten Römerstraße folgt man der von Mitterarnsdorf nach Nesselstauden (und Schenkenbrunn) führenden Bezirksstraße einen Kilometer weit, dort Hinweistafel. Wo die Römerstraße auf eine neue Forststraße stößt, folgt man dieser nach links, quert die Bezirksstraße und erreicht (wieder auf der alten Römerstraße) nach ca. 100 Metern das Türkentor. Gehzeit: Mitterarnsdorf – Türkentor, hin und zurück ca. 2 Stunden.

»Toter Mann« und »Tote Frau« im Dunkelsteinerwald

In der in Berlin erscheinenden »Zeitschrift des Vereins für Volkskunde« veröffentlichte bereits im Jahre 1898 die bekannte Volkskundlerin Marie Andree-Eysn einen Bericht über die Lokalität »Zur toten Frau« und »Beim toten Mann« im Dunkelsteinerwald:

»Im Volksmunde heißt es, daß an letzterer Stelle ein Ehepaar von Räubern angefallen und der Mann erschlagen wurde, das Weib aber habe gebeten, man möge es nur noch eine kleine Strecke weiter gehen lassen, bis sie die Wallfahrtskirche Maria Langegg sähe, dann wolle sie ruhig sterben. – Steigt man von Oberbergern den Waldweg hinan, so erreicht man nach ungefähr dreiviertel Stunden eine alte Kapelle, unter hohen Tannen, deren Inneres von kleinen Votivbildern ganz bedeckt ist. An der Wand neben dem Altare hängen wächserne Körperteile und Figuren, und in den Ecken lehnen gebrauchte Krücken, welche die Genesenen in das einsame Heiligtum gebracht haben. Das kleine Türmchen trägt eine Glocke, die eine Leine, welche außerhalb der Kapellentür herabhängt, in Schwingung versetzt. Die Vorübergehenden ziehen an diesem Strick. – Unfern der Kapelle öffnet sich ein weiter Ausblick über das waldige Gehänge und das Donautal mit der Kirche von Langegg, und 600 Schritte von der Kapelle gelangt man in der Mitte des jungen Tannwaldes zu einer alten Buche, deren Rinde zahlreiche Buchstaben, das Monogramm Christi, Herzen mit drei Nägeln und desgleichen eingeschnitten zeigt. Heiligenbilder hängen an ihrem Stamme und unter ihrem Laubdach erhebt sich ein mächtiger Reisichthaufen, ›beim toten Mann‹. Jeder Vorübergehende legt einen Zweig hinzu. Die Zweige liegen fast sorgsam geschichtet, alle mit der Spitze in gleicher Richtung; man findet sie vom frisch gepflückten bis zum fast vermoderten Rest. Fragt man nach, warum dieselben hingelegt wurden und werden, so erfährt man, es sei ein unheimlicher, ein ›entrischer‹ Ort, und ›das sei guat dagegen‹, das heißt, es schütze gegen die bösen Geister, die dort hausen.«

Der Doppelmord soll im Jahre 1603 geschehen sein – aber zu dieser Zeit war die Wallfahrtskirche Maria Langegg noch nicht erbaut (erst 1604 entstand dort eine kleine Kapelle).

Bei der »Toten Frau« befand sich ursprünglich eine Bildeiche, die Kapelle wurde erst 1803 erbaut (und 1964 renoviert). Der neue Bildstock »Beim toten Mann« ist 1952 aufgestellt worden.

Ein Rätsel ist es bis heute, wie der Brauch des Zweigehinterlegens in diesen romantischen Winkel des Dunkelsteinerwaldes kam. Denn er war sonst nirgends in unseren Breiten üblich, dafür aber einst bei nordischen wie auch semitischen Völkern. Bei diesen wurden an jenen Stellen Zweige niedergelegt, wo jemand auf unnatürliche Art ums Leben gekommen war. Das Zweigelegen geschah zur Abwehr neuen Unheils, aber vielleicht auch zur Bannung der Rache durch den Toten. Der Volkskundler Leopold Schmidt fand sogar einen schriftlichen Beweis für das Weiterleben des Brauchs in einer Verordnung des hl. Ottos von Bamberg, des Missionars von Pommern . . . »Der große Bischof verfügte im 12. Jahrhundert unter anderem: ›ne fustes ad sepulchra eorum ponant‹ – sie, die Pommern, sollten keine Zweige auf die Gräber der Ihren legen. Das war damals vermutlich gegen heidnischen Brauch gemeint, oder jedenfalls gegen einen als Unsitte empfundenen Brauch.«

Eine andere Form der Zweigniederlegung will man in dem sogenannten »Besenopfer« erkennen, das in Südwestdeutschland, der katholischen Schweiz und in Vorarlberg bis in unser Jahrhundert üblich war und gegen Verunreinigungen (z. B. Ausschlag) dargebracht wurde.

Der Brauch des Zweigehinterlegens hat also Tradition, aber keine bodenständige, er kann nur von Einwanderern mitgebracht worden sein.

Die Kapelle »Zur toten Frau« ist heute von hohen Bäumen umgeben; ihr Inneres ist – bis auf eine Krücke entrümpelt – nun öd und kahl. Dafür hat man neben ihr ein Pseudograb aufgebaut. Auch »Beim toten Mann« gibt es die alte Buche nicht mehr. Doch unter dem neuen Bildstock liegen noch immer hinterlegte Zweige und zu kleinen Büscheln gebundene Gräser . . .

Von Oberbergern führt der rotbezeichnete »Mariazellerweg« (06) zur Kapelle der »Toten Frau« (Gehzeit ca. 45 Minuten). Folgt man dem Weg weiter, gelangt man nach 600 Metern (nicht Schritten, wie Andree-Eysn schreibt) zum »Toten Mann«.

»Die Sieben Marksteine« bei Oberwölbling

In Oberwölbling wurde 1983 ein großer Soldatenfriedhof geweiht,
in dem 4013 Kriegstote bestattet sind, deren Gräber sich bis dahin
an den verschiedensten Stellen des Landes befanden. Und bei Unterwölbling wurden in der ersten Hälfte unseres Jahrhunderts
etwa fünfzig Körpergräber aus der frühen Bronzezeit (also aus dem
Anfang des 2. Jahrtausends v. Chr.) geöffnet, für deren Beigaben
die Bezeichnung »Kultur von Unterwölbling« geprägt wurde.

Mitten im Wald oberhalb beider Orte stehen die geheimnisvollen »Sieben Marksteine«, von denen heute die Leute sagen, daß sie
»einmal etwas gewesen sind«. Aber was?

Zuallererst: Es sind nicht sieben Granitblöcke und -platten, die
dort an einem Hang und entlang einer Rinne aufgerichtet und zu
einer Zweierreihe geordnet stehen, sondern mindestens dreimal
soviel. Und Mark-Grenzsteine sind sie bestimmt nicht gewesen. Es
gibt für eine solche Aneinanderreihung von Steinen überhaupt
kein Gegenstück aus historischer Zeit.

Die Steine sind von Menschenhänden aufgestellt worden, und
ihr Anblick läßt unwillkürlich an die megalithischen Steinsetzungen und Steinreihen in der Bretagne und Normandie denken. Hier
im Dunkelsteinerwald sind die Steine freilich nicht so mächtig, der
größte von ihnen ragt ca. 1,20 m aus dem Boden. Aber etwas hat
auch diese Steinsetzung mit den berühmten prähistorischen Denkmälern Westeuropas gemeinsam: An den Enden der Steinreihe
werden die Steine immer kleiner, so als würden sie in der Erde ver-
sinken. Darum ist es auch schwer, sie zu zählen – es ist nicht mehr
feststellbar, welche Steine deponiert wurden und welche nur zufällig dort zu liegen gekommen sind.

Auffällig ist, daß es »Sieben Marksteine« sein sollen. Denn auch
bei den Megalithdenkmälern der Bretagne kommt sehr oft die Zahl
sieben vor . . . »Grab der sieben Schläfer«, die sieben Hufspuren
von St. Rochus (ein Schalenstein), das Kirchlein der »Sieben Heiligen« (über einem Megalithgrab).

Es spricht also einiges dafür, daß die »Sieben Marksteine« von jenen Menschen aufgestellt worden sein könnten, die in der Vorzeit
das Wölblinger Becken besiedelt haben. Leider wurde in letzter
Zeit an diesen Steinen ein wenig manipuliert; einige von ihnen –
man sieht es deutlich an der Verwitterung – befinden sich nicht
mehr in ihrer ursprünglichen Lage.

Oben: »Der Drehstein« bei
Kematen – Links: Das Relief
von Weigelsdorf

Linke Seite oben: »Die Sieben Marksteine« bei Ober-
wölbling – Unten: Der Menhir von Mannersdorf und der
Lochstein in der Südstadt

Vorangegangene Seite: »Das
Steinerne Weib« bei Wolfsegg – Folgende Seite: Hügel-
grab bei Bernhardsthal

Was solche Steinsetzungen, Steinreihen (in Frankreich spricht man sogar von Steinalleen) bedeutet haben, ist noch immer eine offene Frage. Dienten sie astronomischen Fixierungen? Wurden sie als Gedenksteine oder als Seelensitze für Tote errichtet? Oder sollten sie – so wie die Steinkreise – heilige Abgrenzungen markieren?

Die Steinreihe im Dunkelsteinerwald befindet sich an keiner (für uns Heutige!) markanten Stelle. Aber wissen wir, was an dieser Stelle vielleicht einmal geschah und welche Bedeutung sie dadurch gewonnen hatte?

»Die Steine reden!« heißt es.

Nicht alle tun das . . . auch nicht die »Sieben Marksteine« im Dunkelsteinerwald.

Vom Soldatenfriedhof in Oberwölbling folgt man dem blaumarkierten und nach Mautern führenden »Kremsersteig«. Am Schweindlkreuz und auch an der Wegteilung zum »Weißen Kreuz« vorbei, erreicht man nach ca. 3/4 Stunden Gehzeit die links und rechts vom Weg stehenden »Sieben Marksteine«.

Die Bildföhre bei Karlstetten

Es ist eine Kapelle mitten im Wald, und sie wird von den Bewohnern der Umgebung recht oft aufgesucht. Aber niemand sagt, daß er zu einer Kapelle geht, die Leute sagen, sie gehen »zur Föhr'n«. Tatsächlich: in der gemauerten Waldkapelle steht der mehr als zwei Meter hohe Stumpf einer einst mächtigen Föhre mit einem daran befestigten Marienbild. Ein seltsamer Anblick!

Schon seit uralten Zeiten gilt der Baum im Volksglauben vieler Völker als Symbol des Lebens. »Aus Beobachtung des Wachstums schloß der Urmensch auf Wesensgleichheit zwischen sich und der Pflanze; er maß ihr eine der seinigen ähnliche Seele bei«, heißt es in Wilhelm Mannharts berühmtem Buch über den »Baumkultus der Germanen«. Und mit dem Leben verbunden blieb der Baum auch nach der Christianisierung heidnischer Naturheiligtümer. Die Stein- und Quellheiligtümer kamen unter das Patronat verschiedener heiliger Gestalten, bei den Baumheiligtümern fast ausschließlich der Gottesmutter Maria.

Es gibt natürlich auch eine Sage von der Bildföhre: Als im Jahre 1683 die Türken durch die Gegend streiften, versteckten sich zwei Männer aus Hausenbach in ihrem Geäst und retteten dadurch ihr

Leben. Aus Dankbarkeit befestigten sie an diesem Baum ein Marienbild. Später schlug der Blitz in die Föhre; der Stumpf blieb erhalten. Über ihm errichtete man eine Holzkapelle, die jetzige Stein-
kapelle besteht seit 1930.

Nur etwa 150 Meter von der Bildföhre entfernt erhebt sich die
Türkenschanze, ein mächtiger (7-8 Meter hoher und etwa 600 Meter langer) Wall mit einem Graben davor. Das ist ein höchst rätsel-
haftes Gebilde: Man weiß nicht, wer diese lange Schanze errichtet
hat und gegen wen sie gerichtet war, man nimmt aber an, daß sie
keinesfalls aus der Türkenzeit stammt, sondern aus wesentlich frü-
herer Zeit.

Die Sage von der Türkenschanze: Zu ihr haben sich 1683 die Bewohner der umliegenden Orte geflüchtet, doch die Türken haben
sie aufgespürt und alle niedergemacht, und bis heute ist dort der
Boden rotgefärbt vom Blut der Getöteten. In späterer Zeit wurde
eine Fahrstraße angelegt und dabei der Wall durchschnitten; wegen seines rötlichen Erdreichs wird dieser Einschnitt »Rotes Tor«
genannt.

Irgend etwas stimmt an der Sage nicht. Sollte es bei der Türkenschanze wirklich ein Gemetzel gegeben haben, dann würden die
zwei Männer auf der dicht danebenstehenden Föhre wohl kaum
der Aufmerksamkeit der Türken entgangen sein. Außerdem: Die
sogenannte Türkenschanze – dieser lange Wall – war von den
Landbewohnern kaum zu verteidigen und als Fluchtstätte daher
ungeeignet.

Bleibt der Baum . . .

Wie bei allen Völkern waren auch in unseren Zonen die verehrten Bäume ursprünglich bildlos. Im alten Griechenland begann
man erst in hellenistischer Zeit, »heilige Bäume« mit Götterbildern
zu behängen, bei uns geschah das in der Zeit der Gegenreformation (was auch zur Entstehung der Baumwallfahrtsorte wie Maria
Dreieichen oder Mariahilfberg bei Gutenstein geführt hat). Und
über jeden Bildbaum gab es gar bald auch eine fromme Legende.
Wahrscheinlich dürfte das zum Dank an überstandene Türkennot
an unserer Föhre angebrachte Bild erst viel später zu der Sage vom
Gemetzel an der Türkenschanze geführt haben.

Und noch immer gehen die Leute »zur Föhr'n«. Das ist an Sonn-
tag-Nachmittagen ein Spaziergang in den stillen Wald – aber auch
noch mehr . . .

»Jetzt müssen wir uns noch ein wenig hinhocken!« sagte der

Mann, mit dem wir eine Weile vor der Kapelle geplaudert hatten, zu seiner Frau. Einige Minuten saß dann das Ehepaar still vor dem Baumstumpf mit dem Marienbild. Danach erzählte uns der Mann noch, daß früher auch etliche Krücken von geheilten Behinderten an diesen Baumstumpf gelehnt waren. Jetzt gibt es sie nicht mehr . . . »Vielleicht, weils auch keine Wunder mehr gibt?«

Auch viele Eierschwammerln sollen früher an und neben der Türkenschanze gewachsen sein. Die gibt's auch nicht mehr.

Zur Bildföhre gibt es Wege von Karlstetten, Heitzing, Hausenbach und Weyersdorf. Der von Weyersdorf aus ist der lohnendste; er führt zuerst zwischen Feldern und dann durch den Wald in etwa 20 Minuten zur Kapelle und der dahinter befindlichen Türkenschanze mit dem »Roten Tor«.

»Der Zenostein« bei Hafnerbach

St. Zeno, im 4. Jahrhundert Bischof und später Patron der Stadt Verona, soll einst auch nach Hafnerbach gekommen sein und dort große Wunder gewirkt haben. Auf einem Felsblock hat er sogar seine Fuß- und Knieabdrücke hinterlassen, und dieser ist – wie Pfarrer Benedikt Sutur in seinem 1702 erschienenen Zenobuch berichtet – schon »je und allzeit der Zeno-Stein genant worden«.

Selbstverständlich war der Veroneser Bischof niemals im Dunkelsteinerwald. Gewandert ist nur der Kult um seine Person – über die Alpen nach Bayern und von dort mit den bayerischen Kolonisatoren in unser Gebiet.

Der Zenostein befindet sich an einer keineswegs markanten Stelle, sondern in einem stillen Talgrund am Ufer eines kleinen Bächleins. Gut erkennbar sind darauf zwei eindeutig von Menschenhand ausgeriebene Schalen, außerden noch einige andere Ausreibungen, von denen man in einer (mit etwas Phantasie) eine Fußspur erkennen mag. Wir stehen hier vor einem sogenannten Schalenstein.

So werden jene Steine genannt, welche von Menschen geschaffene näpfchen- oder schalenförmige Vertiefungen aufweisen. Es gibt solche Schalensteine auf der ganzen Welt, und sie sind Denkmäler des Steinkults und eines Volksglaubens, der seine Wurzeln in prähistorischer Zeit hat. Über ihren Sinn und Zweck gibt es viele

Hypothesen; doch eines weiß man heute mit Sicherheit, nämlich, daß dieses Ausreiben (mit einem harten Werkzeug) von Näpfchen und Schalen in den verschiedenen Zeiten und an den verschiedenen Orten auch verschiedene Bedeutung gehabt hat:

So kann es eine magische Handlung in einem Toten-, Sonnen-, Fruchtbarkeits- oder sonstigen Kult gewesen sein (vergleichbar mit dem noch immer üblichen Anzünden von Opferkerzen in Kirchen . . .)

. . . die Näpfchen und Schalen können aber auch bei der Gewinnung von Steinpulver entstanden sein, das sich der Mensch von besonderen (heiligen) Steinen holte. Er hielt dieses Pulver für heilsam und schluckte es – mit Wasser verdünnt – als Medizin.

Viele Sagen entstanden um diese Schalensteine; die katholische Kirche hat sie verteufelt (Teufelsstein, Teufelstritt) oder verhimmelt, indem sie ihre Entstehung mit heiligen Gestalten in Verbindung brachte. So wurde der Missionar St. Wolfgang zu einem der aktivsten »Steinerweicher« Österreichs (auch in Wolfstein im Dunkelsteinerwald hinterließ er auf einem Felsen den Abdruck seines Fußes, Buckelkorbes und Wanderstabes).

In der Kirche von Hafnerbach sind auf den 1698 von Karl Johann Ritsch gemalten Deckenfresken Szenen aus dem Leben St. Zenos dargestellt; eine zeigt den Heiligen, wie er auf jenem Stein kniet, zu dem später die Leute aus der näheren und weiteren Umgebung wallfahrten, um sich mit dem in den Vertiefungen gesammelten Regenwasser die Augen zu waschen, weil das heilsam sein sollte. Sie gingen auch zu dem Stein, wenn sie ein besonderes Anliegen hatten. 1725 wurde darauf eine große Statue des Heiligen aufgestellt, um diese Steinverehrung in eine halbwegs christliche Richtung zu lenken. Das zeigt überzeugend, welche Bedeutung der alte Steinkult auch in der Barockzeit noch für das Volk hatte. Frische Blumen sind auch heute neben dem Zenostein gepflanzt.

Bei unserem letzten Besuch des Steins waren wir vorher an vielen Tankstellen vorbeigeradelt, an denen man nicht nur Sprit, sondern auch »Gesundheit und jugendliche Schönheit« tanken konnte, wo zu einem stolzen Preis das »Mineralia-Super-Biomin« verkauft wurde . . . »Nur zwei Löffel täglich, und Sie sehen 20 Jahre jünger aus!«

Er hat in unseren achtziger Jahren Schlagzeilen gemacht – dieser Steinbruch bei Kicking im Dunkelsteinerwald. Wundersame Wirkung wurde dem aus ihm gewonnenen Steinmehl attestiert, ein

Ausschnitte aus einem Werbeplakat

»Lebenselixier«, eine »Götterspeise«, ein »Bio-Lebensmittel« soll es (zumindest nach den Plakaten) sein. Die Gesundheitsbehörde war im Jahre 1986 allerdings anderer Meinung; sie stellte fest, daß das Steinmehl nicht mehr und nicht weniger Bestandteile enthielte als jeder andere gemahlene Stein und daher keineswegs als »Heilmittel« angesprochen werden darf. Doch das konnte den Glauben der Menschen an diese »Götterspeise« nicht erschüttern, und so ist der Steinbruch für seinen Besitzer zur Goldgrube geworden . . .

Ein langer Zeitraum trennt die Menschen, die die Vertiefungen im Zenostein im Dunkelsteinerwald ausgeschabt haben, von den Käufern des »Mineralia-Super-Biomin« unserer Tage. Doch eines haben sie gemeinsam: den Glauben an ein Wunder.

Zum »Zenostein« folgt man der von Hafnerbach nach Hohenegg führenden Straße so weit, bis bei der ersten Brücke die rote Markierung nach links und dann entlang eines Bächleins zum Zenostein bringt (Gehzeit ca. 20 Minuten). – Der Wolfgangstein befindet sich in Wolfstein neben der Straße (vor dem Feuerwehrhaus).

Zwei technische Wunderwerke zu Göttweig

In einer Beschreibung vom Stift Göttweig aus dem Jahre 1668 heißt es: »Wenn der Himmel die Zisternen verlasset, ist oftmals mehr Wein als Wasser droben zu finden«.

Auf dem »tzipflichen Berg« hatten schon die Menschen der Vorzeit in ihrer Siedlung, die Römer in einem Wachtturm und später die Mönche in dem Kloster an Wassermangel gelitten. Als nach einem Brand im Jahre 1718 Abt Gottfried Bessel beschloß, einen ganz neuen und prachtvollen Klosterbau zu errichten, zeigte er sich nicht nur bei künstlerischen, sondern auch in technischen Details als genialer Bauherr. Durch einen Lastenaufzug wollte er die Baukosten vermindern, und eine Wasserleitung sollte in Zukunft die Zisternen füllen. Noch im Unglücksjahr lieferte der Salzburger Zimmermeister Abraham Hueber Modelle für beide Werke, und schon im folgenden Jahr begannen die Arbeiten daran.

Einen von Pferden betriebenen Lastenaufzug hatte man schon 1544 beim Neubau der Befestigungen auf dem Grazer Schloßberg verwendet. Doch bei der Göttweiger Aufzugswinde genügten infolge des genialen Mechanismus nur vier Pferde, um die mit Material schwer beladenen Wagen auf einer Schienenbahn den Berg hinaufzuziehen. Ein längeres Stück führte die Bahntrasse sogar auf einem hohen Holzgerüst dahin. Im Wald oberhalb des Weilers Panholz sind noch immer einige Fundamentreste dieser Seilzugbahn zu sehen.

Mehr Probleme machte der Bau der Wasserleitung, mußte sie doch zweihundert Höhenmeter überwinden. Nach der Meinung der Landbewohner konnte das phantastische Unternehmen nur dann gelingen, wenn der Himmel dabei helfen würde.

Huebers Plan: Ein durch ein großes Wasserrad betriebenes Pumpwerk bei einer starken Quelle neben dem Pfisterhof in Kleinwien sollte deren Wasser durch Bleirohre auf den Berg pumpen. Doch zunächst stellte sich heraus, daß die Bleirohre der fast einen Kilometer langen Leitung für den Wasserdruck zu schwach waren und zersprangen. Auch die Wassermaschine funktionierte nicht richtig; 1724 wurde der Architekt und Maschinenbauer Joseph Emanuel Fischer von Erlach nach Göttweig bemüht, um Verbesserungen vorzunehmen. Nach Errichtung einer großen Zisterne im Stift wurde erst 1740-42 die verbesserte Rohrleitung den Berg hinauf gelegt.

Die fertige Wasserleitung war für diese Zeit eine technische Meisterleistung, und ihre Erbauer wären keine Barockmenschen gewesen, wenn sie das nicht auf ihre Art gefeiert hätten. Obwohl die Stiftskasse durch den großzügigen Neubau ohnedies stark beansprucht war, entschloß sich Abt Bessel, zur Krönung des Werkes

über der Zisterne im Stiftshof ein pompöses Siegesdenkmal aufstellen zu lassen. Diese Brunnenpyramide wurde 1742 von dem
Steinmetzmeister Leopold Glimpfinger errichtet, und der Bildhauer Johann Schmidt (der Vater des berühmten Kremser-
Schmidt) schuf die Reliefs, deren nähere Betrachtung höchst amü-
sant ist . . .

Meister Schmidt aus Mautern scheint zur Mythologie keine besondere Beziehung gehabt zu haben. Seine Herren Perseus oder
Kastor oder Poseidon sehen eher wie komische Figuren einer Com-
media dell'arte aus; in ihren Aktionen agieren sie ebenso ver-
krampft wie heutige Politiker bei einem Ersten Spatenstich fürs
Pressefoto. Meister Schmidt aus Mautern hatte auch keine Beziehung zum Meer . . . die als Brunnendekor üblichen Muscheln sind
bei ihm als solche kaum zu erkennen, man könnte sie auch für Ka-
stanienblätter oder Palatschinken halten. In der Rechnung an das
Stift hatte er seine Reliefs schlicht als »Frazzengesichter« bezeichnet.

Die Holzmodelle für Wasserwerk und Aufzugsmaschine befinden sich in der
Stiftssammlung Göttweig. An der Stelle des in den fünfziger Jahren abgetragenen
Pfisterhofs in Kleinwien steht jetzt eine Großgarage.

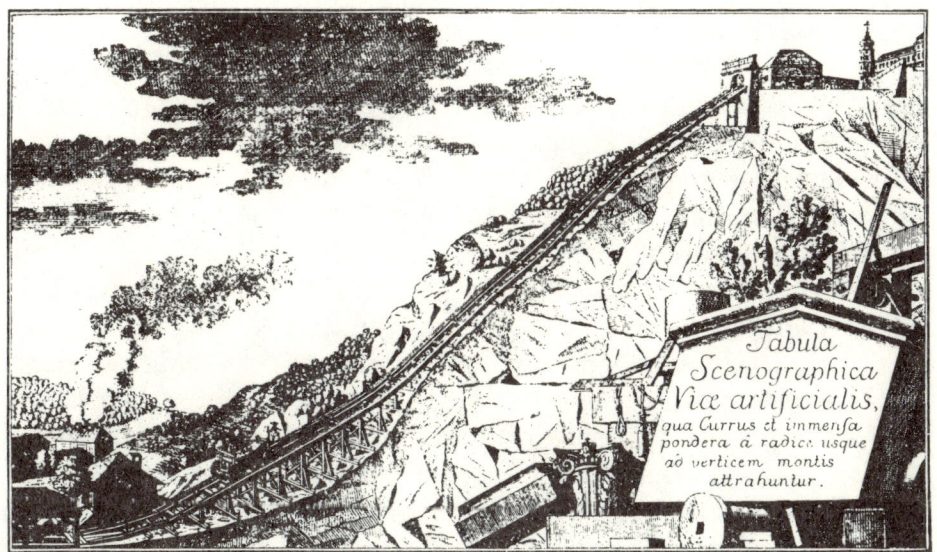

Der Materialaufzug zu Göttweig. Stich von Salomon Kleiner

Mammutbäume im Dunkelsteinerwald

In einer genauen Beschreibung der »Kunst- und Wunderkammer« von Stift Göttweig aus dem Jahre 1746 werden u. a. auch dreißig Mißgeburten in Spiritus angeführt . . . Kinder mit zwei Mündern, drei Augen und zwei Nasen, zwei zusammengewachsene Kinder. Das gab es also auch schon vor der Atombombe und den modernen Arzneien.

Die Patres von Stift Göttweig waren nicht nur fromme Beter, sondern hatten auch Interesse für allerlei Außergewöhnliches. Einer von ihnen ist als »Höhlenpfarrer« berühmt geworden: Lambert Karner (1841-1909), der im Verlauf seines Lebens mehr als 300 der geheimnisvollen Erdställe erforscht hat (siehe auch S. 135) und außerdem als Archäologe tätig war. Auch Abt Adalbert Dungel (1842-1923) beschäftigte sich mit Archäologie; bevor er zum Abt gewählt wurde, war er von 1877-1886 der Waldmeister des Stiftes. Zu dieser Zeit war auch schon die Kunde von den in Kalifornien entdeckten Riesenbäumen nach Europa gedrungen.

Der botanische Name für diese urtümliche (vor über 150 Millionen Jahren) entstandene Baumart lautet Sequoia, und ihr Namensgeber war der berühmte Verfasser bahnbrechender Werke über systematische Botanik und Direktor des Botanischen Gartens in Wien Stephan Endlicher (1804-1849). Nach Entdeckung der Riesenbäume hätten die Engländer diese gerne nach ihrem Nationalhelden »Wellingtonia gigantea« benannt und die Amerikaner nach ihrem ersten Präsidenten »Washingtonia gigantea« – doch später hat man sich international dafür entschieden, daß der korrekte Name doch »Sequoia gigantea« lauten muß. Endlicher hatte diese Sumpfzypressengewächse wahrscheinlich nach dem Cherokeeindianer Sequojah benannt, der um 1820 eine indianische Silbenschrift erfunden hatte.

Der Entdeckung der Riesenbäume ging die Entdeckung der Goldadern Kaliforniens voraus. Das war im Jahre 1848. Vier Jahre später – im April 1852 – entdeckte ein Jäger, der eines der Goldgräberlager mit Fleisch versorgte, beim Verfolgen eines angeschossenen Grizzlybären diese bis zu über hundert Meter hohen Baumriesen. Als er im Lager davon erzählte, hielt man ihn für betrunken.

Der 1849 verstorbene Stephan Endlicher hat es also nicht mehr erfahren, daß seine Sumpfzypressen solche »Auswüchse« haben können und daß er den größten Bäumen dieser Welt den Namen gegeben hat. Damals sprach man den Bäumen ein biblisches Alter von 3-4000 Jahren zu – heute glaubt man, daß sie »nur« halb so alt sind. Und man unterscheidet zwei Arten: Big tree = Sequoia gigantea, und Redwood = Sequoia sempervirens.

Natürlich wollte man nach der Entdeckung dieser Mammutbäume einen davon in San Franzisco und New York zur Schau stellen. Doch allein schon das Fällen des vorgesehenen Baumes (Umfang fast 30 Meter, Gewicht über 2000 Tonnen) gelang nicht. Zweiundzwanzig Tage lang bohrten fünf Männer mit riesigen Bohrern Löcher in den Stamm und trieben nachher Keile ein. Der Baum blieb stehen. Erst ein heftiger Sturm warf ihn zu Boden – und dabei zerbrach er in riesige Stücke, die sich tief in den Boden gruben. Das war 1853; ein Jahr später benützten einmal 49 Personen den geglätteten Stumpf als Tanzplatz. Ein Teil der Rinde des Baumes wurde sorgsam abgenommen, numeriert und dann in San Franzisco, New York, London und Paris wieder zusammengefügt. Im Innern des Rindenraumes fanden 140 Kinder bequem Platz.

Von alledem hatte auch der Pater Waldmeister vom Stift Göttweig erfahren. Es gelang ihm, Samen von solchen Baummonstern zu erwerben, die er dann – voll Gottvertrauen – an einer etwas sumpfigen Stelle des Dunkelsteinerwaldes in den Boden pflanzte und damit eine Dependance der »Wunderkammer« im Freien schuf. Das geschah im Jahre 1880 . . . und die Saat ging auf! Schon im Jahre 1909 wurde unter den Mammutbäumen vom Waldamt Göttweig ein Gedenkstein aufgestellt, der »in dankbarer Huldigung« an diese Tat des Waldmeisters Dungel erinnert.

Fünfzehn Stämme haben sich bis heute erhalten; einige sind schon zu der beachtlichen Höhe von dreißig Metern gewachsen. Diese Mammutbaumgruppe ist einmalig in ganz Österreich und ein Walderlebnis besonderer Art . . . inmitten der Nadelhölzer des Dunkelsteinerwaldes wirken die Bäume mit ihrer weichen rötlichen Rinde und den fast giftgrünen Kronen wie Relikte aus einer anderen Zeit und Fremdkörper aus einer anderen Welt. Zwei Mammutbäume stehen auch rechts vor dem heutigen Eingang in das Stift Göttweig. Doch fast niemand beachtet sie dort, die Architektur hinter ihnen dominiert . . .

Die Mammutbäume im Dunkelsteinerwald sind jetzt auf einem 1980 angelegten Naturlehrpfad leicht erreichbar. Die Markierung beginnt bei einer Orientierungstafel am Ortsende von Paudorf (an der Straße Richtung Kleinwien). Der Rundgang dauert ca. 1 1/2 Stunden, Gehzeit nur bis zu den Mammutbäumen ca. 40 Minuten.

Das Pestkreuz von Nußdorf

Die Römer hatten ein sehr sachliches Verhältnis zu ihren Göttern: Für jedes Opfer erwarteten sie eine Gegenleistung. Für ein geopfertes Huhn sicherte sich der Landmann gutes Wetter bei der Getreideernte, opferte er sogar zwei Hühner, dann mußten sich die Götter schon bei allen Ernten um gutes Wetter bemühen.

Der Apostel Paulus war gegen eine solche »Werkgerechtigkeit«. Aber trotzdem hat sich diese Einstellung auch im Christentum erhalten, und die Gebetsmagie (= Einfluß auf das göttliche Walten ausüben wollen) stört so manchen modernen Theologen . . . »Ein Mensch, der glaubt, daß er bestimmte Gebete in einer bestimmten Reihenfolge, Qualität oder Quantität beten muß, um eine bestimmte Wirkung zu erreichen, ist längst nicht mehr in einer religiösen Position« (Gottfried Hierzenberger).

In Schreckenszeiten und in höchster Not haben solche Überlegungen allerdings wenig Gewicht. Schrecken und Not verbreitete seinerzeit die Pest. Und weil die Kunst der Ärzte machtlos war gegen diese Krankheit, suchte man umsomehr Hilfe in magischen Beschwörungen und Gebeten. Daran erinnert auch das sehr eigenartige Pestkreuz in Nußdorf (bei Traismauer) aus der Pestepidemie der Jahre 1712-1715.

Das 1713 errichtete Kreuz hat oben zwei Querbalken, ist also ein sogenanntes Caravacakreuz. Für Kaiserin Helena soll seinerzeit aus dem Kreuz Christi ein kleines doppelbalkiges Kreuz geschnitzt worden sein, das dann in Caravaca (Spanien) seit dem 13. Jahrhundert hochverehrt und im Spanischen Bürgerkrieg vernichtet wurde. Die Jesuiten propagierten im 17. Jahrhundert in den deutschen Landen solche Doppelkreuze als besonders wirksam, und so wurden sie dort als Pest- und Wetterkreuze aufgestellt.

Unter dem Caravacakreuz von Nußdorf stehen die Pestpatrone Sebastian und Rochus. Und Kreuzesstamm und Querbalken sind voll von nebeneinander und untereinander gereihten Buchstaben und Kreuzzeichen. Ergeben diese einen Sinn?

Damals im Barock glaubte man noch an die Wirkung der »starken Gebete«. Deren Texte erscheinen uns Heutigen zumeist als etwas verworren, aber wahrscheinlich glaubte man damals, daß ein einfacher Hilferuf, eine stille Bitte nicht sehr wirksam seien (so wie man heute von obskuren Medikamenten mehr Wirkung erhofft als von einfachen).

Die Zeichen und Buchstaben auf unserem Kreuz sind Kürzel und Anfangsbuchstaben eines Abwehrgebetes gegen Seuchen, das der Patriarch Zacharias von Jerusalem (609-628) verfaßt haben soll. Die Zeichen im obersten Teil des senkrechten Kreuzstammes bedeuten den Anfang der lateinischen Sätze:

+   Cruc Christi salva me = Kreuz Christi, rette mich!

Z   Zelus domus tua liberet me = Der Eifer für Dein Haus befreie mich!

+   Cruc vincit, cruc regnat, cruc imperat, per signum crucis libera me Domine, ab hac peste = Das Kreuz siegt, das Kreuz regiert, das Kreuz herrscht, durch das Zeichen des Kreuzes befreie mich, o Herr, von dieser Pest!

Diese Pestabwehrformel steht also für ein recht langes Gebet. So bedeuten z. B. nur die drei Buchstaben HGF am linken Arm des unteren Querbalkens den Anfang von drei lateinischen Sätzen, deren deutsche Übersetzung lautet:

»Siehe, dies vergiltst du dem Herrn, törichtes Volk! Trage ihm deine Gebete vor, bringe ihm das Opfer des Lobes dar und vertraue ihm, der mächtig ist, diesen Ort und mich von der Pest zu befreien, denn diejenigen, die auf ihn vertrauen, werden nicht zuschanden werden! In meiner Kehle und in meinem Schlunde möge mir die Zunge stecken bleiben, wenn ich Dich nicht preisen wollte; befreie die, welche auf Dich hoffen; ich vertraue auf Dich, befreie mich , o Gott, von dieser Pest, auch diesen Ort, in welchem Dein Name angerufen wird! Finsternis war über der ganzen Erde bei Deinem Tode, o Herr; mein Gott, schwach und schattenhaft möge die Macht des Teufels werden, denn Du bist ja dazu gekommen, Sohn des lebendigen Gottes, um die Werke des Teufels zuschanden zu machen, vertreibe durch Deine Macht von diesem Orte und von mir, Deinem Diener, diese Pest; es weiche die verpestete Luft von mir in die äußerste Finsternis!«

Heute beherrschen Abkürzungen mehr denn je unsere Umgangssprache, und auch unsere Kürzel werden späteren Generationen wahrscheinlich als Abrakadabra erscheinen. Pest gibt es nunmehr fast keine mehr, dafür eine neue schreckliche Krankheit, deren Namen ebenfalls aus Wortanfangsbuchstaben gebildet wird . . .AIDS.

»Das Rote Türl« in Oberndorf

Einer von den Tausenden Bildstöcken unseres Landes ist so ganz anders als die anderen . . .

Er steht in Oberndorf bei Traismauer, schaut aus wie eine Tür, ist knallrot angestrichen – und wird auch »Rotes Türl« genannt. Über die Entstehung wird eine recht grausige Geschichte erzählt.

Als Herzog Albrecht II. (1298-1358) über Österreich herrschte, wurde die Bevölkerung von so ziemlich allen Übeln geplagt . . . Überschwemmungen und Dürre, Heuschrecken und Pest, Miß-ernten und Hungersnot. Man gab den Juden daran die Schuld und begann sie zu verfolgen. Das war in den Jahren 1348/49.

Als die Oberndorfer und Waldlesberger erfahren hatten, daß eine jüdische Auswandererkarawane aus dem Traisental zur Do-nau unterwegs sei, um auf dieser mit Flößen nach Ungarn zu flie-hen, lauerten sie der Schar auf und metzelten alle – auch Frauen und Kinder – nieder. Das Blut der Toten aber trugen sie in Kübeln zu ihrem Pestfriedhof, um die Pest zu bannen.

Die Toten selbst hatte man an der Stelle der Metzelei verscharrt. Als nach dem Erlöschen der Pest eine Prozession zu der Bergka-pelle auf dem Wallerberg hinaufziehen wollte und daran vorbei-kam, wurde das vorangetragene Kreuz immer schwerer und schwerer und schließlich untragbar. Also wurde es an dieser Stelle belassen und später durch eine Steinsäule ersetzt, die heute noch »Judenkreuz« heißt.

Am Pestfriedhof hatte der Regen das Judenblut bald abgewa-schen, also bestrich man das Friedhofstor – um den Abwehrzauber zu erhalten – mit roter Farbe. Später hing man ein Bild von St. Veit (dem Pestpatron) daran. Als »das Rote Türl« morsch geworden war, zimmerte man ein neues und strich auch dieses rot an. Bei einer Straßenverbreiterung wurde es später etwas versetzt, und wie oft seit der grausigen Begebenheit von damals ein zerfallendes Rotes Türl durch ein neues ersetzt worden ist, weiß nun niemand mehr.

Dafür glaubt man heute zu wissen, was die Ursache aller Übel von damals war: Eine vorübergehende Klimaveränderung, eine Wärmeperiode mit ungewöhnlichen Witterungsextremen. Heiße Sommer brachten nicht nur heftige Gewitter (und Überschwem-mungen), sondern auch Dürre und mit ihr Mißernten und Heu-schreckenplagen; die Folge war allgemeine Not, die zu Verwahrlo-sung führte und den Ausbruch der Pest begünstigte.

In dieser Notzeit verschuldete der Adel immer mehr. Geldverleiher (heute würde man sagen: Kreditinstitute) waren damals die Juden, weil es ja den Christen verboten war, Geldgeschäfte zu betreiben. Geld war knapp geworden; die Juden erhöhten ihre Zinssätze aufs Doppelte; der Adel erhöhte die Abgaben seiner Untertanen – bis sich diese dagegen auflehnten. Worauf der Adel alle Schuld auf die Juden schob (und mit deren Vertreibung dann auch alle Schulden wie Gläubiger los war!).

An dieser Judenverfolgung hatte aber auch die katholische Kirche ihren Anteil, allerdings aus ganz anderen Gründen.

Im Jahre 1215 war auf der 4. Lateransynode der Glaubenssatz von der Transsubstantiation (Wandlung von Brot und Wein in Fleisch und Blut Christi) festgelegt worden. Damit begannen auch die »Sakramentswunder«, über die der Jesuit Peter Browe schrieb: »In manchen Gegenden, z. B. Anfang des 14. Jahrhunderts in Österreich, waren sie ja etwas ganz Gewöhnliches. Eine Art Suggestion, die überall blutige Hostien finden ließ, hat in manchen Geistlichen den Wunsch, einen ähnlichen Schatz in ihrer Kirche zu haben, hervorgerufen. Der Gedanke, die vielen Spenden der Wallfahrer zu erhalten, hat die Leichtgläubigkeit und Wundersucht des Klerus noch bedeutend unterstützt.«

Es wurden also Bluthostien auch gefälscht. Darüber schreibt Browe: »Es ist klar, daß die Geistlichen, welche solche Bluthostien machten, eine Geschichte erfanden, um das Wunder zu erklären. Und was lag näher als die Juden zu beschuldigen, denen der allgemeine Volksglaube solche Frevel zutraute, die Gott durch ein Wunder sühnte.«

Bis zur Festlegung des Glaubenssatzes von der Transsubstantiation ist kein Fall einer Hostienschändung durch Juden bekannt, erst im Jahre 1290 soll sich die erste in Paris ereignet haben: Juden kauften eine Hostie, stachen mit Messern hinein; nachdem die Hostie zu bluten begonnen hatte, warfen sie diese in ein Gefäß mit siedendem Wasser, das sich sofort in Blut verwandelte.

Fast die gleiche Geschichte wird auch von der Hostienschändung in Pulkau erzählt, die sich im Jahre 1338 ereignet haben soll. Sie wurde dann auch zur Rechtfertigung für die bald darauf beginnende Judenverfolgung immer wieder hervorgeholt. In Pulkau sollen die Juden die zerstochene und blutende Hostie in einen Brunnen geworfen haben. Über diesem wurde dann ab 1398 die Heilig-Blut-Kirche erbaut und Pulkau ein Wallfahrtsort. 1789

wurde der Brunnen auf Anordnung von Kaiser Joseph II. zuge-
deckt (er befindet sich unter der letzten Bank der rechten Bank-
reihe). Auf dem berühmten Flügelaltar ist auch eine Darstellung
der Hostienschändung (um 1520 von Niclas Preu gemalt) zu sehen.
Bei Kirchenführungen darf allerdings heute auf höhere Anordnung die Geschichte der Hostienschändung nicht mehr erzählt
werden . . .

Auch Herzog Albrecht II. zweifelte an dieser Wundergeschichte
und fragte noch im Jahre 1338 brieflich bei Papst Benedikt XII. an,
wie er sich dazu verhalten soll. Der Papst mahnte zur Vorsicht und
erinnerte ihn an den Vorfall von Klosterneuburg, wo im Jahre 1298
ein Geistlicher eine Bluthostie gefälscht und nachher die Juden als
Hostienschänder hingestellt hatte. Obwohl eine bischöfliche Un-
tersuchungskommission die Fälschung nachwies, blieb die Bluthostie weiter zur Verehrung ausgestellt.

Herzog Albrecht II. hatte auch die Judenverfolgung abgelehnt.
Nach den Ausschreitungen, die im Gebiet um Krems besonders
schlimm waren, hatte er sogar ein Strafgericht über die Rädelsfüh-
rer gehalten. Doch die katholische Geistlichkeit war darüber sehr
ungehalten und nannte den Herzog verächtlich einen Mann »dem
was so laid umb sein Juden«.

Albrecht II. war seit 1330 (als Folge einer Vergiftung) teilweise
gelähmt, weshalb er später den Beinamen »der Lahme« bekam. In
der Historie galt er lange Zeit als Judenverfolger. Die Juden haben
die Pest gebracht, ein Lahmer hat sie verfolgt. Das paßt gut zu den
»allgemeinen Vorstellungen« – aber diese stimmen fast nie!

Gobelsburg . . . »wo der Bartl den Most holt!«

St. Bartholomäus war einer der zwölf Apostel. Er verkündete die
Lehre Christi in Mesopotamien, Armenien und Indien und starb
einen besonders grausamen Märtyrertod – man hatte ihm bei le-
bendigem Leib die Haut abgezogen.

Dieses grausame Martyrium hatte allerdings makabre Folgen:
St. Bartholomäus wurde der Patron der Fleischhauer, Fellhändler,
Gerber, Buchbinder und Lederarbeiter, Handschuhmacher und
Schuster. Und weil zu seinen Attributen auch ein Messer gehört,
mit dem man ihm die Haut abgezogen hatte, und weil die Wein-

bauern auch bei der Rebenpflege sehr oft ein Messer in der Hand haben, so wurde er auch deren Patron.

Das grausame Martyrium von Bartholomäus hatte viele Künstler fasziniert. Die berühmteste Darstellung ist wohl die von Michelangelo in seinem Jüngsten Gericht in der Sixtinischen Kapelle, bei dem auf der abgezogenen Haut des Apostels ein Selbstporträt des Künstlers zu erkennen ist. Ganz anders zeigt sich St. Bartholomäus in der Kirche von Gobelsburg . . .

Gobelsburg ist von sanften Hügeln, Wein- und Obstgärten umgeben, und seit 1979 gibt es dort auch den ersten »Bildstockwanderweg« Österreichs. Das alte Schloß ist schön renoviert (und eine Außenstelle des Österreichischen Volkskundemuseums), die Pfarrkirche wird vor allem wegen der darin befindlichen romanischen Reliefs aufgesucht, von denen eines den Sündenfall darstellt, das andere hingegen bis heute noch keine wirklich gültige Deutung bekommen konnte. Auf dem südlichen Langhauspfeiler ist das Bartholomäus-Fresko, vermutlich ein Werk des »Meisters von Thunau« aus der Mitte des 14. Jahrhunderts.

Für die Weinhauer war St. Bartholomäus der »Bartl«. Und weil an seinem Festtag, dem 24. August, schon feststand, wo die Trauben besonders gut gediehen waren, so wußte der Bartl auch – wie das alte Sprichwort heißt – »wo man den besten Most holt«. Sein Festtag galt für die Bauern auch als Herbstbeginn; die Ernte war eingebracht, jetzt begann die Mästung der Schweine für die große Herbstschlachtung. So wurde der Patron der Fleischhauer auch zum »Saubartl«.

Bartholomäus war ein echter Bauernheiliger. So wie St. Johannes mit der Sommersonnenwende verbunden war, so war er es mit dem Herbstbeginn. Jahreszeiten bestimmen ganz besonders das bäuerliche Leben, und darum war man mit solchen Jahreszeiten-Heiligen schon immer sozusagen »per Du« – wie unser Fresko recht drastisch zeigt . . .

Der Bartholomäus auf dem Gobelsburger Fresko ist kein leidender und auch kein verklärter Heiliger. Er ist ein nackt dahinziehender Wanderer, der auf einem Stock über der Schulter seine abgezogene Haut so locker trägt, als wäre sie ein Bauernjanker. Es ist ein sehr österreichischer Bartholomäus, einer »der weiß, wo man den Most holt«.

Zwei Eisenringe in Fels am Wagram

Etliche Sagen und Volkserzählungen berichten von Eisenringen, an denen die Vorfahren ihre Schifflein angebunden haben . . . damals »als es bei uns noch ein Meer gab«. Am Türkensturz bei Pitten soll es solche Ringe geben und auch in den Felsen der Hohen Wand über der Neuen Welt.

Steckt in diesen Ringerzählungen etwas von den biblischen Vorstellungen eines großen Wassers? Oder sollten die Ringe einst zum Befestigen von Seilen für Aufstiege zu Fluchthöhlen gedient haben?

Daß diese Eisenringe nicht nur in unseren Zonen die Phantasie in Schwung halten, beweist das 1981 erschienene »Hausbuch der Schweizer Sagen«. Darin wird von einem Bauern im Baselland erzählt, der einen solchen Ring an einem Felsen unter der Erde gefunden hat. An ihm sollen die Menschen ihre Schiffe befestigt haben, als das Meer noch bis zum Fuß der Berge reichte.

Das gleiche erzählte man bereits im Jahre 1493 dem aus Zürich stammenden Mönch Felix Faber über solche Eisenringe im Val Sugana. Faber (der auf einer Reise in das Heilige Land in dieses Gebiet kam) berichtete außerdem, daß diese Ringe die Funktion von Grenzzeichen hätten. Eisenringe als Grenzmarkierungen führt auch Karl Ilg in seiner 1940 erschienenen Arbeit über »Grenzzeichen in den Alpen« an; sie sollen vor allem in Nordtirol und Oberitalien üblich gewesen sein.

Schon viele Jahre lang hatte ich bei meinen alpinen Streifzügen auch nach solchen Eisenringen geschaut – vergebens. Ich fand sie dann ganz woanders . . .

In der Mauer unterhalb der Pfarrkirche von Fels am Wagram befinden sich zwei Nischen, von denen jede (hinter schweren Eisengittern) einen mächtigen Eisenring enthält. Eine Marmortafel mit einer Inschrift in Goldbuchstaben meldet in einer Nische:

> »Gottes Vorsehung in der Erschaffung der Natur
> Erteilt Nutzen dem Felsen sowie jeder Flur.
> Dies zeigt deutlich dieser Felsen jedermann,
> Der, nackt von Natur, doch Nutzen schaffen kann.
> Denn hier am Felsen floß einst der Donaustrom,
> An seinen Ufern oft stürmisch, oft auch fromm.«
> (Erneuert 1763, Joh. K. R. Erneuert 1804 durch die Gemeinde Fels.)

Bei dem zweiten Ring lesen wir die Fortsetzung des naiven (und gerade deswegen so bezaubernden) Gedichtleins:

> »Einst diente dieser Felsen dem Schiffer als Zufluchtsort,
> So ging in Erfüllung des Schöpfers Wort.
> Der Schiffer konnt' hier in Ruh die Nacht zubringen,
> Denn fest hing ihm sein Schiff im Fels in Eisenringen.
> So hat man ›Fels‹ dem Dorf den Nam' gegeben
> Und vor jedem mag die Weisheit Gottes schweben.«
> (Erneuert 1707. Siegmund Graf Engel. Erneuert 1804 durch die Gemeinde Fels.)

Wann und warum diese Ringe angebracht wurden, ist unbekannt. Sicher ist nur, daß sie keineswegs zum Schiffeanbinden gedient haben und daß es in Fels niemals einen Felsen gegeben hat (außerdem wurde das Wort Fels in solchem Zusammenhang seinerzeit nicht verwendet, man gebrauchte das Wort Stein). Fels am Wagram hat seinen Namen von den Besitzern der Herrschaft, den bereits im 12. Jahrhundert urkundlich genannten Herren von Velce.

»Taugenichts« in Schloß Seebarn

»Wem Gott will rechte Gunst erweisen,
den schickt er in die weite Welt . . .«,
hatte er gedichtet und die Novelle »Aus dem Leben eines Taugenichts« geschrieben, und so wird der Oberschlesier Joseph von Eichendorff von allen Romantikern, fernsüchtigen Wanderern und Aussteigern bis zum heutigen Tag als ihr persönlicher Dichter angesehen. Man nannte diese schönste aller romantischen Novellen »ein echtes Wienerkind, gleich einem Schubertlied oder einem Bild von Schwind«. Doch inspiriert dazu wurde der Dichter keineswegs von den berühmten romantischen Wiener Landschaften, wie dem Kahlenberg oder der Hinterbrühl bei Mödling oder dem Helenental bei Baden, sondern von dem eher stillen Land hinter dem Bisamberg und um Schloß Seebarn.

Joseph von Eichendorff (1788-1857) war insgesamt sechsmal in Wien, der längste Aufenthalt war sein zweiter von 1810-13. Damals wollte er in Wien seine Studien vollenden und danach in den österreichischen Staatsdienst treten (woraus nichts wurde). Außerdem schrieb er seinen Roman »Ahnung und Gegenwart«. Er und sein Bruder wohnten bei einem Verwandten, dem Grafen Wilczek, dem Besitzer von Schloß Seebarn. Zum ersten Besuch im Schloß kamen die Brüder zu Fuß . . .

Frühmorgens hatten sie das Stadthaus der Wilczeks in der Wiener Herrengasse verlassen und wanderten dann nach einem »vom Portier mitgegebenen Wegweiser bei dem schönsten Herbstwetter auf Fußwegen über Berg und Tal mit den schönsten Aussichten schmauchend und lustig fort«. Zur Mittagsstunde hatten sie Seebarn erreicht, wo »alle großes Wesen aus unserer Fußreise machten«, wie Eichendorff in sein Tagebuch notierte, und dann auch gleich von dem Garten schwärmte »Uhu, Silberfasane, Einsiedlerhütte, Wasserkünste vorn, prächtige heimliche Insel mit Mythenlauben etc. und herrliche Irrgänge im Eichenwalde hinten . . .«

Wir sind nach Seebarn mit der Eisenbahn gefahren, bis Korneuburg mit der Schnellbahn und von dort weiter mit der Lokalbahn. Von der Lokalbahn Korneuburg-Ernstbrunn schwärmen die Eisenbahnfreunde. Man hat sie auch die »Gebirgsbahn des Weinviertels« genannt, weil sie hinter Mollmannsdorf einen Höhenrücken überwinden muß, auf dem seinerzeit die Dampfloks arg ins Schnaufen kamen. Und wenn das Züglein zu viele Lastwaggons angehängt hatte, gab es dann immer die Frage: »Kommts aufi – kommts net aufi – kommts aufi . . .?«

Bei der Eröffnung dieser Bahn im Jahre 1904 soll sich auch jene vielerzählte Eisenbahnanekdote tatsächlich ereignet haben: In Ernstbrunn baute sich die weiße Ehrenjungfrau vor dem Wiener Bürgermeister Lueger auf und begann ihr Festgedicht mit den Worten »Du altes Dampfroß . . .«

Als wir in Korneuburg in diese Lokalbahn umgestiegen waren, hatten wir auf einmal das Gefühl, in der weiten Fremde zu sein. Jeder kannte jeden in den Waggons und schien auch seinen Stammsitz zu haben; neugierig schaute man uns an. »Und Sie wollen wirklich in Rückersdorf-Harmannsdorf aussteigen?« fragte uns der Schaffner, als wir unsere Rucksäcke schulterten.

Nur wir stiegen aus. Ein kalter Wind wehte über die Stoppelfelder und schüttelte auch die Bäume der langen Allee, durch die auch schon Eichendorff gegangen war.

Schloß Seebarn ist – im Vergleich zu vielen anderen Landschlössern des Adels – kein besonders eindrucksvoller Bau. Der Garten ist heute etwas verwildert, verschwunden ist alles, von dem Eichendorff geschwärmt hatte. Bestimmt war es damals eine recht hübsche Anlage, aber – wiederum im Vergleich mit anderen – durchaus kein Traum- oder Märchenpark. Auch die Landschaft hinter dem Bisamberg ist wenig spektakulär, sie ist weder lieblich noch wild und auch nicht romantisch; vielen Menschen bleibt der eigenartige Zauber dieses sanften Hügellandes unter einem weiten Himmel überhaupt verschlossen . . .

> Schläft ein Lied in allen Dingen,
> die da träumen fort und fort.
> Doch die Welt fängt an zu singen,
> triffst du nur das Zauberwort.

Als Eichendorff nach Seebarn wanderte, war er dreiundzwanzig Jahre alt. Und so paradox es auch erscheinen mag: Der Lieblingsdichter aller romantischen Wanderer ist vorher nicht viel und später überhaupt nie mehr gewandert!

Er nahm am Befreiungskrieg teil, heiratete im Jahre 1815 und langweilte sich dann im preußischen Staatsdienst (wobei sein Aufgabengebiet u. a. in der Organisation von Musikfesten oder im Verfassen von Gutachten über die Aufhebung von Klöstern lag). Mit seiner Familie unternahm er, wenn es das Wetter erlaubte, kleine Sonntagnachmittagsspaziergänge – und nur die Phantasie des Dichters ging noch auf Wanderschaft. 1826 erschien seine Novelle »Aus dem Leben eines Taugenichts«.

Für Eichendorff blieb die Wanderung nach Seebarn unvergessen. Und in der Phantasie wurde für ihn das schlichte Landschloß zum Märchenpalast und die Umgebung Wiens zu den heiteren Gefilden des Südlandes, in dem es sich leicht und unbeschwert leben läßt. In seiner Phantasie wurde der pflichtgetreue Beamte und gute Familienvater aber auch zum »Taugenichts«, der heute hier und morgen dort ist. Wo? Das ist unwichtig. »Ich möchte gar nicht so reisen: Pferde und Kaffee und frischüberzogene Betten und Nachtmützen und Stiefelknecht vorausbestellt«, läßt er forsch in der Novelle einen auf großer Wanderschaft befindlichen Studenten sagen . . .

Bleibt die Frage: Hätte Eichendorff auch den »Taugenichts« geschrieben oder schreiben wollen und können, wenn er weiterhin ein Wanderer gewesen wäre?

Der Rattenfänger von Korneuburg

Er hat nicht nur seinen festen Platz in den Lesebüchern und reich illustrierten Sagenschätzen, er steht auch, lockend seine Schalmei blasend, als Wahrzeichen auf dem 1898 errichteten Stadtbrunnen – der Rattenfänger von Korneuburg. Hat es ihn wirklich gegeben?

In seiner 1856 erschienenen »Geschichte von Korneuburg« berichtet J. C. Thom nicht von einem, sondern von zwei Rattenfängern. Der erste war im Jahre 1490 tätig. Nach einer großen Überschwemmung der Donau folgte eine Rattenplage . . . »Der Viehhalter verstand es, dieses gräßliche Ungeziefer durch ein Gift zu vertreiben, aber er bediente sich dabei verschiedener possirlicher Sprüche, um den Leuten Glauben zu machen, daß er ein Zauberer sei. Obwohl die Meisten der Meinung waren, daß dieser Vertreibung der Ratten eine Hexerei zu Grunde liegen müsse, so geschah dem Viehhalter doch kein Leid.« An diese Begebenheit soll der jetzt am Pfarrgartenportal angebrachte »Rattenstein« erinnern, der die Jahreszahl 1490 trägt.

Der zweite Rattenfänger soll im Jahre 1646 nach Korneuburg gekommen sein. Nachdem die Kaiserlichen die von den Schweden besetzte Stadt wiedererobert hatten, gab es eine Rattenplage. Der bildhübsche junge Rattenfänger Hans Mäuseloch aus dem Wiener Ratzenstadtl versprach, die Stadt davon zu befreien, wenn er dafür die Tochter des Stadtrichters zur Frau und außerdem eine größere Geldsumme bekäme. Das sagte man ihm zu. Am nächsten Morgen begann er »auf einer kleinen schwarzen Querflöte grauenerregende Arien zu spielen«, welche aber die Tiere so unwiderstehlich anzogen, daß sie ihm zur Donau folgten und in den reißenden Fluten ertranken. Die Belohnung bekam er nicht. Der Stadtrichter meinte, »daß er sein Werk nicht mit christlichen Mitteln vollbracht habe« und drohte ihm sogar mit dem Hexengericht. Zornig verließ Junker Mäuseloch die Stadt. Aber er kam wieder und blies wieder seine Flöte – doch diesmal folgten ihm alle Kinder der Stadt auf ein Schiff, das mit ihnen donauabwärts fuhr und nie wiederkam . . .

Der »Rattenstein« befand sich einst an einer Mauer im Kirchengäßchen und soll die Höhe der übereinander dahinkriechenden Ratten markiert haben, die dem Hans Mäuseloch zur Donau gefolgt sind. Der Stein trägt aber die Jahreszahl der ersten Rattenvertilgung – 1490! Außerdem ist das Tier auf dem Stein keine Ratte, sondern ein Fischotter. Eine im Korneuburger Stadtarchiv aufbewahrte Urkunde aus dem Jahre 1500 nennt einen »Hans den Otterer«, und das daranhängende Siegel zeigt ein Tier, das dem auf dem Rattenstein ähnlich sieht. Wahrscheinlich war dieser ein Grab- oder Wappenstein der Familie Otterer.

Jedenfalls ist anzunehmen, daß die Korneuburger Rattenfängersage eine Übernahme der Sage vom »Rattenfänger von Hameln« ist. Über diese sind schon unzählige Bücher, Dissertationen und Abhandlungen geschrieben worden. Wie entstand diese Sage? Hat sie einen wahren Kern?

Im Archiv der Stadt Hameln (Niedersachsen) gibt es eine Urkunde vom 23. Juni des Jahres 1284; es ist ein ganz gewöhnliches Schenkungsdokument, das nichts enthält, was auf eine Krisenzeit schließen läßt. Aber drei Tage später – also am 26. Juni – geschah dann etwas Geheimnisvolles und Schreckliches: Ein schöner Jüngling führte 130 Kinder zur Stadt hinaus, und dann verschwanden alle miteinander im Kalvarienberg. Dieses Erlebnis blieb unvergessen und wurde bald zu einer in verschiedenen Variationen erzählten Sage. Es wird aber erst in einer 1557 festgehaltenen Fassung der Jüngling als ein Rattenfänger geschildert. Selbstverständlich hatte man sich schon seit langem bemüht, den wahren Kern für das Verschwinden der Kinder zu finden. Hatte es eine Naturkatastrophe gegeben? Waren sie beim Spielen im Moor versunken? Sind sie vom Veitstanz befallen worden und daran gestorben? Oder – und das konnte nicht ausbleiben! – gab es einen Ritualmord?

In dem 1951 erschienenen Buch »Rattenfänger von Hameln. Vom Werden und Sinn einer alten Sage« stellt Heinrich Spanuth eine Hypothese des sudetendeutschen Historikers Wolfgang Wann in den Vordergrund. Ende des 13. Jahrhunderts erfolgte eine deutsche Besiedelung der Mährischen Pforte, die vom Bistum Olmütz betrieben wurde. Der Historiker fand viele Familiennamen in diesem Raum, welche auch in Hamelner Urkunden dieser Zeit aufscheinen. Der Auszug der Kinder (so werden im übertragenen Sinn auch alle Bewohner eines Landes oder einer Stadt genannt) könnte dieser Auszug der Kolonisatoren gewesen sein. Der in den alten Berichten genannte »Piper« (= Pfeifer) hatte bei diesem Ausmarsch musiziert, hinter dem Kalvarienberg von Hameln sind die Auswanderer dann für immer den Blicken der Bürger entschwunden . . . Spanuth schließt seine Untersuchung der Rattenfängersage mit den Worten: »Die Wirklichkeit hat mich noch nie beraubt, sondern nur bereichert.«

Daß sich diese Sage so weit verbreitete, liegt wohl an ihrer ewigen Aktualität: Rattenfänger – Menschen, deren Verlockung andere Menschen unterliegen –, die gab es schon immer und wird es immer geben. Unzählige Dichter hat dieses Thema inspiriert . . . Goethe, Heinrich Heine, die Russin Marina Cvetaeva zu dem Poem »Krysolov«. Und etliche Städte des Abendlandes haben diese Sage für sich übernommen.

Warum auch Korneuburg? Wird doch jede Stadtgeschichte dahingehend retouchiert, daß die Stadtväter der Vergangenheit Männer waren, die Recht, Zucht und Ordnung hochhielten. Warum ließ man sie in Korneuburg zu wortbrüchigen Schlawinern werden? Hameln ist durch seine Sage eine berühmte Stadt geworden. Wollte Korneuburg das auch werden? Immerhin einen wahren Kern hat die Sage: Ratten und Rattenplagen sowie Rattenfänger hat es in dieser Donaustadt ganz bestimmt gegeben.

Bisamberg: Pascha Pontius Pilatus

»Der Kreuzweg von Bisamberg ist bisher fast unbekannt geblieben, obwohl er an malerischer Schönheit der Lage, an Geschlossenheit der Komposition und Ernst und Gehaltenheit in der Bildung der Gestalten unter den Kalvarienbergen Österreichs wohl seinesgleichen sucht«, heißt es in einer kleinen 1928 erschienenen Broschüre, die den Untertitel trägt »Ein eigenartiges Werk heimischer Kunst«. Und eigenartig ist dieser Kreuzweg tatsächlich . . . die Peiniger Christi sind allesamt Türken, und Pontius Pilatus ist ein Pascha im Hermelin und der Hohepriester Kaiphas ein orientalischer Dickwanst mit Turban.

1683 wurden die Türken bei Wien geschlagen. 1696 entstand unser Kreuzweg als ein Denkmal für die Errettung des Landes; gestiftet wurde er von der Gutsherrin Margarete Gräfin Stratmann-Bouquoy; der Name des Künstlers ist unbekannt.

Kreuzwege in den Kirchen (und bei uns in Österreich auch die vielen Kreuzwege in der Landschaft) erscheinen heute als selbstverständlich, daß man glauben möchte, es habe sie schon immer gegeben. In Wirklichkeit sind sie eine Schöpfung des Barock. Erst im Jahre 1731 wurde die Zahl der Stationen mit 14 festgelegt, wenig später entstanden die gemalten Kreuzwege in den Kirchen.

Der Ursprung liegt in der archaischen Vorstellung von der Magie des Grabes großer Persönlichkeiten. So wurde auch das Heilige Grab in Jerusalem Mittelpunkt aller heiligen Stätten des Heiligen Landes. Nachbildungen des Heiligen Grabes entstanden dann auch in unseren Kirchen, und im Barock wurden sogar eigens Grab-Christi-Kapellen erbaut. Ungefähr ein Dutzend solcher Kapellen sind heute noch in Niederösterreich erhalten (so u. a. in Bisamberg, Hoheneich, Maria Lanzendorf, Schönbühel, Unterlaa, Wilfersdorf). Sie sind »getreue Nachbildungen« in genauem verkleinertem Maßstab und bestehen aus einem Vorraum und der eigentlichen Grabkammer. Einst waren diese Kapellen Zentrum der Osterliturgie, heute ist ihre Bedeutung vergessen, und oft werden sie für alte Karner gehalten.

Selbstverständlich wurden von den Pilgern im Heiligen Land auch die anderen Stätten der Passion aufgesucht, und davon entstanden in unseren Landen ebenfalls Nachbildungen . . . Ölberge, Kalvarienberge. Im 15. Jahrhundert wurden dann bereits auch noch andere Leidensstationen dargestellt, aber richtige Kreuzwege (die Anzahl ihrer Stationen war zunächst noch sehr verschieden) entstanden erst mit dem Beginn der Gegenreformation. Sie entsprachen der Mentalität des Menschen der Barockzeit: das theatralische Darstellen eines Geschehens, das Zur-Schau-Stellen der Frömmigkeit bei einer Prozession . . .

Im Jahre 1809 wurde der Kreuzweg von Bisamberg von den Soldaten der Grande nation arg malträtiert . . . sie schossen auf die Figuren, schossen ihnen die Köpfe und Hände ab. Das taten auch die Russen im Jahre 1945.

Nach den Franzosen fand der Kreuzweg eine Retterin: Die Köchin der gräflichen Herrschaft, Frau Cordula Baumgartner, opferte ihre ganzen Ersparnisse für seine Restaurierung. Ein Stein mit der Inschrift »CB 1824« erinnert an diese Frau. Und erinnert auch daran, wie schnell Wohltäter vergessen werden! Bei einer Restaurierung in späterer Zeit besserte man die Initialen CB aus in GB, weil man der guten Meinung war, daß sie nur »Gemeinde Bisamberg« bedeuten könnten.

Der Kreuzweg von Bisamberg hat also einige Restaurierungen und Veränderungen hinter sich. Der Ölberg befindet sich erst seit dem Jahre 1880 an der heutigen Stelle, früher war er auf dem Hügel links des Aufganges. Der Kruzifixus und einige Köpfe der Statuen sind neu, und Judas trug ursprünglich den Beutel mit dem Judas-

lohn nicht so auffällig in seiner rechten Hand, sondern in seiner
linken . . .

Kreuzwege in der Landschaft sind immer besonders Wind und
Wetter (und auch dem Menschen) ausgesetzt. Aber weil sie eine
Art barockes Theater sind, spielt bei ihnen weniger das Künstleri-
sche als die Natur eine große Rolle . . . wenn das erste Grün der
Bäume die Kulisse zum Abschied Jesu von seiner Mutter wird,
wenn das bunte Herbstlaub die schlafenden Jünger auf dem Ölberg bedeckt oder der Schnee auf den Schultern der Steinfiguren
liegt, dann läßt es wohl den mehr oder weniger gelungenen Falten-
wurf an den Gewändern der Statuen vergessen. Der Kreuzweg
von Bisamberg ist auch sehr österreichisch: Nur kurze Zeit nach
Tod und Not des Jahres 1683 machte man bei der Errichtung dieser
Steinernen Passion schon wieder eine Theaterinszenierung mit
den »Kruzitürken«.

Der Untergang von Kimmerleinsdorf

In Franzensdorf steht ein recht fades Denkmal. Die Inschrift meldet, daß es im Jahre 1930 »Zur Erinnerung an die Eisstoß-Katastro-
phe am 1. März 1830« errichtet wurde. Auch diese Inschrift ist eher
nichtssagend. Wer liest heute noch daraus, daß dieses Denkmal an
jenen Schreckenstag erinnern soll, an dem der blühende Ort Kimmerleinsdorf im wahrsten Sinne des Wortes in den Fluten der Donau unterging?

Franzensdorf ist ca. 6 Kilometer Luftlinie vom heutigen Donau-
bett entfernt. Vor der großen Regulierung (1869-75) war der Strom
in viele Arme verzweigt und trat alljährlich aus den Ufern . . .

»Das alte Kimmerleinsdorf hatte sich seit Menschengedenken
bei jedem Eisgang und Sommergüssen verschanzt, so daß nie-
mahls viel Donauwasser in das Dorf gekommen ist«. – Mit diesen
Worten beginnt das vom Ortsrichter Michael Unger verfaßte
»Denkbuch über die Ereignisse und Begebenheiten des unglückli-
chen Eisganges am 1. März 1830, wodurch das alte Kimmerleinsdorf 9 Schuh hoch (= fast 3 Meter) unter Wasser gesetzt und ganz
zerstört wurde und nachher den Namen Franzensdorf erhielt«.

Im Jahre 1830 war die Donau gefroren. Schon Ende Februar zir-
kulierte das Gerücht, daß in Oberösterreich bereits Tauwetter ein-

getreten sei; in Niederösterreich hingegen lag der Schnee noch hoch, und es herrschte starker Frost. Am 28. Februar begann es etwas zu tauen. Neue Gerüchte: Im Tullnerfeld stehen schon einige Orte unter Wasser. Hochwassergefahr für das Marchfeld! Denn die Flut konnte nur über den Eismassen des Donaubettes dahinströmen.

1. März 1930, ein düsterer, unfreundlicher Tag. Ortsrichter Unger war mit den Männern des Dorfes schon früh am Morgen zu den Dämmen hinausgegangen, um diese zu verstärken. Die Alten maulten . . . es wird doch nicht so schlimm werden. Um 1/2 8 Uhr gingen die Kinder noch in die Messe, um 8 Uhr begann der Schulunterricht. Und um 3/4 10 Uhr kam das Wasser.

Es kam pfeilschnell daher, und unter der Wucht der an seiner Oberfläche treibenden Eisbrocken brachen die Dämme, und das Wasser überflutete das Dorf. Ortsrichter Unger: »Schrecklich war dieses so schnell herbeigeführte Elementarereignis anzusehen, wo die schon mit dem Tode ringenden Menschen um Hülfe riefen, wo man lebendiges und todtes Vieh, Körner, Tische, Sessel, Bettställe, Kästen, Thüren, Fenster, abgerissene Dächer und allerlei Wirtschaftsgeräthe durcheinander schwimmen sah . . .«

Die Leute flüchteten auf die Dachböden und Dächer der Häuser, von denen aber die meisten einstürzten. Und zur Rettung der laut um Hilfe Rufenden gab es nur die einzige Gemeindezille.

Zwölf Menschen ertranken; einige starben noch später an den Folgen der Erkrankung, die sie sich in ihren nassen Kleidern und in dem eisigkalten Wintersturm zugezogen hatten. Ortsrichter Unger: »Aber auch im Gasthause war eine fürchterliche Nacht eingetreten, denn das Wasser stieg so hoch, daß schon im oberen Stock die Thüren verschanzt werden mußten, und das ganze Haus sich immer schüttelte und befürchten ließ, wenn der Keller einging, das ganze Haus zusammenstürzte und über hundert Personen begraben würde . . . Viele Menschen wurden ohnmächtig, andere wegen ausgestandener und noch bevorstehender Lebensgefahr übel, das Geschrey der kleinen Kinder und das Wehklagen der Alten machte diese Nacht zu einer Schreckensnacht.«

Ortsrichter Unger hat auch eine »Aufnahme« darüber hinterlassen, wie jeder einzelne Bewohner gerettet wurde oder gestorben ist. Sie zeigt, daß sich die Menschen in dieser Schreckenssituation zuallererst um ihren Besitz kümmerten (die Männer um das Vieh, die Frauen um den Hausrat) – und dann erst um ihr eigenes Leben oder das Leben der Mitmenschen. Die Todesopfer waren vor allem Frauen, über denen die Häuser beim »Ausräumen« zusammenstürzten, aber auch ein Kranker war darunter, der sich nicht selbst retten konnte. Auch des Ortsrichters Vater ertrank, als er in der Bienenhütte seine Bienen höher stellen wollte . . . »Unmöglich war es, in diesem entscheidenden Augenblick zu helfen, wo ich nichts mehr als den Kopf sah. Schwimmen konnte ich nicht und über die Gasse floß nun das Wasser 9 Schuh hoch.«

Es ertranken nicht nur Pferde, Kühe, Schafe und Schweine, sondern auch schwimmende Tiere wie Gänse und Enten, die von der Flut mitgerissen wurden. Nur des Ortsrichters Pferde hatten sich auf einen Schneehaufen gerettet und sind dort drei Tage lang, bis zum Bauch im eisigen Wasser, unbeweglich stehen geblieben. Dann mußten sie aus dem Eis gehackt werden!

Nur unter Lebensgefahr konnten die von Wasser und Eis Eingeschlossenen zunächst mit Nahrungsmitteln versorgt werden. Später baute man Holzbaracken für sie, und viel später – erst im September – besuchte auch der Kaiser Franz das Katastrophengebiet. Davon waren die Leute so gerührt, daß sie dann den von ihnen wieder aufgebauten Ort Franzensdorf benannten.

Das neue Franzensdorf steht an einem etwas höher gelegenen Platz. Dort, wo einst die Kirche von Kimmerleinsdorf stand, errichtete man eine kleine Kapelle. An ihr bezeichnet ein Strich den Wasserstand vom Jahre 1830. Und wenn heute das Getreide neben der Kapelle auch noch so prächtig hoch stehen mag, die Höhe dieses Striches erreicht es nie . . .

Markgrafneusiedl: Österreichs skurrilste Ruine

Sie schaut aus wie die Kulisse für einen Horrorfilm . . . diese Kirchenruine auf dem Hügel bei Markgrafneusiedl, auf die man später eine Windmühle gestellt hat!

Die dem hl. Martin geweihte Kirche wurde im 12. Jahrhundert errichtet und war der erste Steinbau des Marchfelds – und das weniger zu Gottes Ehr' als gegen den Feind zur Wehr. Feinde gab es viele, und im 17. Jahrhundert war die Kirche bereits eine Ruine; die Windmühle baute man im Jahre 1817 darauf, 1862 brannte sie aus. Zu dieser Zeit sollen noch rund um den Bau doppelte Verteidigungsgräben von ca. 7 Meter Tiefe zu sehen gewesen sein, die gegen den Ort hin überbrückt waren. Eine Umfassungsmauer innerhalb der Gräben mit Wehrgang, Schießscharten und Tor wurde beim Mühlenbau abgetragen. Neben der Kirche gab es auch noch einen tiefen Brunnen, von dem aus ein Fluchtgang zu einem Weinkeller am Fuß des Hügels führte. Eine Festungskirche!

Während der Schlacht bei Deutsch Wagram im Jahre 1809 wurde die Ruine auf dem aussichtsreichen Hügel heftig – oft Mann gegen Mann – umkämpft, und für viele Sodaten war sie das letzte, was sich in ihren Augen spiegelte. (Heute nähern sich die Bagger eines Schotterwerkes immer bedrohlicher der Ruine, die von dichtem Gestrüpp, abgeladenem Mist und einer halbzerfallenen häßlichen Kunststeinmauer umgeben ist. In Niederösterreich läßt man auch bei der Kulturgutpflege gar oft nur die Seele baumeln . . .)

Nach der Erstürmung dieses strategisch wichtigen Punktes im Jahre 1809 hatten die Franzosen die Schlacht gewonnen. Dem französischen Marschall Davout war es vorher gelungen, den linken österreichischen Flügel unter Feldmarschall Fürst Rosenberg zu umgehen . . .

Vom österreichischen Kaiser Franz I. wird erzählt, daß er vor der Schlacht gefragt hatte, wer den linken Flügel kommandiere. Man sagte ihm: Fürst Rosenberg. Darauf der Kaiser: »Ah, der Rosenberg! No, da können ma heimgehen!«

Der Kaiser ging heim, viele seiner Soldaten konnten das nicht mehr.

Zur Erinnerung an diese Schlacht wurde vom Bundesministerium für Landesverteidigung im Jahre 1959 vor der alten Wehrmauer in Deutsch Wagram ein Gedenkstein aufgestellt, an dem auch die Verluste der Österreicher vermerkt sind:

25 850 Mann, davon tot 6740
15 Generale
9 Geschütze, 1 Fahne

Mehr als 19 000 Verwundete brauchten Hilfe (bei den Franzosen waren es 23 000). Wie es damals um die ärztliche Versorgung stand, darüber gibt das Buch des Franzosen Jean Dominique Larrey »Mémoires de Chirurgie militaire« (Paris 1812) eine recht grausige Vorstellung. Larrey war ein Pionier der Feldchirurgie und hatte richtig erkannt, daß jede Verzögerung von notwendigen Amputationen tödlich werden kann. Er hatte also auch bei Wagram zerschmetterte Gliedmaßen sofort auf dem Schlachtfeld abgetrennt . . . ohne Narkose oder Lokalanästhesie, nur mit Unterbindung der blutenden Gefäße . . .

Jedoch: Die Militärs konnte auch ein Zweiter Weltkrieg nicht ändern. Auf der Gedenktafel vom Jahre 1959 erscheint ihnen der Verlust einer Fahne noch immer gleich wichtig wie eine Unzahl toter und verstümmelter Menschen.

Die kuriosen Schaubilder von Maria Lanzendorf

Als die Türken 1683 Wien belagerten, wurde auch die Wallfahrtskapelle bei Lanzendorf zerstört, die damals noch den Namen »Maria auf der Heyd« trug. Nach dem Abzug der Türken wurde aber die Wallfahrtsstätte sofort wiederhergestellt. Über die Reste der alten Gnadenkapelle baute man eine hohe Kirche, und das verbrannte Gnadenbild wurde durch eine Kopie ersetzt. Neben der Kirche entstand ein Franziskanerkloster, und außerdem mauerte man einen künstlichen Kalvarienberg mit vielen dunklen Grotten, dessen Ersteigung über die gewinkelten Stiegen noch immer ein Höhepunkt für alle Kinder ist. Bis zum Ersten Weltkrieg kamen alljährlich etwa 100 000 Wallfahrer.

Das neuerstandene Maria Lanzendorf ist eine typische Barockwallfahrt. Die Kirche hatte gesiegt gegen die inneren Feinde (die Protestanten) wie auch gegen die äußeren (die Türken) – das verlangte eine sichtbare Bestätigung. Und im barocken Überschwang baute man auch gleich die Geschichte der Wallfahrt recht herzhaft aus.

Sie ist auf sieben großen, an der Außenseite der Gnadenkapelle angebrachten Gemälden festgehalten. Ein Jakob Michl hatte die Ölbilder in den Jahren 1744-46 gemalt, und obwohl es keine besonderen Kunstwerke sind, wurden sie seither von unzähligen Wallfahrern bewundert. Es sind richtige Schaubilder (mit erklärenden Texten darunter), die von kuriosen Geschehnissen erzählen und deren Betrachtung ein besonders amüsantes Erlebnis ist.

Wir wundern uns gleich vor dem ersten Bild, welches den Evangelisten Lukas zeigt, wie er »alhirr auf diser heyd« dem markomannischen Volke das Evangelium Christi predigt. Im Bildhintergrund

sind die Ausläufer des Wienerwaldes mit dem Kahlenberg zu sehen. Eine Zeitangabe wird auch gegeben: »Beyläuffig Anno Christi
70 oder 71 oder 77«. – Man weiß nicht, wann Lukas geboren wurde
und starb, man weiß jedoch mit Sicherheit: Er war nie »auf diser
heyd«.

Das zweite Bild zeigt das Blitz- und Regenwunder, welches be-
wirkte, daß Kaiser Marc Aurel »hier ein Beth häußlein zu erbauen
erlaubet, Anno Christi 174«. – Dieses Wunder geschah während
der ersten römischen Offensive gegen die Germanenstämme nord-
östlich von Carnuntum. Die umzingelten und unter Wassernot leidenden Legionäre wurden durch ein heftiges Donnerwetter wieder erfrischt und gewannen den Kampf. Zum Gedenken an diese
Errettung wurde die auf dem Pfaffenberg bei Carnuntum bereits
seit ca. 100 n. Chr. bestehende Bergkultstätte zu einem großen
Heiligtum des Blitz- und Wettergottes Jupiter Optimus ausgebaut.
Bei den in der letzten Zeit auf dem Pfaffenberg vorgenommenen
Ausgrabungen wurden auch etliche Weiheinschriften gefunden,
nach denen man jetzt sogar das genaue Datum des Regenwunders
weiß – es war der 11. Juni 172 n. Chr.

Auf dem dritten Bild erscheint sogar der sagenhafte König Ar-
tus. Er erbaute »zu ehren des h. Lucas ein Kirchlein, weilen er allda
einen Marckhstein gefunden, auf welchen zu lesen: Allhir auf diesen platz predigt S. Lucas denen Christen das Evangelium. Die
Jahreszahl war nicht mehr zu lesen, der Stein aber gefunden Anno
Christi 508«.

Viertes Bild: »Erntrudis eine Fürstin auß Franckhen hat in diesen
Kürchlein vor einen Mutter gottesbild zum erstenmal in Österreich
den englischen Gruß nach den schlus des Ephesinischen Concilij
mit beysetzung: ›hl. Maria mutter Gottes bit für Uns arme sinder‹
offentlich denen Mägdlen die sie mit Kräntzen gezieret vorgebet-
tet. Anno Christi 539.« – Das St. Lukas-Heiligtum wird in eine Ma-
rienstätte verwandelt, wobei auch das Konzil von Ephesos (431) erwähnt wird, bei dem Maria endgültig zur »Gottesgebärerin« erklärt wurde. Erntrudis wird wahrscheinlich die hl. Erentrud gewesen sein, die erste Äbtissin des vom hl. Rupert am Nonnberg zu
Salzburg gegründeten Frauenklosters, die Landesmutter von Salzburg. Diese starb allerdings erst im Jahre 718.

Im fünften Bild erscheint dann Kaiser Karl der Große . . . er
»schlaget auf dieser hayd die hunen und laßet dießes kürchlein so
die hunen verwiestet widerum erbauen« – 791 begann Karl die

Awaren aus Niederösterreich zu vertreiben, die entscheidenden Kämpfe fanden aber auf dem Tullnerfeld statt.

Sechstes Bild: Leopold V., der Tugendhafte, hatte im Dritten Kreuzzug bei der Erstürmung der Festung Akkon »durch anruffung Maria auf dißer heyd das glückh sein pänier zum ersten auf den wall zu steckhen opfferte demnach der schmertzhaften Mutter gottes alhier sein bluttiges kleid, schwerd und lantzen. Anno Christi 1191.« – Ob diese Lanze oder die vielen römischen Lanzen, die in diesem Gebiet gefunden worden sein sollen, zur Namensgebung Lanzendorf führten, ist eine offene Frage. Ende des 18. Jahrhunderts durchgeführte Nachforschungen nach Leopolds Weihegaben erbrachten, daß diese bei dem Türkeneinfall von 1683 zur Sicherstellung nach Perchtoldsdorf gebracht wurden und dort zugrunde gegangen sind.

Siebentes Bild: Lucas Kilian Rausch aus Brunn am Gebirge, Hauptmann über 500 Bogenschützen unter Leopold V. bei der Erstürmung der Festung Akkon, gründete nach seiner Rückkehr eine Sebastiansbruderschaft, die alljährlich zur »Mutter Gottes auf dißer heyd solte vollziehen, die er auch selbsten begleitete, Anno Christi 1193« – Das soll auch die erste Gemeinschafts-Wallfahrt gewesen sein.

Wahrhaftig, die Schöpfer dieser Entstehungsgeschichte waren nicht sparsam im Sammeln illustrer Persönlichkeiten. Und der Maler Michl hat sie dann alle als allegorische Figuren gemalt . . . Marc Aurel schaut genauso aus wie der tugendhafte Leopold. Und der Wahrheitsgehalt der Bilder? Alfred Hoppe, Verfasser des 1913 erschienenen Standardwerkes über Österreichs Wallfahrtsorte, fand in seiner Verlegenheit eine treffliche Formulierung: »Unmöglich ist dies alles nicht, aber noch weniger kann man behaupten, daß es sicher wahr sei.«

Die Denkschrift in der Hennersdorfer Turmkugel

Vom Radweg Inzersdorf-Laxenburg ist es nur ein kleiner Abstecher nach Hennersdorf. Schon aus der Ferne hörten wir die Blasmusik spielen. In Hennersdorf feierte man das Erntedankfest . . .

Weite Felder umgeben den Ort – und doch ist er nur zwei Kilometer vom Stadtrand Wiens entfernt! Seine kleine Kirche zählt zu den ältesten des Landes und ist – so wie sie sich heute zeigt – eine »umgedrehte Kirche«. Das heißt: Dort, wo jetzt der Eingang ist, befand sich einst der Altarraum.

Erbaut wurde die Hennersdorfer Kirche um 1150; die Seitenwände des Langhauses mit ihrem reichen (wenn auch jetzt teilweise zerstörten) romanischen Schmuck zeigen, daß es eine sehr schöne Kirche war. Das auffallend kleine, mit roter und gelber Farbe bemalte Südportal (das erst bei einer Renovierung im Jahre 1941 freigelegt wurde und vorher zugemauert war) läßt allerdings die Frage aufkommen: Waren die Leute von seinerzeit Zwergerln? Der Turm ist spätgotisch. Und später hieß es von der in der Türkenzeit stark beschädigten Kirche, daß sie »mehr einer Mördergrube als einem Haus des Herrn« gleiche. 1758 wurde sie dann umgebaut und dabei auch »umgedreht«.

1928 waren Dach und Turm der Kirche schwer beschädigt. Die Reparatur sollte lt. Kostenvoranschlag 1300 Schilling kosten, aber in dieser Zeit der Wirtschaftskrise brachte die ganze Gemeinde nur 397 Schilling auf – und da waren auch schon die 100 Schilling dabei, die ein Dr. Gutmann gespendet hatte, obwohl der gute Mann gar kein Katholik war. Die Reparatur wurde trotzdem durchgeführt.

In die Schulchronik hatte der damalige Bürgermeister Oesterle geschrieben: »Mit größtem Interesse wurde der alte Dachstuhl sowie das zinkblecherne Turmkreuz nach irgendeinem etwa verborgenen alten Dokumente durchstöbert, leider ohne Erfolg! Sollte die Neugier unserer späteren Nachkommen einmal in ebensolcher Weise wie unsere unbefriedigt bleiben? – Nein!«

Bürgermeister Oesterle verfaßte also eine mit Tusche auf Eselshaut geschriebene »Denkschrift anläßlich der im Jahre 1928 vorgenommenen Erneuerung des Kirchturmdaches in Hennersdorf, in der kupfernen Turmkugel verwahrt« (von der seine Nachkommen eine Kopie besitzen).

Diese »Denkschrift« in der Hennersdorfer Turmkugel ist nunmehr bereits ein kulturgeschichtliches Dokument. Es erinnert an die Zeit einer Wirtschaftskrise, in der noch mit jedem Groschen gerechnet wurde; doch zum Unterschied von heute glaubte man damals noch daran, daß die Zukunft besser sein würde. Bürgermeister Oesterle und seine Gemeinderäte glaubten noch an den »Welterlöser« Silvio Gesell und seine Freiwirtschaftslehre, die eine Zeit des allgemeinen Wohlstands bringen würde. Dann sollte – das war ihr ausdrücklicher und in der Denkschrift auch festgehaltener

Wunsch – diesem Mann vor der Hennersdorfer Kirche ein Denkmal aus Gold errichtet werden!

Heute wissen von Silvio Gesell nur noch die Wirtschaftshistoriker. Im Brockhaus-Lexikon lesen wir über ihn:

Gesell Silvio, Finanztheoretiker, * St. Vith (Belgien) 17. 3. 1862, † Eden (Brandenburg) 11. 3. 1930, erstrebte eine Beseitigung des arbeitslosen Einkommens (Zins, Grundrente) durch Schwundgeld und Freiland, um wirtsch. Stockungen zu vermeiden (Freiwirtschaftslehre), schrieb »Natürliche Wirtschaftsordnung durch Freiland und Freigeld« (1911).

Bürgermeister Oesterle war in seinem Glauben an diese Freiwirtschaftslehre keineswegs ein Phantast. Nachdem der Bürgermeister von Wörgl, Michael Unterguggenberger (von Beruf war er Lokomotivführer), im Jahre 1932 die Lehre in seinem Ort verwirklicht hatte, erlebte dieser einen ungeahnten Aufschwung. Wörgl wurde zu einem »Wallfahrtsort für Volkswirtschaftler«, und sogar der französische Ministerpräsident Daladier kam auf Besuch, um sich von diesem Wunder persönlich zu überzeugen. An die zweihundert Bürgermeister anderer österreichischer Gemeinden wollten diesem Beispiel folgen, um die Not zu beseitigen. Das Prinzip des »Schwundgeldes«: Auf die ausgegebenen Schillingscheine mußte an jedem Monatsersten ein Eingroschenstempel geklebt werden, widrigenfalls der Schein seine Gültigkeit verlor. Aber dann (1933) schlug der österreichische Nationalbankpräsident Viktor Kienböck zu, und das Experiment wurde verboten.

Zum 50. Todestag von Silvio Gesell fand 1980 eine »Internationale sozialpolitische Tagung am Bodensee« statt, bei der noch Anhänger der Freiwirtschaftslehre ein Manifest verfaßten, u. a. mit den Merksätzen:

● Eigentum nur an von Menschen geschaffenen Sachen.
● Macht das Geld sozialpflichtig. Geld kann nicht länger ein privates Besitz-, Hortungs-, Schatz- und Spekulationsmittel sein.
● Der Boden ist aus seiner Natur heraus kein marktwirtschaftsfähiges Gut. Durch Raub und Gewohnheitsrecht ist er im Verlauf der Jahrhunderte zu persönlichem Eigentum geworden.

Silvio Gesell wollte die Macht des Geldes brechen . . . und das ist auch der Grund, warum ihm vor der Hennersdorfer Kirche bis heute noch kein Denkmal aus Gold errichtet werden konnte.

Oben: Der Burgus in Bacharnsdorf

Rechts: Römische Was-serleitung von Carnuntum

Oben: Das Amphitheater bei Mödling – Rechts: Unter gefallenem Laub begraben . . . die römische Geleise-straße bei Bacharnsdorf

Rechte Seite oben: Inschrift aus dem 15. Jahrhundert im Erdstall von Kleinweikersdorf – Mitte: Kyselak-Inschrift in der Wachau – Unten: Maitafel im Weinviertel . . . »Hoch lebe unser Taschenfeitelvereins Obmannstellvertreter«

Auf der folgenden Seite: Mammutbäume im Dunkelsteinerwald

Der Lochstein in der Südstadt

Neben der modernen Kirche in der Südstadt bei Maria Enzersdorf steht ein urtümlicher Granitstein, der unter dem vielen Beton rundum wie ein Ding aus einer anderen Welt erscheint. Er hat auch einen ziemlich weiten Weg hinter sich, dieser Lochstein, der früher einmal bei Bad Kreuzen in Oberösterreich gestanden ist.

Schon seit langem beschäftigt sich die Heimatforschung mit den oben durchlöcherten Steinsäulen, welche auch Loch- oder Gattersteine genannt werden, die in ganz Westeuropa zu finden sind und von denen etwa dreihundert in Österreich stehen. Welchem Zweck dienten sie?

Daß die zumeist alleinstehenden Steine nicht zur Befestigung einer Abgrenzung (Gatter) gedient haben können, ist offensichtlich. Daß sie aber eine Bedeutung als Rechtszeichen hatten, lassen die Sagen und Bräuche um diese Steine schließen und außerdem auch die alten Rechtsbücher. Darin werden oft »Gatterseuln« oder »Falltorsäulen« (abgeleitet von den Fallgittern an den Toren befestigter Siedlungen) oder »Luckerte Steine« als jene Stelle genannt, an der Übeltäter, deren Vergehen über die Zuständigkeit des Ortsgerichtes hinausgehen, dem Vertreter des Höheren Gerichts übergeben wurden.

Bei den Lochsteinen treiben sich aber auch – nach den Sagen – Lichtlein herum, die Grenzversetzer sind, welche in der Ewigkeit keine Ruhe finden können. Eine Grenzverletzung galt einst als ein Verstoß gegen heilige Gesetze, und die Strafen dafür waren barbarisch: Ausdärmen, Lebendigbegraben u. a. (Im Prinzip hat sich daran bis heute nichts geändert – ein Vergehen am Eigentum wird in der Relation noch immer strenger bestraft als grausamer Mord!)

In einer 1980 erschienenen Darstellung der »Lochsteine in Oberösterreich« führt Egon Fischlehner u. a. noch folgende Überlieferungen und Bräuche an:

- An den Lochsteinen darf nicht gerüttelt werden, weil das den unter den Steinen sitzenden Armen Seelen wehtue.
- Böse Seelen von Verstorbenen kommen in Wind, Wasser und Feuer zur Erde zurück. Um sie zu besänftigen, wurde Mehl in die Löcher der Steine gestreut (»Windfüttern« nannte man den Brauch). Um die Geister abzuschrecken, legte man aber auch Glasscherben in die Löcher.

● Die Lochsteine sind Zeichen des Hausfriedensbezirkes (eine alte Rechtsvorstellung) und Träger des Haussegens; man darf sie nicht entfernen.

Offen ist noch immer die Frage, warum ausgerechnet ein durchlöcherter Stein diese besondere Bedeutung unter den unzähligen anderen Grenzsteinen hatte. Durchlöcherte Steine gibt es auch an Grabanlagen aus prähistorischer Zeit; die Löcher werden als Seelenlöcher bezeichnet und sollen dazu gedient haben »die Lebenskräfte aus dem Leichnam ausschwärmen zu lassen« (Franz Eppel). Ist es nicht bemerkenswert, daß auch unsere Lochsteine mit den Seelen Verstorbener in Verbindung gebracht werden? Und ist es nur ein Zufall, daß viele der Lochsteine in ihrer Form prähistorischen Menhiren (s. auch S. 207) gleichen, welche einst auch als Seelenträger gegolten haben sollen?

Schwer bestimmbar ist das Alter der Steine. Etliche sind wohl auch in neuerer Zeit entstanden, aber trotzdem noch eng mit alten Überlieferungen verbunden. Erst in den letzten Jahren trat ein Wandel ein, und heute stehen die Lochsteine nicht nur am Wege, sie stehen den motorisierten Menschen auch im Wege . . .

Pfarrer Dr. Jantsch hat einen solchen »im Wege stehenden« Lochstein dem Besitzer abgekauft und vor der von ihm betreuten Kirche in der Südstadt aufstellen lassen. Dort soll er auch noch in unserer Zeit einen heiligen Ort und eine Stätte der Besinnung abgrenzen.

Bei Perchtoldsdorf, in der Fortsetzung der Elisabethstraße und unterhalb des »Weißen Steines« (s. auch S. 30), ist ein Lochstein mit der Jahreszahl 1507 noch an Ort und Stelle zu sehen. – Ein wunderschönes Exemplar steht auch in Wien XVIII, Gentzgasse 72, im Hof des Hauses »Zum luckerten Stein«. – Ein ausdrücklich als »Falltorsäule« bekannter Lochstein steht am Ortsrand von Harmannsschlag im Waldviertel.

Das Elysium von Schönau

Das Löwentor von Schloß Schönau an der Bundesstraße 17 ist häßlich. Es könnte das Portal einer Artilleriekaserne oder Strafanstalt sein. Und doch ist es mehr – letzter Rest von einem Märchenschloß und Erinnerung an einen romantischen Traum . . .

Der Träumer war Baron Peter von Braun (1758-1819), ein flotter Aufsteiger. Schon in jungen Jahren machte der Hofratssohn nicht nur eine Blitzkarriere in der Hofbuchhaltung, sondern wurde auch bald durch Nebengeschäfte einer der reichsten Männer Österreichs. Und so nebenbei war er auch noch Direktor von Burg und Oper. 1796 erwarb er Schloß Schönau und ließ das Haus und den dazugehörigen Garten in ein »österreichisches Elysium« verwandeln. Der Baron war nämlich in die Frau des Kaisers verliebt und wollte ihr imponieren!

Maria Theresia von Neapel (1772-1807) hatte 1790 Kaiser Franz geheiratet und war (mit ihrer stets geröteten Riesennase) eine nicht sehr hübsche, dafür aber sehr temperamentvolle Frau, die in siebzehn Jahren zwölf Kinder auf die Welt brachte. Sie soll sehr sorglos und verspielt gewesen sein. Vor allem für sie veranstaltete Baron von Braun seine rauschenden Feste.

In dem 1844 erschienenen Tratschgeschichtenbuch »Traditionen zur Charakteristik Österreichs« (das auch heute noch eine amüsante Lektüre ist!) beschreibt Friedrich Anton von Schönholz eine Lustwandelei durch den Park von Schönau.

Nach einem üppigen Dinner im Herrenhaus brach die Gesellschaft zu einem Umzug durch das Elysium auf. Beim Schwanenteich nahm man den Kaffee, dann ging es über eine schwankende Brücke auf die »Insel der Liebe«, wo in einem von Jasmin überlaubten Rosenboskett eine Sandsteinstatue der Venus stand. Weiter ging es zu einem mit Baumrinde verkleideten Pavillon, welcher »der ländlichen Ruhe geweiht« war, zu einem »Tempel der Eintracht« und einem »Japanischen Haus«.

In einer »Fischerhütte« saßen bekleidete Wachspuppen, und auf der anderen Seite des Baches war eine »Einsiedelei« zu sehen . . . »Wie da hinüber kommen? schien rätselhaft; nichts als ein gespanntes Seil war zu sehen. Da zog der erfindungsreiche Wirt einen verborgenen Draht, der jenseits einen Hebel rückte. Und eine Eiche spaltete sich, bog sich herüber und bot nebst dem Seil einen ziemlich gefahrlosen Steg. Ein Schrei der ersten in die Eremitage getretenen Damen ließ Ungewöhnliches erwarten. In der Tat, erschreckend naturgetreu saß der Eremit-Automat, das Haupt in die Hand gestützt, bei Wasserkrug und Brot, Kruzifix und Legenden, und bewillkommte die Eintretenden mit Handgruß und Nicken.«

Nachher ging es durch den »Hain des Todes« zu einem Goldfischteich, über dem goldene Angelruten schwebten, und weiter vorbei an vielen Grotten, Brünnchen, Vogelhäusern und künstlichen Ruinen – zum Höhepunkt . . .

»Bei Fackelschein und Musik bestieg die Gesellschaft bunte, mit Wimpeln und Flaggen geschmückte Gondeln, von Schiffern, à la figaro kostümiert, gelenkt. Allmählich erstarb die Musik in der Ferne, je weiter in die dämmernden Wasserwege hinein sich die Flotille vom Hafen entfernte. Im lichtlosen Labyrinth des Wassergrabens umher irrend, gelangte man endlich an eine hochaufstrebende Felsgruppe. Wasserfälle rauschten, Donner grollte, Blitzlichter zuckten – himmlische Musik ertönte. Der Führer des Orlogschiffes tat jetzt wie der Fembote im Ritterroman drei Schläge an eine Pforte und – Donnerschlag und Blitz, die Flügel platzten auf – man sah in eine dunkle Halle. In gespanntester Erwartung verließen die Gäste die Schiffe.

Von der Halle senkte sich der Pfad in stockfinstere Gänge, bald fiel der Estrich, bald hob er sich wieder; man schritt wie auf erstarrten Wellen. In flammender Schrift erschien die Nutzanwendung: ›Steigen, Fallen, Menschenschicksal‹. Wassergeräusch plaudert unsichtbar; ängstlich tappten die Strauchelnden, als plötzlich die Wand borst und – welche Überraschung! – eine antik dekorierte Badegrotte, magisch erleuchtet, von Springwasser gespeist, stellt sich dar; auf Marmorstufen stieg eben Diana, wie sie leibt und lebte (aus Wachs bossiert) in das Becken hinunter. An der Wand war zu lesen: ›Dianabad‹.

Plötzlich schloß sich die Wand und in der alten Finsternis ging es weiter. Abermals tobte Wassergeräusch und bald stürzte ein Wasserfall, wie ein Vorhang die Galerie schließend, von der Höhe in unabsehbare Tiefe, nach langem Sträuben und Kreischen gelang es, die scheuen Wesen unter dem Wasserbogen trockenen Fußes hindurchzunötigen; bald dämmerte es auch, und an eine hohe Pforte schlug abermals dreimal der Führer mit dem Gondelstab. Abermals Donner und Blitz, aufsprangen die Flügel – ah! – ah! – ah! – man stand im Tempel der Nacht.

Im Vieleck umschlossen antik geschmückte Wände mit Nischen den matt erhellten Raum. Das halbe Licht kam von der Kuppel herab, die das Firmament darstellte, täuschend imitiert in Nachtbläue und Flimmern der Gestirne. Den Boden deckte schwarzer Mamor; in der Mitte auf hohem Postament die Göttin, im Sternengewand, mit dem Monddiadem, auf der mit schwarzen Rossen bespannten Quadriga.«

Mit diesem »Elysium« wollte Baron Braun des Kaisers zur gleichen Zeit entstehende Bauten und Spielereien in Laxenburg übertrumpfen – und das brachte ihn schließlich an den Ruin. 1817 mußte er den Besitz verkaufen, zwei Jahre später starb er an einem »Nervenschlag«.

Das in seinen Grundmauern in das 11. Jahrhundert zurückreichende und immer wieder umgebaute Schloß schien außergewöhnliche Bewohner anzuziehen. Nach dem Märchenbaron zog König Jerome (der Bruder Napoleons) ein und später auch der berüchtigte Bankier und Betrüger Freiherr von Sothen (der 1871 ermordet wurde und an dessen Begräbnis 20 000 Menschen teilnahmen – um den Sarg mit Steinen zu bewerfen). 1910 wurde Erzherzogin Elisabeth Maria Habsburg, die Tochter des Kronprinzen Rudolf, verehelichte Fürstin Windisch-Graetz, Besitzerin von Schönau. (Als »Rote Erzherzogin« ist diese Frau besser bekannt. 1918 wurde sie Sozialistin, verkaufte auf der Straße rote Nelken und 1930 das Schloß, lebte mit dem Hauptschullehrer und Schutzbundkommandanten von Mödling, Leopold Petznek, zusammen, heiratete ihn 1948 und starb 1963).

In Schloß Schönau war ab 1939 der Reichsarbeitsdienst untergebracht, ab 1941 die Luftwaffensanität, ab 1943 eine Forschungsstelle, ab 1945 ein Russen-Lazarett und von 1965-1973 ein Emigrantenlager für jüdische Auswanderer; seit 1978 ist es Sitz und Ausbildungsstätte der Antiterror-Abteilung »Scorpion«. Also auch ein Schauplatz der Geschichte unserer Zeit.

Vom »Elysium« ist nur das häßliche Tor geblieben. Die Zeit der Illusionen ist längst vorüber . . .

Das Fabrikschloß von Ebreichsdorf

Bei der Gründung der ersten Fabriken im 18. Jahrhundert stand man auch vor dem Problem: Wie sollte so eine Fabrik aussehen? Bombastisch-phantastisch zeigt sich das Adlertor der Nadelburg bei Wiener Neustadt. Es ist der Eingang in die noch heute zum Teil erhaltene Fabrikskolonie der auf dem Gelände der alten Lichtenwörther Burg errichteten Nadelfabrik. Gründerin dieses Staatsbetriebes war um die Mitte des 18. Jahrhunderts die Kaiserin Maria Theresia. Doch in dem häßlichen auf dem Portal hockenden Doppeladler möchte man heute eher einen Pleitegeier sehen, denn auch schon dieses staatliche Unternehmen arbeitete damals zumeist defizitär.

Großzügig-nobel wie ein freiherrliches Lustschloß zeigt sich die Fassade des Hauptgebäudes der ehemaligen Tuchmanufaktur in Ebreichsdorf. Ihr Besitzer, der frühere Versatzamtsschätzmeister Franz Xaver Lang, ist später vom Kaiser Franz in den Freiherrenstand erhoben worden. Langs Betrieb war nicht defizitär. Allerdings war die Lang'sche Fabrik auch berüchtigt wegen ihrer großzügigen Ausweitung der Kinderarbeit.

Kinder sind zu dieser Zeit 25-35 % aller Fabriksarbeiter gewesen, in manchen Betrieben waren sogar mehr Kinder als Erwachsene beschäftigt. Schon Sechsjährige wurden eingestellt; erst 1842 wurde in einem Hofkanzleidekret das Mindestalter der arbeitenden Kinder mit zwölf Jahren festgesetzt. Die tägliche Arbeitszeit betrug 12-13 Stunden. Wohl sollten die Kinder auch »in der Christenlehre, im Lesen, Schreiben, Rechnen« Unterricht bekommen, aber das stand nur auf dem Papier. Kinder waren billige Arbeitskräfte, der Kindersegen der armen Leute war auch ein Segen für Österreichs erste Fabrikanten.

Kinder von »ruhmreich« in den Kriegen gefallenen Soldaten stellte man besonders gerne ein, aber auch Zöglinge aus Waisenhäusern; sie wohnten dann in der Fabrik. Wie sie dort behandelt wurden, zeigt eine Beschwerde von sechs Soldatenmädchen über die Fabriksverwaltung Fridau (bei St. Pölten). Das Invalidenamt stellte fest, daß die Kinder vom frühen Morgen an mit giftigen Farben arbeiten mußten und dadurch erkrankten, daß sie oft mit Schlägen zur Arbeit getrieben wurden, daß man sie ohne Kleidung und Schuhe »fast nackend« arbeiten ließ und daß man den Mädchen die Haare abgeschnitten hatte, um daraus Pinsel herzustellen.

Auch der Ebreichsdorfer Fabriksbesitzer Lang stellte – natürlich nur »aus patriotischen Gründen« – gerne Kinder ein. Und tüchtig wie er war, verlangte er zuletzt von der Regierung noch täglich pro Kind 4 Kreuzer Subvention. Die Eltern sollten ihre Kinder nur noch mit einer besonderen Erlaubnis besuchen dürfen, und für jedes »entlaufene« Kind sollte die Obrigkeit haften. Das war dann sogar dem Staatsrat zuviel, und die Forderung wurde im Jahre 1785 abgewiesen mit der Begründung: »Die Bedingungen, welche der Fabriksinhaber Lang verlanget, wären einigermaßen noch härter als bei dem Sklavenhandel . . .«

Heute ist das barocke »Fabrikschloß« am Hauptplatz von Ebreichsdorf ein Wohngebäude. Die ganze Anlage gilt als eine industriegeschichtliche Rarität; sie ist die einzige in Europa, die in ihrer Struktur noch fast unverändert erhalten geblieben ist.

Weigelsdorf: Zwei Monster spielen Fußball

Über das Relief am Vorbau der Pfarrkirche von Weigelsdorf (Bezirk Baden) ist im Dehio-Kunsthandbuch zu lesen: »Bemerkenswertes vorrom.(?) flaches Steinrelief, Drachen, Vogel, Pferd, ferner Sonne und Mond, Flechtwerk, wahrscheinlich von einem Torbogenfeld stammend.« – Wahrscheinlich ist schon so mancher Kunstfreund etwas verwirrt davorgestanden, denn spontan tröstete uns ein vorbeigehender Weigelsdorfer: »Da weiß keiner, was das is . . . das is ein Bilderrätsel!«

An der Außenseite der Kirche ist auch das Fragment eines römischen Grabsteins eingemauert. Eine Sage erzählt, daß dieser von der Kirchenstifterin stammt, einer Heidin, die ihr Mann nach der Taufe enthaupten ließ. Wahrscheinlich wurde der Stein in der näheren Umgebung gefunden; das Bestehen einer frühchristlichen Gemeinde an diesem Ort ist eher unwahrscheinlich. Erst im Mittelalter (wann genau, weiß man nicht) entstand die Kirche.

Unser Relief an dem neuzeitlichen Vorbau ist eine Kopie, das Original befindet sich in der Sakristei (welche einst die Apsis der alten romanischen Kirche war). Man hat es als »das älteste romanische Kunstdenkmal Niederösterreichs« bezeichnet; es besteht aber auch die Meinung, daß es aus der Zeit der beginnenden karolingischen Missionierung stammt – also aus dem 9. Jahrhundert.

Romanische Plastiken finden sich an Außenseiten von vielen Kirchen. So stehen in St. Egyden am Steinfeld ein Drache und ein Löwe einander gegenüber, in Klosterneuburg zwei mit den Hälsen verschlungene Drachen. Sie dienten nicht zur bloßen Zier, sondern hatten eine Funktion; sie sollten das Böse abschrecken. Nur uns Heutigen erscheinen sie so geheimnisvoll; zur Zeit ihrer Entstehung wurde ihre Symbolik allgemein verstanden.

Im Relief von Weigelsdorf dominieren drei Tiergestalten: Ein Greif, ein Drache und ein Pferd.

Der Greif hat als Fabeltier in den mehr als fünf Jahrtausenden seiner Existenz schon verschiedene Bedeutungen gehabt . . . im Totenkult, als Begleittier von Sonnen- und Vegetationsgottheiten, als Symbol der Auferstehung. So furchterregend das Ungeheuer auch ausschaut – es bedeutet etwas Gutes.

Der Drache ist schon im Alten Testament das von Gott überwundene Chaostier, in der Apokalypse wird er dann als »Teufel, die große Schlange, die den Erdkreis verführt« bezeichnet. Der Volksglaube bringt ihn mit außergewöhnlichen Geschehnissen, Unheilvollem, Menschenfeindlichem in Verbindung. In der romanischen Kunst erscheint er erstmals im 11. Jahrhundert und wird oft Greifen oder Löwen gegenübergestellt.

Das Pferd galt schon immer als edel. Es zog Apolls Sonnenwagen, und hell und weiß erscheint es in der Apokalypse; man sah in ihm ein Symbol der Sonne und der Himmelfahrt.

In Weigelsdorf zeigt das Relief links einen Greifen und rechts einen Drachen, die um eine Kugel kämpfen oder mit ihr spielen. In der mittelalterlichen Symbolik bedeutet die Kugel das Glück, aber auch Ungewißheit, Schicksal.

Natürlich drängt sich damit etwa folgende Deutung des Reliefs auf: Das Gute (Greif) und das Böse (Drache) kämpfen um das Schicksal (Kugel) des Menschen, der schließlich erlöst wird (das Pferd darüber). Aber solche Deutungen führten schon zu oft schnurstracks in Sackgassen, und der aufmerksame Leser ist immer wieder betroffen, wenn er über ein und dasselbe Werk der romanischen Bauplastik bei jedem Autor eine andere Deutung findet. Die Symbolsprache von damals ist eben nicht mehr die unsere. So dienten auch Flechtwerk und Ornamente nicht zur reinen Dekoration, sondern waren ebenfalls Sinnbilder. Auch der Standort des Bildwerkes war wichtig. Es konnte ein und dasselbe Symbol, in verschiedener Himmelsrichtung angebracht, ganz anderes bedeuten, ebenso wechselte es seine Bedeutung je nachdem, ob es im Inneren einer Kirche oder außen angebracht war. Wo sich das Weigelsdorfer Relief ursprünglich befand, weiß man heute nicht mehr.

Jedenfalls steht fest: Weder die Steinköpfe noch die Reliefs an den alten Kirchen sind Baureste, die man von irgendwo herbeigeschafft und vielleicht aus Pietät eingemauert hat. Sie waren von Anfang an Teil des Gotteshauses und hatten an ihm eine magische Funktion; sie sollten eine Botschaft verkünden, die für die Augen aller deutlich war. – Unser Weigelsdorfer meinte schließlich: »Das schaut so aus, als ob die zwei Monster Fußball spielen täten!«

Fischaquelle und »Heilsamer Brunnen«

Wo entspringt die Leitha?

Das ist eine Frage, die sogar gute Kenner von Niederösterreich in Verlegenheit bringt und zum Ratestottern zwingt.

Also: Wo entspringt die Leitha?

Keineswegs im Leithagebirge und überhaupt nirgends! Denn erst nachdem sich die in der Buckligen Welt entsprungene Pitten und die aus den Voralpen kommende Schwarza unterhalb von Erlach vereinigt haben, heißt das Gewässer Leitha. Warum das so ist, das ist eine eigene Geschichte.

Früher einmal mündeten Pitten und Schwarza in das Sumpfgebiet des Ungarfeldes (östlich von Wiener Neustadt), welches sich bis zum Wiener Becken hinauf erstreckte. Das aus diesem Sumpf wieder herausquellende Wässerlein nannte man Litaha (»das Lehmige« oder Kotwasser.) Als im Mittelalter das Moor immer mehr austrocknete und das Land kultiviert wurde, rückte die Litaha immer näher an Pitten und Schwarza – und schluckte sie (im 14. Jahrhundert) schließlich ganz.

Um den unterirdischen Wasserreichtum des Steinfelds gibt es heute viele Diskussionen. Die Fischaquelle (bei Haschendorf) zeigt diesen Reichtum sehr eindrucksvoll.

Weites Flachland, Schwarzföhren und Steppengras, aber auch fruchtbare Felder; der Schneeberg in der Ferne ist ein himmelhoher Bergriese. Im Gebirge sind starke Quellen keine Seltenheit; in diesem brettelebenen Land jedoch ist die als bereits fix und fertiger Bach jäh aus dem Boden herausquellende Fischa ein Naturwunder. Das Wasser ist kalt und klar. Und um das etwa vier Meter breite und zehn Zentimeter tiefe Bächlein hat man einen hohen Damm errichtet – damit es gleich von Anfang an nicht zu übermütig werden kann.

Am Ursprung der Vischaha gab es einmal den Ort Taignitz, der (nach Urkunden aus dem Jahr 1558) aus 17 Häusern bestand und rundum von Weingärten umgeben war; er wurde von den Magyaren zerstört; jetzt umgibt die Jung-Fischa eine dschungelartige Au.

In dem 1853 erschienenen Büchlein über »Ebenfurt und dessen Merkwürdigkeiten« berichtet Carl Bednarik, daß die Fischaquelle für die Bewohner der Umgebung ein beliebtes Ziel bei Sonntagsspaziergängen sei, aber auch ein Ort, den man gerne aufsucht, um dort besondere Ereignisse zu feiern. An schönen Sonntagnachmit-

tagen spazieren auch heute noch die Leute gerne zu der
Quelle . . . »Schaut, Kinder, wie da das Bacherl aus der Erde
kommt!« – Das ist immer ein besonderes Ereignis.

Nach einem tagelangen donnerähnlichen Getöse unter dem Boden brach am Nachmittag des 23. April 1626 nahe von Leobersdorf
eine fast zwei Meter hohe und armdicke Wassersäule aus der Erde.
Ein Sturmwind erhob sich, und ein Beben ließ das Land erzittern.
Dieses Erdbeben hatte eine versiegte Quelle wieder zum Fließen
gebracht, die in einer Urkunde aus dem Jahre 1466 bereits als der
»Haylige Prunn« erwähnt wird. Genaueres weiß man nicht über
sie, doch die vielen Funde in der Nähe des Wasseraustritts (welche
bis in die Jungsteinzeit zurückreichen) lassen vermuten, daß dieses
Wasser schon in der Vorzeit begehrt war.

Bei der nunmehr wieder zum Vorschein gekommenen Quelle
wurde ein Muttergottesbild an einem Baum befestigt. Am Tag darauf lag es in der Quelle. Man hängte das Bild noch einigemale an
den Baum – und stets fand man es in der Quelle wieder. Darin sah
man ein Zeichen. Eine blinde Frau wurde wieder sehend, nachdem sie ihre Augen mit dem Quellwasser gewaschen hatte. Bald
errichtete man über der Quelle eine kleine hölzerne Kapelle. In den
meisten Ursprungslegenden von Heiligen Brunnen oder Quellen
wird von einem Bild im Wasser und wundersamen Heilungen von
Augenleiden durch eine Waschung erzählt.

Die Kapelle bei unserem »Heilsamen Brunnen« wurde 1683 von
den Türken niedergebrannt, wiederaufgebaut, brannte nochmals
nieder, und 1855 entstand dann der jetzt noch bestehende Ziegel-
bau. Er gleicht eher dem windschiefen Stationshaus einer kurz vor
der Einstellung begriffenen Lokalbahn – und ist trotzdem – in diesem einstigen Gebiet der Ziegelöfen – ein Bau mit Stimmung, ein
Bau, der in seine Umgebung paßt, und sich daher wohltuend unterscheidet von den »Vaterunser-Garagen« moderner Architekten.

In der Umgebung des »Heilsamen Brunnens« wurden 1938
einige Brunnenschächte zur Speisung der Triestingtaler Wasserleitung gebohrt – wodurch nun auch »heilsames Brunnenwasser«
zum Blumengießen und Autowaschen zweckentfremdet wird.

Als Wallfahrtsstätte ist aber der Originalbrunnen noch immer
recht beliebt. Und es sind auch heute noch Besucher zu sehen, welche mit dem Wasser ihre Augen benetzen. Der Volkskundler Gustav Gugitz berichtet zwar noch von einer anderen Wirkung, nämlich »die Quelle soll auch die Kraft besitzen, heiratslustigen Mäd-

chen zu einem Mann zu verhelfen« – aber kritisch wie Wissenschaftler eben sind, setzte er in Klammer dazu die Frage: »In welcher Weise?«

Wr. Neustadt – des »Letzten Ritters« letzte Ruhestatt

Das Grabmal von Kaiser Maximilian I. (dem »Letzten Ritter«) steht in Innsbruck, doch seine Gebeine liegen in der Georgskirche der Burg zu Wiener Neustadt. Vor dem Grabmal in Innsbruck stauen sich zur Sommerszeit die Fremden; in die stille Georgskirche hingegen wurden wir von einem freundlichen Soldaten der Militärakademie wie ein Staatsbesuch hineinkomplimentiert.

Fast ein Viertel seiner Lebenszeit hatte sich der »Letzte Ritter« intensiv mit seiner letzten Ruhestätte beschäftigt. Eine neue Kirche wollte er dafür in Innsbruck bauen lassen und 40 überlebensgroße Standbilder von Ahnen des Kaisers, 34 Büsten römischer Imperatoren als seine Vorgänger und 100 Statuen von Heiligen, die mit dem kaiserlichen Haus verwandt waren, sollten als trauernde Gemeinde über seinem Grab Ewige Wache halten. Minderwertigkeitskomplexe hatte der zeitlebens an Geldmangel leidende Herrscher damals noch nicht.

Erst kurz vor seinem Tode dachte er anders und bestimmte in seinem Testament: Man soll seinem Leichnam die Haare scheren, alle Zähne ausbrechen, ihn geißeln, mit Kalk und Asche bestreuen und so dem Volk zur Schau stellen. Und weil sich kurz vorher die Innsbrucker Gastwirte geweigert hatten, wegen unbezahlter Schulden des Kaisers Hofgesinde aufzunehmen, wollte er auch nicht in Innsbruck, sondern in Wiener Neustadt begraben werden. Das geschah dann am 27. Jänner des Jahres 1519. Nach des Kaisers Willen hätten die fertigen der bereits 1502 in Auftrag gegebenen Standbilder auch nach Wiener Neustadt gebracht werden sollen. Dazu kam es nicht, obwohl es ohnedies nicht so viele Statuen geworden sind, wie ursprünglich geplant . . . woran wieder der Geldmangel des Kaisers schuld war.

Nachdem in Innsbruck 1563 die Erbauung der Hofkirche vollendet war, stellte man das Grabmal Maximilians in ihr auf und wollte dann auch seine Gebeine dort beisetzen. Eine Translationskommission wurde gebildet, ein geistlicher Transportdirektor ernannt und für die feierliche Überführung ein genaues Programm ausgearbeitet, in dem minutiös festgehalten war, wann alle Glocken geläutet werden sollten und wer in der Prozession hinter wem gehen durfte. Auch der Reiseweg war präzise geplant, aber dann ging man doch lieber den österreichischen Weg – man ließ die ganze Sache fallen. Der Hofkammer erschien diese Überführung als zu teuer. »Ich werd' nicht werden ein König des Geldes!« hatte der junge Maximilian einmal gesagt. Das ist er bis über seinen Tod hinaus nicht gewesen.

So blieb der Kaiser bis heute in Wiener Neustadt. Nach der Zerstörung der Georgskirche durch Flieger im Jahre 1945 brachte man die Gebeine in die Neuklosterkirche, und als die Georgskirche 1950 wiederhergestellt war, kamen sie wieder zurück. Nach der Bombardierung dieser gotischen Hallenkirche stand nur noch eine Säule aufrecht – die vorderste der rechten Reihe. Die kostbaren Glasmalereien (aus dem 15. und 16. Jahrhundert) hatte man schon vorher in Sicherheit bringen können. Einige waren allerdings schon im 18. Jahrhundert zerstört worden: Ein Kommandant der Theresianischen Militärakademie war im Hinblick auf seine Zöglinge gegen das mittelalterliche Dunkel in der Kirche; also ließ er – ruckzuck! – einige der bunten Fenster ausbrechen und aus dem Glas Flaschen schmelzen. Buntglasaktion anno dazumal.

Maximilian der »Letzte Ritter« ruht unter dem Hochaltar – so wie er es haben wollte und so wie es auch im Flugblatt des Welser Bürgers Jörg Pleyer auf den Tod des Kaisers heißt »wan der briester messe liest: so mueß er auf im stan (stehen)«.

In der reichlich bizarren Geschichte des Maximiliansgrabes gibt es dann noch eine Begebenheit, die recht nachdenklich stimmt. Als die Georgskirche im Jahre 1770 einen neuen Altar bekommen sollte, stieß man bei der Abtragung des alten auf einen stark vermoderten Holzsarg. Niemand wußte konkret, wen er barg. Erst eine Expertenkommission gelehrter würdiger Herren stellte nach genauer, langwieriger Prüfung und nach Öffnung des Sarges fest, daß in ihm die Gebeine des »Letzten Ritters« sein mußten. In seinem »Weiskunig« hatte er geschrieben: »Wer in seinem Leben kein gedachtnus macht, der hat nach seinem Tod keines.«

Die Georgskirche in der Wiener Neustädter Burg (jetzt Militärakademie) ist für Besucher allgemein zugänglich, es werden auch Führungen veranstaltet. Die Wachtposten geben Auskunft.

Arbesthal: »Schärferstein« oder »Entschärferstein«?

Das westlich von Carnuntum gelegene Arbesthal wird um 1080 erstmals als Arawezital genannt – ein urtümlicher Name. Und urtümlich wirkt auch der in die Kirchhofmauer links vom Eingang eingemauerte Stein mit seinen vielen Kerben und den großen und kleinen ausgebohrten Löchern. Die Jahreszahl 1571 ist sicher später eingraviert worden; wo sich der Stein ursprünglich befand, ist ungewiß.

In der 1983 erschienenen Heimatkunde wird der Stein als »Entschärferstein« bezeichnet, und es heißt darüber: »In früheren Zeiten sollen die Besucher der Kirche an diesem Stein ihre Waffen, vor allem die Dolche, entschärft haben. Mit dieser Geste wollten die Kirchenbesucher ihre Absicht ausdrücken, Frieden zu halten und Feindseligkeiten wenigstens für die Dauer des Gottesdienstes zu vergessen.« – Das ist lieb, fromm und gut gemeint, aber leider hat es solch brave Männer niemals gegeben, die ihre Waffen freiwillig stumpf machten.

Wir stehen hier vor einem besonders schönen Exemplar eines Wetzsteins. Steine mit Schleif- und Wetzspuren finden sich in großen Teilen der Erde, in West- und Mitteleuropa vor allem an alten Kirchen. Über ihre Bedeutung gibt es einige Hypothesen:

- Man schleifte Schwerter und Stichmesser an einem besonderen Stein oder Stein eines Gotteshauses, weil man hoffte, daß sich dadurch die Wirkung der Waffe verstärken würde. Für diese Kontaktmagie sollen sogar eigene Steine an Kirchenportalen eingesetzt worden sein. Lange Zeit glaubte man, daß tatsächlich Waffen für einen »heiligen Kampf« an den Steinen scharf geschliffen wurden. Doch praktische Versuche haben die Vermutung widerlegt – ein derartiges Schleifen machte die Schneiden nur stumpf . . .
- Es gibt Überlieferungen, wonach Messerwetzen (von Männern) und Näpfchenbohren (von Frauen) nach Eheschließungen stattfanden – sie sollten dem Brautpaar Glück bringen. Daß solche magischen Vorstellungen noch bis in unser Jahrhundert weiterlebten, zeigt ein Wallfahrerbrauch in Maria Lanzendorf: Viele Besteiger des 1699 errichteten »künstlichen Kalvarienbergs« schabten ein Stückchen Verputz von ihm ab oder bra-

chen ein Steinchen aus und steckten es sorgsam in die Börse, im frommen Glauben, daß ihnen niemehr »das Geld ausgehen werde«.

● Vom Stein eines Gotteshauses oder eines Steindenkmals erhoffte sich der Mensch eine besondere Wirkung: Die Rillen und Näpfchen entstanden bei der Gewinnung von heilsamem Steinstaub, der, mit Wasser verdünnt, für Mensch und Tier als Arzneimittel verwendet wurde. In seiner hochinteressanten Arbeit »Rillen und Näpfchen auf sakralen Denkmälern – Steinpulver als Arzneimittel« kann Joachim Jünemann sogar Gerichtsakten aus dem 16. und 17. Jahrhundert anführen, welche die Bestrafung von Leuten festhalten, die damit »hochsträfliche Abgötterey und schandtlichen mißbrauch« betrieben haben. (Auf dem niederösterreichischen Sonntagsberg war es keine »Abgötterei«, da haben die frommen Patres Pulver vom Zeichen- und Wunderstein ganz offiziell an die Pilger verkauft.) Jünemann stellt am Schluß seiner Arbeit zur Diskussion, ob nicht auch schon die Näpfchen aus der Steinzeit bei der Gewinnung von heilsamem Steinstaub entstanden sein könnten.

Allzuviele Fremde kommen nicht nach Arbesthal. Etwas mißtrauisch beobachtete uns ein Mann . . .

»Wir schauen uns euren Entschärferstein an!« beruhigte ich ihn. Darauf schnaufte der Mann wütend auf, als hätte jemand bezweifelt, daß er ein Mann sei, und sagte sehr nachdrücklich: »Das ist bei uns noch immer der Schärferstein!«

Auch in dem von Arbesthal nicht weit entfernten Hof am Leithagebirge liegt vor der Kirchenwand ein solcher Stein mit Wetzrillen. Dort ist auch eine höchst originelle gotische Lichtsäule zu sehen, in deren ausgehöhltem Schaft ein »Lichtlaufzug« zur Laterne führt.

Wasser für Carnuntum

Im Land um Carnuntum möchte man fast glauben, daß die Römer auch ein Stück ihrer römischen Campagne an die Donau mitgenommen haben. Nur: Daß hier schlanke Pappeln anstatt Zypressen in den Himmel ragen, und daß die so typischen Aquädukte fehlen . . .

Carnuntum hatte ebenfalls seine Wasserleitungen. Sie liegen jedoch unter der Erde, so wie auch die Wasserleitungen der Stadt Rom größtenteils unterirdisch angelegt waren. Die elf Fernwasserleitungen Roms (welche zwischen dem Jahr 312 v. Chr. und 226 n. Chr. gebaut worden sind) hatten eine Gesamtlänge von 504 Kilometern, doch auf 431 Kilometern floß in ihnen das Wasser unter der Erde dahin. Daß die Römer das Wasser einem Heer von Rundbögen auf die Schultern legten, die es wie im Triumphmarsch in die Stadt trugen, ist nur eine beim Anblick der Aquädukte vor den Mauern Roms entstandene romantische Vorstellung.

Bei den Grabungen in Carnuntum stößt man auch sehr oft auf Teilstücke der Wasserleitungen. Eine endet am Donauabbruch von Petronell, und ihr Ausfluß wird »Pfaffenbrünnl« genannt. Wer will (und sich traut), kann dort noch »Original Römerquelle« trinken! – Im Haus Petronell, Hauptstraße 439, ist etwas Interessantes zu besichtigen: Ein Abwasserkanal, der sich mit einer Wasserleitung kreuzt.

Durch Zufall wurde in den siebziger Jahren bei Arbeiten in der Schottergrube Gstettenbreite der Einstiegsschacht in eine zur Stadt führenden Fernwasserleitung entdeckt, in der noch immer still und unaufhaltsam klares Wasser dahinfließt und – die sogar noch begehbar ist! Das ist allerdings nicht so ganz einfach!

Die Leitung führt 5-6 Meter unter den Äckern dahin. Das Quellgebiet war (das wurde vor kurzem auch durch Wünschelruten festgestellt) das Hügelland westlich der Stadt. Die Wasserleitung hatte also eine beachtliche Länge, und für Reinigungs- und Ausbesserungsarbeiten legte man in gewissen Abständen gemauerte Einstiegsschächte (ca. 70 x 70 cm breit) an. Tritt- und Grifflöcher in den Ziegelwänden erleichtern den Ab- und Aufstieg. Und weil seit der Verödung von Carnuntum wahrscheinlich nicht mehr allzuviele Menschen in diese Wasserleitung hinabgestiegen sind, ist es ein recht eigenartiges Gefühl, die Finger in Grifflöcher zu stecken, die seit den Römern kaum noch Hände berührt haben.

Die Wasserleitung selbst ist ein enger und niedriger (etwa 1,20 Meter hoher und 50-60 Zentimeter breiter) Kanal, der nicht gerade dahinführt, sondern gekrümmt ist wie ein Wurm. Die Ziegelmauern an den Seiten und die großen Tonplatten der Decke sehen so frisch aus, als ob sie erst vor wenigen Jahren gemauert worden wären. Und daß das Wasser in dem Kanal nicht schon längst im Boden versickert, das verhindert eine Mehrschichtenauskleidung aus einem Spezialgemisch (für das u. a. auch Holzkohle verwendet wurde). Wer keine Platzangst kennt, kann unbesorgt dem Lauf des Wassers folgen – und von Meter zu Meter wird sich dabei die Bewunderung für römische Ingenieurskunst steigern. (Vorausgesetzt, er ist nicht im Spätherbst unterwegs und wird für die bereits in die Unterwelt übersiedelten Gelsen zum Festschmaus!)

Viel von dem Wissen über römische Fernwasserleitungen verdanken wir dem Werk »De Aquaeductu Urbis Romae«, das 1429 in einer Kopie im Kloster Monte Cassino gefunden wurde. Verfasser war Sextus Iulius Frontinus, der von 97-103 n. Chr. Curator Aquarum der Stadt Rom war. In dieser aufschlußreichen Schrift über die Wasserversorgung Roms berichtet zunächst der Verfasser stolz, daß sein Ressort stets nur den angesehensten Bürgern anvertraut wurde. Und staunend liest der an der Eignung vieler Staatsamtsträger von heute zweifelnde Bürger den Standpunkt des alten Römers: »Für einen qualifizierten Mann ist nichts so entehrend, als sich von Untergebenen die Ausführung einer übertragenen Aufgabe vorschreiben zu lassen. Dies muß aber dann eintreten, wenn ein unfähiger Vorgesetzter sich nur auf die Routine seiner Mitarbeiter stützt, die zwar für die Tätigkeit notwendig sind, aber nur als Hand oder Werkzeug des Verantwortlichen.« – Aus der gründlichen Beschäftigung der alten Römer mit dem Wasserversorgungsproblem entstand dann das von heutigen Historikern immer wieder zitierte »Quellenwerk« . . .

Wasser war für die Römer mehr als nur ein lebensnotwendiges Element, es war fast ein Statussymbol. Frisches Quellwasser mußte es sein; um solches nach Karthago oder nach Köln leiten zu können, scheuten sie auch nicht vor dem Bau von 100 Kilometer langen Fernwasserleitungen zurück. Und auch in Carnuntum, an einer der umkämpften Grenzen ihres Reiches, bauten sie eine Wasserleitung für alle Zeiten. Diese blieb jedenfalls bis ans Ende des zweiten Jahrtausends erhalten . . .

Viel von dem, was die Römer in Carnuntum hinterlassen haben, ist heute als Ruine oder Museumsschaustück zu besichtigen. Doch das alles sind tote Objekte, tote Gegenstände. Wer aber auf der Flur Gstettenbreite in den schmalen Schacht hinabsteigt und mit beiden Füßen in dem noch immer nach Carnuntum fließenden Wasser steht, der hat noch etwas Lebendiggebliebenes gefunden.

Die jetzt aufgelassene Schottergrube in der Gstettenbreite befindet sich links der Straße (B9) Regelsbrunn-Petronell (ca. 200 Meter vor der Tiergartenmauer von

Schloß Petronell). Der mit Holzbrettern zugedeckte Einstiegsschacht ist am linken Rand des der Bundesstraße zugekehrten Teiles der Schottergrube zu finden (ca. 60 Meter von der Straße entfernt).

Notwendige Ausrüstung für den Einstieg: Schutzkleidung, Gummistiefel, Licht, Sicherungsseil.

Für klettergewandte Personen ist der Ab- und Aufstieg kein Problem (Kamintechnik; außerdem gibt es die Tritt- und Grifflöcher), trotzdem ist die Mitnahme eines Seiles empfehlenswert, weil ein Ausgleiten an den feuchten Wänden des Schachts immerhin möglich ist. Mehr als zwei Personen sollten nicht gleichzeitig den Einstieg unternehmen, denn mehrere Leute behindern sich in dem engen Leitungskanal nur gegenseitig.

Wichtigste Voraussetzung für den Einstieg: Klettertechnisches Können und Freisein von Klaustrophobie (Platzangst). Wer schon Hemmungen vor dem Abstieg hat, sollte ihn besser unterlassen; die Besichtigung dieser römischen Wasserleitung ist kein Unternehmen für jedermann!

Die »Eingemauerten« von Hainburg

An der aus Hainburg nach Deutsch-Altenburg führenden Straße steht (an der Donauseite) ein Bildstock, der nichtssagend aussieht, aber einen unheimlich klingenden Namen trägt . . . »Bei den Eingemauerten«.

Der Sage nach soll in diesem Bildstock ein Geschwisterpaar zur Strafe für Blutschande eingemauert worden sein. Als man im Jahre 1824 bei einer Straßenverbreiterung die Säule etwas versetzte, stießen die Arbeiter tatsächlich auf ein männliches und ein weibliches Skelett.

Zwei herbeigeholte Ärzte schätzten das Alter des Mannes auf ca. 25 Jahre, das der Frau auf ca. 20 Jahre. Man fand sie – wie Joseph Maurer in seiner 1894 erschienenen Geschichte Hainburgs berichtet – »dicht nebeneinander, die Arme auf die Knie gestemmt und mit den Händen die Augen verhaltend«. In dieser Fundbeschreibung (die auf den Augenzeugenbericht des Arztes Dr. Johann Staudacher zurückgeht) wird noch erwähnt, daß beide Skelette mit Kalk überschüttet waren. Das hat auch zur Vermutung geführt, daß die zwei Toten Opfer einer Infektionskrankheit (Pest?) gewesen sein könnten. Doch die Lage der Toten läßt eher auf eine Hinrichtung schließen . . .

Die grausame Strafe des Lebendigbegrabens soll in unseren Zonen auf die Germanen zurückgehen. In seiner »Germanica« be-

richtet Tacitus: ». . . solche, die ihren Leib durch widernatürliche
Unzucht geschändet haben, versenkt man in einem Moor oder
Sumpf und überdeckt sie noch mit Gestrüpp.« – An die fünfhun-
dert bis jetzt freigelegten Moorleichen (wie auch die Fundum-
stände) bezeugen den Bericht des Tacitus.

Später, als es keine großen Moore mehr gab, wurden die Delin-
quenten in der Erde begraben. Das Bedecken mit Reisig oder Dor-
nengestrüpp wurde beibehalten; es bedeutete magische Abwehr
unheilvoller Kräfte und Reinigung. Überhaupt war es so, daß mit
dieser Todesart Personen aus der Welt geschafft werden sollten,
deren Vergehen damals sogar noch schlimmer als Mord angesehen
wurde. (Auch den Giftmüll vergräbt man heute in der Erde und
glaubt, ihn damit für allezeit aus der Welt geschafft zu haben.)

Natürlich gab es auch bei dieser Strafe für die Vornehmen und
Reichen und solche, die es sich richten konnten, eine mildere Form
des Vollzugs – das Einschließen in versperrte Räume der eigenen
Häuser oder die Einweisung hinter Klostermauern.

Über die »Eingemauerten« gibt es nichts Schriftliches, weil Hainburgs alte Urkunden verbrannt sind. Das Relief auf dem Bildstock
stammt nach Meinung der Kunsthistoriker aus dem 16. Jahrhundert, der Bildstock selbst wurde bei der Versetzung im Jahre 1824
umgebaut. Damals hatte man auch die Gebeine der beiden Toten
unter dem neuen Standort bestattet, und dort liegen sie noch immer . . . dicht neben der vielbefahrenen Bundesstraße.

WALDVIERTEL – WEINVIERTEL

Seltsame Dinge geschahen in dem kleinen Ort Bösenneunzehn bei Zwettl . . .

In einem Bauernhof wurde ein Knecht nachts immer wieder von einem Rumoren und Gepolter geweckt, so daß er zuletzt lieber in seinem Elternhaus oder unter einer Linde vor dem Bauernhof schlief. Und aus Stall und Schuppen wurden oft faustgroße Steine auf den Bauern geworfen. Männer mit Gabeln und Stöcken und die Gendarmerie, die Waffe im Anschlag, umzingelten den Schuppen – doch er war leer. Und die Staubschicht am Giebelfenster – aus dem ebenfalls Steine geflogen kamen – zeigte auch nicht die geringste Spur.

An einem Samstagabend umstellten dann alle Dorfbewohner das Anwesen und untersuchten jeden Winkel. Wieder hörten sie hinter dem Scheunentor ein Gepolter, das immer heftiger und heftiger wurde und jäh endete. Das war auch das Ende des Spuks.

»Diese Geschichte hat sich (gegen Ende der zwanziger Jahre) tatsächlich zugetragen und ist von verschiedenen Augenzeugen bestätigt worden.« – So steht es in dem 1980 erschienenen »Zwettler Heimatbuch«. Es ist eine der vielen Geschichten, die noch in unserem Jahrhundert im Waldviertel erzählt wurden . . . wie die Geschichten vom Hehmann und vom Pelzweibel und von der Wilden Jagd.

»Wie nirgends sonst können dort Sagen entstehen, dort glaubt man sie«, schrieb Franz Eppel noch 1963 in der Einleitung zu seinem Buch »Das Waldviertel«. Und: »Die Vorstellungen blieben lange noch mit vorchristlichen Elementen durchsetzt; der Nordwald hat das Magische, das den Aberglauben nährt, immer lebendig erhalten. Gegen Blitz und Hagel galten die geschnitzten Roßgoschen und Katzenschädel am Dachfirst ebensoviel wie ein Gebet.«

Roßgoschen – zwei sich kreuzende Balken mit geschnitzten Pferdeköpfen an den Enden – kann man heute nur noch als Signet an den Filialen der Raiffeisenbank sehen. An Häusern gibt es sie nicht mehr. Vieles, was gestern noch war, gibt es heute nicht mehr im Waldviertel. Das Land hat – Gott sei Dank! sagen die Fremdenverkehrsleute – einigermaßen den Anschluß an die Zeit gefunden.

Wer heute ins Waldviertel fährt, gilt als Individualist. Vor fünfundzwanzig Jahren hat man in einem solchen Menschen noch einen armen Schlucker gesehen, der sich nichts Besseres leisten konnte. Wer heute ins Waldviertel fährt, sucht vor allem das urtümliche Land – und mancher ist dann etwas enttäuscht, wenn er das nicht gleich neben dem Swimmingpool und dem Minigolf und der Diskothek findet und das ganze Land auch nicht mehr so ist wie vor der großen Rodung im Mittelalter . . . ein Riesenurwald mit grünen Moosböden und malerischen Findlingen links und rechts vom (selbstverständlich gut markierten) Weg.

Auch um das Weinviertel gibt es einige Mißverständnisse. So wie das Waldviertel wurde auch das Weinviertel erst vor kurzer Zeit als interessant entdeckt – und man schwärmt nunmehr von den Kellergassen.

Diese Zweitdörfer in den Hohlwegen sind wirklich eine eigene Welt (einst waren sie sogar eine eigene Männerwelt, welche die Frauen nur an einem Tag des Jahres betreten durften!). Jedes einzelne der Preßhäuser schaut anders aus, und jetzt gelten sie allesamt als Musterbeispiele »naiver Architektur« (was etwas hochmütig und herablassend klingt und diesen wirklich gutgebauten Zweckbauten überhaupt nicht gerecht wird). Jedenfalls: Die Begeisterung für die Romantik der Kellergassen ist heute groß, mit Recht ist sie das – aber man sollte doch nicht vergessen, daß es im Weinviertel auch noch die Kirche von Schöngrabern gibt . . .

»Es ist die ebenso naive wie unheimlich bannende, die unbändige, gerade noch gebändigte Gewalt der plastischen Form, die von diesen aus dem Stein hervorstarrenden Körpern und Gesichtern der Figuren von Schöngrabern auf uns wirkt« – hatte seinerzeit der bekannte Kunsthistoriker Fritz Novotny geschrieben. Diese Reliefs an der Apsis (die man bei ihrer Entdeckung am Anfang des 19. Jahrhunderts noch für ein Werk der Nibelungen oder der Templer gehalten hat) zählten bis jetzt unbestritten zu den bedeutendsten Werken der Romanik Europas.

Und da erschien 1984 in der »Österreichischen Zeitschrift für Kunst- und Denkmalpflege« ein Beitrag von Erika Doberer, in dem die Kunsthistorikerin nachweisen will, daß die Apsisreliefs von Schöngrabern nicht aus der Romanik stammen, sondern aus der zweiten Hälfte des 16. Jahrhunderts; Lutheraner sollen das Werk bestellt und Bildhauer aus Friaul mit viel Einfühlungsvermögen in den romanischen Stil – typisch für die Zeit des Manierismus – geschaffen haben. Programm der Reliefs: Auseinandersetzung mit theologischen Problemen in der Zeit der Glaubenskämpfe.

Das war eine Sensation! Immerhin war aber die Beweisführung der Kunsthistorikerin so zwingend, daß bereits im folgenden Jahr in Schöngrabern ein Internationales Kolloquium des Comité International d'Histoire de l'Art veranstaltet wurde, in dem Fachgelehrte das Für und Wider dieser Hypothese diskutierten. Ergebnis: Es kam weder zu einer einstimmigen Zustimmung noch Ablehnung der neuen Datierung; viele Fragen mußten offen bleiben. Schöngrabern ist zu einem umstrittenen Punkt geworden in diesem hellen, freundlichen Land.

Ist das Weinviertel wirklich so hell?

Ich habe (als Bergsteiger) lange gebraucht, um zur Landschaft des Weinviertels überhaupt eine Beziehung zu finden. Jetzt glaube ich sie gefunden zu haben, und jetzt wirkt das Land mit seinen Buschwäldern und Lößgräben und den vielen kleinen und großen Hügelkuppen (wo überall etwas verborgen sein kann) eher geheimnisvoll auf mich. (In der Schluchtenwildnis des Ötschers habe ich dieses Gefühl nicht.)

Es ist ein Irrtum zu meinen, daß ein flaches Land einem offenen Buch gleicht. Darum haben auch lange Zeit viele Leute geglaubt, das Weinviertel schon zu kennen, nur weil sie es gelegentlich durchfahren haben. Das glauben sie jetzt nicht mehr und fahren ins Weinviertel, um es kennenzulernen.

Den 1906 in Hadres geborenen Heimatdichter Lois Schieferl hat es schon in seiner Jugend geschmerzt, daß sein Heimatland als ein Niemandsland angesehen wird . . .

> »Scho' wia ih no in d'Schul bi gonga,
> hab ih gsinniert oft aus und ein,
> voll Liab zu ihr, voll Treu und Bonga:
> Mei' Hoamat, dö söllt aa wer sein . . .«

Jetzt ist es schon »wer« – das Weinviertel!

Das
Museum zu Drosendorf

im niederösterreichischen Waldviertel.

Ein gedrängter Bericht
über die derzeit dort untergebrachten

F. Kießling'schen Sammlungen

bibliographischen, numismatischen, ethnographischen, prähistorischen, mineralogischen und geologischen Inhaltes.

Ein Dokument über die Anfänge der Heimatmuseen in Österreich ist die im Jahre 1909 erschienene
Broschüre von Otto Kilcher mit obigem Titel. Gründer der Sammlung war der in Wien geborene
Ing. Franz Kießling (1859-1940), der in den achtziger Jahren des vorigen Jahrhunderts nach Drosendorf kam und dort – dank eines bescheidenen Vermögens – ganz und gar in der Heimatforschung
aufging und zu einem bienenfleißigen Sammler wurde. So nebenbei war Franz Kießling auch ein
mannhafter Streiter für die damalige deutschnationale Bewegung. 1896 hatte er gefordert, die römischen Monatsnamen durch deutsche zu ersetzen . . . z.B. Erntning statt August und Nebelung
für November; und daß die neue Zeitrechnung nicht mit Christi Geburt beginne, sondern mit dem
Jahr 113 v. Chr., in dem die Kimbern und Teutonen den ersten Sieg über die Römer gefeiert hatten.
Kießling sammelte auch bereits Dinge, die damals noch gar nicht als »sammelnswert« galten. Das
sind nur einige der bäuerlichen »Zauberobjekte«: »Amulette zur Beschwörung des Zahnwehs, der
Gicht, des Rheumatismus, Hexenschusses, des Fiebers, Kopfwehs, der Unfruchtbarkeit, der Fraisen, des Verschreiens oder Beneidens, des Überbeins u. s. w.; Zaubergerät zur Erforschung eines
Diebes(!); Weihegabe behufs leichten Entbindens (Bärmutter); zaubermäßige Schlüssel; Pflanzen-
zauber für Schlaf, gegen Viehkrankheiten, gegen Blitzschlag, zum Teufelsbeschwören (Schatzhe-
ben) u. dgl. m.«

   In Drosendorf hatte man für ein solches Sammelsurium kein Interesse. Kießling mußte sein Museum im Jahre 1912 aufgeben; einige Objekte konnte er verkaufen, viele vermoderten und ver-
schimmelten dann in feuchten Kellern. Und wie in dieser sogenannten guten alten Zeit der Heimatforscher lebte, lesen wir – etwas betroffen – in Otto Kilchers Broschüre: »Bis zum Jahre 1905 hatte
Kießling seine Sammlungen in zwei Räumen untergebracht, von denen einer zugleich als Woh-
nung diente. Es läßt sich leicht ermessen, wie sehr diese beiden Räume mit den verschiedenen
Sammlungsgegenständen vollgepfropft waren. Jedes Winkelchen war ausgenützt, und selbst unter
dem Bette unseres Forschers standen Kisten mit Mineralien und von ihm ausgegrabenen Knochen
Jahrtausende alter menschlicher Skelette.«

Die Bründlkapelle bei Dorfstetten

»Die Tatsache, daß das Wasser Gegenstand kultischer Verehrung war, läßt sich aus den Wahrnehmungen erweisen, daß das Wasser als heilig galt, daß man ihm göttliche Kräfte zuschrieb, Gottheiten in ihm suchte, sie vielleicht sogar mit ihm identifizierte, daß man aus dem Wasser die Zukunft weissagte, daß man dort Opfer darbrachte und kultische Handlungen verrichtete«, stellte Christian Caminada bei seinen Untersuchungen urgeschichtlicher Kulte und Bräuche fest. Er war ein Fachmann auf diesem Gebiet – und außerdem noch der katholische Bischof von Chur (Schweiz).

Im Wasser der Taufe lebt der heidnische Wasserkult auch im Christentum weiter, und in den vielen Heiligen Brunnen, Gnadenbrunnen (bei fast jeder Wallfahrtsstätte gibt es einen solchen) erhielt sich der alte Quellkult bis in unsere Zeit. Eines der merkwürdigsten Quellheiligtümer Niederösterreichs ist die Bründlkapelle bei Dorfstetten.

Dorfstetten im Waldviertel und ganz dicht an der oberösterreichischen Landesgrenze ist sehr weltabgeschieden (daher wird es heute ein »Erholungsdorf« genannt). Seine kleine Kirche reicht in das 14. Jahrhundert zurück.

Die Bründlkapelle befindet sich etwas außerhalb des Ortes an einem – im Gegensatz zu den meisten anderen Quellheiligtümern – keineswegs stimmungsvollen oder besonderen Platz. Er soll aber trotzdem bereits im 11. Jahrhundert eine Gnadenstätte gewesen sein; urkundlich wird der »Heylingprunn« erstmals im Jahre 1396 genannt. Und in den Jahren 1502 und 1505 läßt sogar Kaiser Maximilian I. von Augsburg und Gmunden aus Geldsummen überweisen für die Erbauung eines Gotteshauses bei dem Bründl. Höchst wunderlich, daß jener mit Kriegen und Herrschaftsansprüchen, mit seinen Reformen und Neuorganisationen, mit seinen Frauen und dem Aufbau seines Nachruhms ohnedies überlastete Herrscher sich auch noch persönlich um dieses Hinterwäldlerbründl kümmerte!

Das Heiligtum bestand dann aus der Bründlkapelle und einer kleinen Wallfahrtskirche etwas oberhalb von ihr. In der Kirche fanden für die Wallfahrer Gottesdienste statt, und dort hinterlegten sie auch ihre Naturalienopfer (Flachs, Wolle, Lebensmittel). Ihr eigentliches Ziel aber war das Bründl, dessen Wasser sie tranken, mit dem sie ihre Augen benetzten und das sie auch mit nach Hause nahmen. Der große Festtag war der Dreifaltigkeitssonntag, an dem Wallfahrerscharen von weit und breit kamen und die Lebzelter, Schuster und Kramersleut beim Bründl einen richtigen Kirtagsbetrieb inszenierten.

Die Kirchenreform von Kaiser Joseph II. traf auch den Heiligenbrunn: 1783 wurde die kleine Kirche abgerissen und aus ihrem Material an der gleichen Stelle ein Bauernhaus errichtet. Und die Turmspitze setzte man auf die Bründlkapelle. So entstand ein seltsames Gebilde. Die Bründlkapelle ist nämlich winzig, sie besteht nur aus der Altarwand und dem darunter befindlichen, kaum einen Quadratmeter großen Quellbecken – für einen Menschen gibt es darin keinen Platz mehr. Als die biederen Leute seinerzeit die wuchtige Turmspitze auf diesen Minibau setzten, haben sie ungewollt auch eine recht drollige Groteskarchitektur geschaffen.

Wenngleich die Wallfahrtsstätte offiziell »aufgelassen« worden war, zogen die Menschen trotzdem weiterhin zu dem Heiligenbrunn. Eine kaiserliche Verordnung hatte ihnen den Glauben an die Wunderkraft des Wassers nicht nehmen können. Und bis in unser Jahrhundert – so war es Brauch geworden – mußte das an der Stelle der ehemaligen Kirche stehende Haus zweimal im Jahr festlich geschmückt werden, und zwar am Markustag und am Betmittwoch vor dem Christi Himmelfahrtstag.

Im Frühsommer 1986 wurde – nach mehr als 200 Jahren – auch dieses Haus niedergerissen. Wir kamen zufällig vorbei, als dies geschah. Die Fassade war schon zertrümmert, das halbe Haus lag offen und frei im Sonnenlicht. An der Wand im Hintergrund hingen noch einige Dinge, die man beim Ausräumen als wertlos zurückgelassen hatte . . . ein Blumentopf, irgendein Bild. Neben uns sagte eine Frau: »Ich bin in diesem Haus aufgewachsen. Jetzt schaut jedes Kammerl so klein aus . . . wie wir noch drin waren, ist uns das nie aufgefallen. Aber . . . geweint hab ich gestern eh schon genug!«

Die Kriegerdenkmäler des Josef Elter

Kriegerdenkmäler umgibt ein Tabu. Sie können noch so dilettantisch aus Erz oder Stein oder Ton gearbeitet sein, sie können mit ihrem hohlen Pathos fast schon peinlich wirken – sie werden stillschweigend akzeptiert. Wer möchte schon das Gedenken an diese Toten schmälern?

An den Kriegerdenkmälern zeigt sich, daß es unmöglich ist, schnell hingesagte Schlagworte (von Heldentum und Opfertod fürs Vaterland) bildnerisch zu gestalten und künstlerisch zu bewältigen. Kriegerdenkmäler können nur dann wahrhaftig solche sein, wenn sie nicht von einer obskuren Glorie künden, sondern an Trauer gemahnen.

Kriegerdenkmäler gibt es bei uns erst seit dem 19. Jahrhundert, und eines der ersten ist Anton Fernkorns »Löwe von Aspern«, der im Jahre 1858 zum Gedenken an die im Jahre 1809 gefallenen österreichischen Soldaten aufgestellt wurde ... »Todesangst und Trauer bilden den eigentlichen Inhalt des Mahnmals. Die Gestalt dieses Löwen, das fast menschlich wirkende Tiergesicht, schmerzverkrampft im Augenblick des Endes, ist von einem zeitlos großzügigen Realismus«, hatte der Kunsthistoriker Fritz Novotny darüber geschrieben. Eigentlich hätte dieses Kriegerdenkmal auch Vorbild für alle folgenden sein können. Das wurde es aber nicht.

Von den nach dem Zweiten Weltkrieg entstandenen Kriegerdenkmälern stehen im Waldviertel zwei, die so ganz anders sind als alle anderen. Der Stein- und Holzbildhauer Josef Elter hat sie aus Granit gemeißelt.

Josef Elter ist ein 1926 in Jugoslawien geborener Donauschwabe, der, 1954 zum Priester geweiht, seit 1957 Pfarrer und seit 1968 Dechant in Traunstein ist. Als Bildhauer ist der Pfarrer/Dechant ein Autodidakt.

In Traunstein hat Elter ab 1958 den Neubau der alten, baufällig gewordenen Kirche betrieben. Sie gilt heute als eine Sehenswürdigkeit, die zu bewundern viele Leute von weither kommen. Neben der Kirche steht auch das moderne Kriegerdenkmal: Eine trauernde Frau vor einem sargförmigen Fels mit den Namen der Gefallenen, dahinter eine riesige Opferschale (wir sind im Waldviertel, im Land der Schalen- und Opfersteine).

Weniger bekannt ist Josef Elters Kriegerdenkmal in Dorfstetten (wo wesentlich weniger Leute hinkommen). Auch dieses Denkmal besteht aus drei Teilen. Eine Frauengestalt, die ein Kind umklammert und an den Leib drückt als etwas Kostbares, das sie nie und nimmer hergeben möchte. Aber sie hat es dann doch hergeben müssen und auf einem sargförmigen Felsen liegt ein gefallener Soldat. Daneben ragt eine riesige Hand aus dem Boden ...

Diese Hand beeindruckt am meisten. Für den Künstler ist sie die »Vergegenwärtigung der Heilskraft des Schöpfers«. Auch für Michelangelo ist auf seinem Sixtinischen Deckenfresko von der Erschaffung Adams die Hand Gottes der Lebensspender . . . die Hand, die alles gibt und auch alles wieder nimmt . . .

Das Waldviertel ist das Land der Granitrestlinge; manche davon haben ganz seltsame Formen. Vor den Steinplastiken des Bildhauers Josef Elter hat man das Gefühl, als seien sie ebenfalls solche Naturgebilde, bei denen eine Menschenhand nur ein wenig nachgearbeitet hat.

»Die Bierglocke« von Heidenreichstein

Die primitivste Art, eine bestimmte/besondere Stelle zu bezeichnen ist, daß man ein Stück Holz in den Boden steckt. Holzpfähle markierten einst auch das Zentrum eines Ortes; ab dem 15. Jahrhundert wurden sie durch Steinsäulen ersetzt. In dieser Zeit hatten sie in unseren Zonen auch schon ihre bestimmte Funktion als Pranger.

Er war ein Symbol der Gerichtsbarkeit und auch Marktgerechtigkeit sowie Vollzugsort für öffentliche Ehrenstrafen (aber nicht von Todesurteilen). An ihm hingen auch die Steinkugeln, Bag- (= Zank)steine genannt, die zänkische Frauen tragen mußten; und bekrönt wurde der Pranger sehr oft von einer Ritterfigur, dem Roland, oder, wie man ihn auch respektlos nannte, dem »Prangerhansl«. Am Pranger von Heidenreichstein ist außerdem noch eine »Bierglocke« angebracht.

Wenn einst die Bierglocke geläutet wurde, war für die Gasthäuser die Sperrstunde gekommen. Sie schlug in fast allen Orten im Sommer um 9 Uhr, im Winter bereits um 8 Uhr. Die Glocke hing meist im Kirchturm – so wie in Wien, wo im Stadtrecht des Jahres 1340 eine Glocke auf dem linken Heidenturm von St. Stefan erwähnt wird, mit der das Zeichen zum Schließen der Schenken gegeben wurde. In Heidenreichstein hing sie am Pranger.

Dieser Pranger wurde 1688 an der Stelle einer Holzsäule errichtet, an der bereits eine Bierglocke gehangen sein muß, weil in der Chronik von derem Diebstahl im Jahre 1656 durch kaiserliche Soldaten berichtet wird. 1840 wurde der alte Pranger durch einen neuen ersetzt. Den »Prangerhansl« hatte man damals weggeworfen; er wurde erst später wiedergefunden und liegt jetzt neben der Kirche; der heutige Roland wurde 1955 auf die Säule gesetzt.

Der Anblick der Bierglocke stimmt viele Besucher Heidenreichsteins nachdenklich . . . die gute alte Zeit mit ihren zeitigen Wirtshaussperrstunden und der Bevormundung durch die Obrigkeit . . war diese Zeit wirklich so gut?

Der Heimatforscher Rupert Hauer hatte einmal die alten Gesetzbücher daraufhin durchgesehen, welche Strafen einst die Übertreter von Sperrstunden erwartet haben. Sie waren verschieden: Meist waren es Geldstrafen für Wirt und Gäste; es konnten aber auch die stillen oder lauten Zecher in »Stockh unnd eysen« gesetzt werden, in Langenlebarn die Burschen »allenfalls gar unter die Soldaten gegeben werden«.

Wie kommt es aber – so fragen wir jetzt –, daß man in Schilderungen aus vergangenen Zeiten so oft von in Wirtshäusern durchzechten Nächten lesen kann? Wie konnten bei diesen frühen Sperrstunden vom Wirtshaus nach Hause gehende Männer dann zur Mitternachtsstunde der Wilden Jagd, dem Hehmann und anderen Gespenstern begegnen?

Rupert Hauer konnte bei seiner Durchsicht der Gesetzbücher noch die interessante Feststellung machen, daß die Bezeichnung »Bierglocke« auch in Weingegenden üblich war . . . »Es soll auch kein weinschenk über die pierglockenzeit wein ausgeben«. So wie ihr Name also mehr ein Synonym war, so dürfte auch das Gebimmel der Bierglocke eher symbolisch dafür gewesen sein, daß in diesem Ort nicht nur Recht und Ordnung, sondern auch Zucht herrschen . . .

Ein heutiger Gastwirt aus Heidenreichstein formulierte das alles wesentlich simpler: »Von allen vierundzwanzig Stunden des Tages ist die Sperrstund'die längste, die wird gedehnt wie ein Gummibandl. So wird's auch schon anno dazumal g'wesen sein!«

»Das Steinerne Weib« von Wolfsegg

Zwischen Wultschau und Harbach steht ein Marterl, das sich durch seine Urtümlichkeit von den vielen anderen des Waldviertels auffallend unterscheidet. Man nennt es »Steinernes Weib«, und über seine Entstehung werden drei verschiedene Geschichten erzählt:

● Es erinnert an eine junge Frau, welche im Jahre 1664 an dieser Stelle von Wölfen zerrissen worden ist. (Nach der Sterbematrik der Pfarrei Weitra wurde am 30. September 1664 die 37jährige Agnes Waidel aus Wultschau von Wölfen zerrissen und am 2. Oktober neben der Kirche in Weitra begraben.)
● Es ist eine Frau, welche an einem Sonntag Gras sichelte und wegen dieses Feiertagsfrevels zu Stein wurde.
● Es ist eine wegen Grenzsteinversetzung zu Stein erstarrte Frau.

Man weiß nicht, wann dieses »Steinerne Weib« entstand. Man hat in ihm schon eine awarische Steinstele erkennen wollen, es wurde aber auch über seine Ähnlichkeit mit prähistorischen Menhiren diskutiert. Man sah in ihm ein Unikum.

Im Jahre 1982 war der Volkskundler und Experte für Flurdenkmäler Dr. Emil Schneeweis auf einer Feldforschungscampagne im Waldviertel und erfuhr bei einer Befragung, daß es im Walde bei Wolfsegg ebenfalls ein »Steinernes Weib« gäbe. Über die Entstehung erzählte man ihm:

● Es ist eine Frau, welche zu Fronleichnam oder Pfingsten Gras gesichelt hatte und zur Strafe dafür mitsamt der Sichel versteinerte. In einem Sprung an der Seite des Steins will man die Sichel erkennen.
● Es ist eine Frau, welche zu Fronleichnam oder an einem Feiertag Gras gestohlen hat und daraufhin zu Stein wurde.

In einem kleinen Kaufmannsladen von Wolfsegg wollte ich erfahren, wo dieses »Steinerne Weib« zu finden wäre. Die anwesenden Frauen (die ich beim morgendlichen Einkaufsplausch gestört hatte) sagten es mir. Doch eine fragte: »Was wollen Sie denn dort? Da geht man doch nicht hin!« Warum nicht? Darauf wußte die Frau keine Antwort.

Das »Steinerne Weib« steht in einem dichten Wald, etwa vierzig Meter neben einer Landstraße. Es steht an keiner markanten Stelle und es führt auch nicht der schmalste Pfad zu ihm hin. Es ist ein Granitblock, wie sie zu Tausenden im Waldviertel herumliegen . . . dieser allerdings liegt nicht, sondern steht aufgerichtet da.

Er gleicht einem unförmigen urtümlichen Lebewesen . . . und er hat ein Gesicht! Ist es ein männliches oder ein weibliches Gesicht? Man kann es nicht erkennen. Aber es gleicht frappant dem Gesicht des »Steinernen Weibes« bei Wultschau.

Vor Entdeckung dieses Steindenkmals bei Wolfsegg konnte man in dem Marterl von Wultschau auch nur ein etwas ausgefallenes Werk eines originellen Bildhauers erkennen. Jetzt muß man auch nach anderen Vergleichsbeispielen suchen. Und die gibt es.

In dem 1955 erschienenen Werk »Die Menhire in Mitteleuropa« zeigt der Autor Horst Kirchner auch drei Fotos von Menhiren aus der benachbarten Tschechoslowakei, die verblüffend unseren Waldviertler Steinen gleichen. Es sind dies: »Der steinerne Mann« bei Klobuky, »Die verwunschene Magd« bei Březno, »Der verwunschene Mönch« bei Drahomyšl. Von diesem wird erzählt, daß ein Gutsverwalter aus dem drei Meter hohen Stein einen Tränketrog machen lassen wollte – doch bei jedem Meißelhieb sei Blut aus den Schlagflächen geflossen. In den Sagen erscheinen Menhire nie als leblose Steine, sondern zumeist als versteinerte Menschen (Menhir als Sitz der Seelen von Verstorbenen).

1959 legte das Prager Archäologische Institut in Libenice bei Kolin eine keltische Kultstätte (aus der Zeit um 300 v. Chr.) frei, in deren Zentrum das Grab einer etwa 50jährigen Frau war. Ohne Zweifel bestand ein Zusammenhang zwischen dieser Bestattung und dem Heiligtum. Bei dieser Ausgrabung wurde auch eine ca. 2 Meter hohe, unten 1 Meter breite und sich nach oben verjüngende Steinstele gefunden, deren Spitze durch schräge Einschnitte bearbeitet worden war. Ein Gegenstück zu unseren »Steinernen Weiberln«!

Etwas kleiner, aber ebenfalls gleich in der Form, ist eine Stele, die vor kurzem aus den Mannersdorfer Gräberfeldern geborgen worden ist. Da an diesem Ausgrabungsplatz hallstattzeitliche und bronzezeitliche Bestattungen dicht nebeneinander lagen, ist noch unbestimmt, welcher Zeit dieser Fund zuzuordnen ist. (Siehe auch S. 199.)

Der Entdecker des »Steinernen Weibes« von Wolfsegg, Emil Schneeweis, erkennt jedoch in der Deutung solcher Steindenkmäler als Menhire »von vornherein irrige Anschauungen«, weil das – nach Univ. Prof. Richard Pittioni – »in unseren Regionen überhaupt unzulässig ist«. Ist es das?

In den »Horner Schriften zur Ur- und Frühgeschichte (1983-

1984)« weist Hermann Mauer in Hinblick auf die Entdeckung des
zweiten »Steinernen Weibes« bei Wolfsegg auf ein Gedicht des
Waldviertlers Robert Hamerling (1830-1893) hin, das vermuten
läßt, daß dem Dichter solche Steinplastiken bekannt waren:

> »Was ragt da für ein wunderlich geformter
> Felsblock empor im dichtesten Gestrüpp?
> Doch nein, kein Felsblock ist's, den die Natur
> Geformt in einer wunderlichen Laune.
> Ein Menschenbildwerk scheint's, roh zubehauen
> In Vorzeittagen, das, mit Moos umkleidet,
> Unkenntlich, wieder zur Natur geworden!«

Das »Steinerne Weib« von Wultschau steht unterhalb des Dammes der neuen
Straße Weitra-Wultschau-Harbach und am Rande des alten von Wultschau nach
Harbach führenden Sträßleins.

Das »Steinerne Weib« bei Wolfsegg erreicht man von der Straße Vitis-Heiden-
reichstein. Knapp vor dem See bei Haslau zweigt eine Straße nach Wolfsegg ab.
Dieser folgt man bis zum Kilometerpfahl 0,2 und gegenüber von diesem ca. 60
Schritte hinein in den Wald und zu dem Stein.

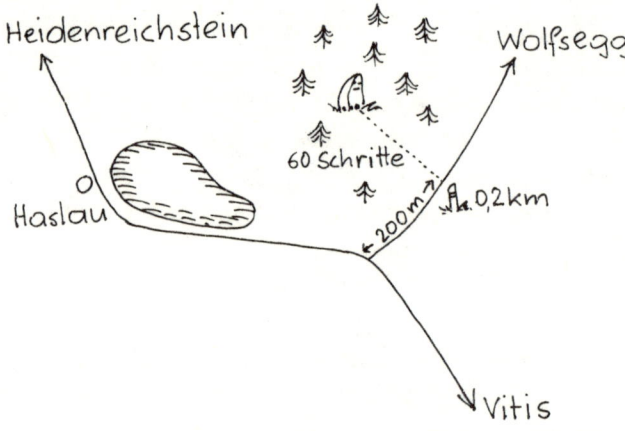

Der zu Stein gewordene Tempelritter
von Eibenstein bei Drosendorf

Der Sage nach ist Burg Eibenstein von den Tempelrittern erbaut
worden. Sie scheinen überhaupt viel hinterlassen zu haben, diese
Templer . . .

. . . die Rundkapelle von Petronell wie die Kirche von Schöngrabern mit ihren Reliefs (kein Geringerer als der berühmte

Orientalist und Gründer der Akademie der Wissenschaften zu Wien Freiherr von Hammer-Purgstall machte im Jahre 1818 diese Zuschreibung) . . .

. . . in Kronberg ein unterirdisches Heiligtum . . .

. . . und an vielen Kirchen die steinernen Baphometköpfe (Idole, denen die Templer magische Kräfte zugeschrieben haben sollen) . . .

. . . und außerdem noch alles und jedes, was seinerzeit als rätselhaft erschien. Man erzählt von Gassen, deren Pflaster rotgefärbt waren vom Blut ermordeter Templer, von Häusern, in denen sie Orgien gefeiert, und von unterirdischen Gewölben, in denen sie ihre Schätze versteckt haben sollen. Man erzählt soviel Sagenhaftes von den Templern, daß man fast schon fragen möchte, ob es sie wirklich gegeben hat . . .

Es gab sie. Sie waren Angehörige eines Ritterordens, der im 12. Jahrhundert in Frankreich zum Schutze der ins Heilige Land ziehenden Pilger gegründet wurde. Ihren Namen bekamen die Mönchsoldaten vom Sitz ihres Großmeisters auf dem Platz des einstigen Salomon-Tempels zu Jerusalem. Nachdem der Orden durch seine Privilegien rasch reich geworden war, bekam er Feinde. Unter dem Vorwurf, Schwarze Magie und Unzucht zu treiben, wurden in Frankreich viele Templer hingerichtet, und 1312 löste der Papst den Orden auf.

In ganz Deutschland, Böhmen, Mähren und Österreich gab es aber zur Zeit der Aufhebung kaum mehr als 200 Mitglieder des Ordens. Und diese wurden nicht ermordet.

Urkundlich nachweisbar sind in unserem Gebiet die Templer nur mit kleineren Besitzungen bei Schwechat, Fischamend und Rauchenwarth, die sie im Jahre 1309 verkauften. Die Wiener Stadtteilbezeichnung im 13. Jahrhundert »Unterm Tempelhof« läßt vermuten, daß die Templer dort (nahe des Dominikanerklosters) ein Gebäude besaßen.

Wesentlich interessanter als die eher bescheidene Geschichte der Templer in unserem Lande ist die Entstehung der »Templer-Manie«. Nachdem sich die Erzählungen von ihrem Reichtum und ihrer blutigen Verfolgung weiterverbreitet hatten, wurden dann auch bei uns viele Schatz- und Mordgeschichten »vertemplert«. Später kam es auch zu Verwechslungen mit anderen Ritterschaften wie Templaisen, Georgsrittern und Johannitern, und natürlich benützten auch die Freimaurer des 18. Jahrhunderts die Templer zur

Hebung ihres Ansehens, indem sie sich als deren Nachfolger gaben. Vor allem aber nährten die alten Steinmetzzeichen, die romanischen Reliefs mit ihrer Symbolik und die Baumeister- und Dämonenköpfe an den Kirchen den Templerismus – man verstand sie nicht und hielt sie deswegen für Werke der Templer. Im 19. Jahrhundert sind die Tempelritter dann voll und ganz zu den Trägern mittelalterlicher Mystik geworden.

Wiesehr aber auch noch in unserem 20. Jahrhundert der Templerismus fortlebte, beweist eine Fußnote in dem 1923 erschienenen Büchlein von Anton Mailly »Der Tempelherrenorden in Niederösterreich«. Im Hinblick auf die romanischen Steinköpfe an den Kirchen, die lange Zeit als »Baphomet-Köpfe« der Templer interpretiert wurden, schreibt der Autor: »Zur Verhütung künftiger Baphometentdeckungen sei hier vermerkt, daß der Steinkopf an der Stützmauer der Kirche von Rodaun einem heiligen Johannes von Nepomuk angehört hat, der noch vor etwa 30 Jahren auf der Breitenfurterstraße den Wanderern seinen himmlischen Schutz bot.« – (Auch meine Phantasie hatte dieser geheimnisvoll wirkende Steinkopf im Gemäuer schon lange beschäftigt, und ich war schon etwas enttäuscht, als ich erfuhr, daß er von einem »Böhmischen Herrgott« stammt!)

Der Sage nach ist also auch Burg Eibenstein von den Tempelrittern erbaut worden. Und ein unterirdischer Gang verband die Burg mit dem »Templerhaus« in Drosendorf, wo ein gar schrecklicher Templer seine Gelage und Orgien veranstaltete. Als er dort wieder einmal eine Jungfrau geschändet hatte, stürmten die erzürnten Bauern die Burg und steckten sie in Brand. Als der aus Drosendorf heimkehrende Templer die Flammen sah, wurde er vor Schreck zu Stein.

Dieser »Schreckenstein« befindet sich in der Mitte des etwa 2 Kilometer langen Straßenstückes Primmersdorf-Eibenstein. Deutlich ist an dem Felsen das Profil eines behelmten Kopfes mit einer Riesennase erkennbar – ein Spiel der Natur, ein Naturwunder, schon generationenlang ein Wahrzeichen dieses Gebietes.

Vor kurzem (1981) ist in Deutschland ein großformatiges und umfangreiches (484 Seiten) Werk erschienen mit dem Titel »Europas Kultur in Groß-Skulpturen. Urbilder/Urwissen einer europäischen Geistesstruktur«. Darin stellt die Autorin Elisabeth Neumann-Gundrum die Hypothese auf, daß alle Menschenköpfen ähnelnde Felsbildungen keineswegs Naturspiele sind, sondern –

Links: Zehentwaage im Schloß Seisenegg
– Oben: Der Beichtstuhl mit Schlitz für
den Einwurf des Beichtpfennigs in Ober-
hautzenthal – Unten: »Das Narrenhäus-
lein« in Bockfließ

Siehe ſtill Wanderer.
Dan die Erden worauf du ſtehſt
Iſt ſo früchtbar an Wundern
als Trauben.
Wiſſe:
Hier hat MARIA THERESIA Königin
mit Dero Gemahl Francisco
Stephano grossherzogen,
Die Hande,
Welche die Geburt mit Sceptern
Tugend u Flies mit Lorber getiſt
Zu den Traubenſamten
u allen muheſame verichtunge
Des Mein Loſens erniedriget
Im Jahr 1743.

Links oben: »Der Stock im Eisen« von
Waidhofen/Ybbs – Rechts oben: Inschrift
am Maria Theresien-Obelisk in Mannersdorf – Rechts: Groteskes Relief an der
Brunnenpyramide in Stift Göttweig

Vorangegangene Seite: »Der Kanzel-
stemmer« in der Kirche von Krenstetten –
Folgende Seite: Das Badehaus von
Schloß Salaberg

unter Nutzung naturgegebener Gesteinsformen – von Menschen geschaffen wurden – und das am Ende der Altsteinzeit, also vor rund zehntausend Jahren.

Als Beispiele für diese Hypothese werden vor allem Felsköpfe aus dem norddeutschen Raum gezeigt, aber auch zwei aus den Alpen: der Kalmbergkopf bei Bad Goisern und der Menschenkopf in der Breitachklamm im Allgäu. Die Autorin sieht in den Köpfen »Hervorbringer-Wesen«, die ihre Geschöpfe ausatmen, »Atemgeburt« sei die Bezeichnung des Bildgeschehens.

Das klingt alles sehr gescheit, doch leider versäumt die Autorin, konkrete Angaben über die Entstehung der »Großskulpturen« zu geben. Immerhin hat der Menschenkopf in der Breitachklamm eine Höhe von 50-60 Metern; um daran Bearbeitungen vorzunehmen, müßten die Steinzeitmenschen außer einer soliden Haltevorrichtung auch ein sehr belastungsfähiges Seil von mindestens dieser Länge gehabt haben – und das konnten sie zu dieser Zeit noch nicht herstellen.

Der steinerne Templer in der stillen Thayaschlucht darf also auch noch weiterhin ein Templer bleiben.

Der Ritterkopf bei Eibenstein. Skizze von Franz Kießling aus seiner Broschüre »Die drei Thayaburgen Buchenstein, Eibenstein, Unter-Thurgau«, Wien 1895

Die Steinköpfe von Strögen

Strögen ist eine kleine Kirchsiedlung bei Horn. Urtümlich schaut die Kirche aus, und rundum wurden auch urzeitliche Funde gemacht. In dem wuchtigen Turm sind drei Steinköpfe mit maskenhaften Gesichtern eingemauert. Sie sehen sehr alt aus. Aber, wie alt? Das ist die noch offene Frage.

Steinköpfe an der Außenseite von (meist romanischen) Kirchen sind keine Seltenheit. Sie galten als Abwehrzauber, der vom Gotteshaus alles Böse fernhalten sollte. Als sich später diese Vorstellungen verloren, entstanden allerlei Sagen um die Köpfe. In Oberkirchen (bei Groß-Gerungs) hatte – zum Beispiel – ein Riese versprochen, innerhalb von drei Tagen eine Kirche zu bauen. Als Lohn beanspruchte er eine schöne Jungfrau. Als dann der Riese die Kirche schon innerhalb von zwei Tagen fast fertig hatte, aber keine der Jungfrauen Frau Riese werden wollte, bat man Gott um ein Wunder. ER ließ über Nacht alle Brunnen austrocknen und Bäche versiegen – der Riese konnte keinen Mörtel anrühren und stürzte sich in seiner Verzweiflung vom Turm herunter. Daran soll der Riesenkopf am Turm erinnern.

Fast alle diese Steinköpfe entstanden zur Zeit des Kirchenbaues. Doch manchmal mauerte man auch in der Umgebung der Kirche gefundene »Heidenköpfe« ein, von denen man sich eine besondere Abwehrkraft erwartete. Aus diesem Grund ahmte man aber auch in der Zeit der Romanik bei solchen Köpfen den Stil der »Heiden« nach – und das macht die Sache so kompliziert.

Sind die Köpfe von Strögen romanisch, awarisch oder keltisch?

Eine im Jahre 1905 bei Großburgstall (nahe von Strögen) gefundene Steinfigur ist heute im Höbarthmuseum in Horn ausgestellt. Der Kopf dieser Figur gleicht den drei Strögener Köpfen, und darum spielt sie ebenfalls mit beim großen Rätselraten um ihr Alter. Auch das Alter dieser »Stele von Großburgstall« ist umstritten – wiesehr, das zeigt eine von Hermann Maurer/Horn festgehaltene Forschungsgeschichte:

1905: Die Figur wird von F. Endl als Grabstele aus der Latènezeit bezeichnet. Mathäus Much hält sie eher für mittelalterlich.
1925: Anton Hrodegh sieht in ihr ein keltisches Idol.
1933: Josef Bayer hält sie für mittelalterlich.

1930, 1937: Richard Pittioni glaubt an eine Steinstele der Latènezeit, allerdings mit Fragezeichen.

1941: G. Riek: Hallstattzeitlich

1957: Hans Mitscha-Märheim hält sie für awarisch.

1968: H. Müller-Karpe: Hallstattzeitlich

1976: Herwig Friesinger hält die Köpfe von Strögen für mittelalterlich, die Steinfigur von Großburgstall hingegen eher für
hallstattzeitlich.

Hermann Maurer meint am Ende dieser Zusammenfassung, daß
neben der Urgeschichte auch andere Wissenschaften zur Behand-
lung des Problems beigezogen werden müßten, z. B. die Volkskunde. Der Volkskundler Emil Schneeweiß fotografierte mit einer
Spezialkamera die Köpfe von Strögen – und hält sie eher nicht für
romanisch. Eher schon für romanisch hingegen hielt sie der Landeskonservator des Bundesdenkmalamtes Franz Eppel. Bei diesen
verflixten Steinköpfen bringt auch ein Mehr an Fachleuten nur ein
Mehr an verschiedenen Meinungen.

Die Kirche von Strögen ist im Kern romanisch; später wurde sie
von den Hussiten wie auch von protestantischen Rebellen zerstört,
aber immer wieder instandgesetzt. Heute ist sie mit dem Friedhof
und der Wehrmauer rundum eine kleine stille Insel weit weg aus
dieser Zeit – obwohl die vielbefahrene Bundesstraße Wien-
Schrems nur wenige hundert Meter an ihr vorbeiführt.

Als wir wieder einmal zu den Köpfen am Turm aufschauten,
kam eine Bäuerin in den Friedhof, um – wie sie sagte – »nachzu-
schauen, wie es der Mutter geht.« Uns fragte sie: »Gefallen euch
unsere Wettermandln?«

Wettermandl? Ich war wie elektrisiert von dieser Benen-
nung . . . uralter Wetterzauber?

»Was tun diese Wettermandln?«

»Sie schauen nach dem Wetter!«

»Und?« – Ich wollte mehr erfahren. Vielleicht lag in einer alten
Überlieferung oder Sage ein Schlüssel zu dem Geheimnis der drei
Steinköpfe.

»Das ist alles! Sie schauen nach dem Wetter. Aber das Wetter
wird dann eh so, wie's halt werden will!« sagte die Frau und begann seelenruhig die Blümchen auf dem Grab ihrer Mutter zu gießen.

Der Hirsch von Walkenstein

Sankt Hubertus ist der Patron der Jäger. Er soll sogar ein derart fanatischer Jäger gewesen sein, daß er auch am heiligen Sonntag jagen ging – bis ihm dann ein Hirsch erschien, der ein Kreuz zwischen seinen Geweihstangen trug. Die gleiche Legende wird allerdings auch von St. Eustachius erzählt, der durch die Erscheinung eines solchen Hirsches vom römischen Offizier (unter Kaiser Trajan) zum christlichen Märtyrer geworden sein soll.

Hubert war der erste Bischof von Lüttich und starb im Jahre 728. Zuerst in St. Peter zu Lüttich beigesetzt, fand er später im Kloster Andain in den Ardennen (jetzt Abtei St. Hubert) seine letzte Ruhestätte. Als Schutzpatron der Jäger wird er nachweisbar bereits im 9. Jahrhundert verehrt, und zwar nicht, weil er ein eifriger Jäger war, sondern – ein kluger Missionar! Bei der Christianisierung der waldreichen Ardennen hatte er das noch immer der heidnischen Jagdgöttin Diana dargebrachte Opfer in ein Opfer an St. Petrus umgewidmet. Doch bald nach dem Tode des Bischofs brachten dann die Jäger lieber ihrem Hubertus das Opfer dar und nicht mehr dem Petrus im fernen Rom.

Am Fuße des Schloßberges von Walkenstein liegt in einem Hausgarten ein mächtiger Felsblock, den man Anfang des 18. Jahrhunderts zur Bühne für eine Darstellung der legendären Begegnung von St. Hubertus mit dem Hirschen gemacht hat. Landeskonservator Franz Eppel bezeichnete diese Figurengruppe auf dem Felsen als »in ihrer Art einmalig für Niederösterreich«.

Anscheinend hatte der Bildhauer noch nie in seinem Leben einen Hirsch aus der Nähe gesehen. Um aber ein möglichst imposantes Tier zu gestalten, hat er ihm einen mächtigen Pferdeleib mit (jetzt abgebrochenem) buschigem Schwanz verpaßt, und irgendwie unmotiviert erscheint nunmehr das diesem Schmunzelmonster aufgesetzte Geweih . . .

Sankt Kümmernis in Retz

Im Kreuzgang des Dominikanerklosters in Retz ist noch eine Holzplastik der St. Kümmernis zu sehen – einer gekreuzigten Frau mit Bart, jener seltsamen Heiligen, die es nie gegeben hat . . .

Die Legende: Kümmernis – oft auch Wilgefortis genannt – war die Tochter eines heidnischen Königs und heimliche Christin. Als der König sie mit einem heidnischen Fürsten verheiraten wollte, wuchs ihr auf ihr Gebet ein langer Bart. Darauf verzichtete der Fürst auf die Jungfrau, und der zornige Vater ließ sie kreuzigen. Um ihre Schmerzen zu lindern, spielte ein Musikant am Fuße des Kreuzes, zum Dank warf ihm Kümmernis einen ihrer goldenen Schuhe zu . . .

In der Barockzeit war die Kümmernis eine der beliebtesten Heiligen im deutschsprachigen Raum, als Nothelferin wurde sie sogar mit dem großen Viehpatron auf eine Stufe gestellt und so »Weiber-Leonhard« genannt. Weniger Freude hatten mit ihr die Bollandisten (Mitglieder der jesuitischen Arbeitsgemeinschaft zur Herausgabe von Heiligenlegenden); einer von ihnen klagte im Jahre 1724: »Ich befinde mich in einem Labyrinth, aus dem ich keinen Ausweg finde«.

Während des ganzen 19. Jahrhunderts wurden die gelehrten Auseinandersetzungen um die gekreuzigte Frau mit Bart fortgesetzt. Das Volk kümmerte sich nicht darum. St. Kümmernis übrigens auch nicht, denn es wurden noch recht viele Votivbilder gestiftet, mit denen der Nothelferin innig gedankt wurde. Erst mit dem 1934 erschienenen Werk »Sankt Kümmernis und Volto santo« konnten die beiden Autoren Gustav Schnürer und Joseph Ritz Klarheit schaffen; auf 342 Seiten im Großformat trugen sie in detektivischer Kleinarbeit Material zusammen, um die Heilige endgültig zu entlarven.

Die Fakten: »Volto santo« (= heiliges Antlitz) wird ein zweieinhalb Meter hohes Kruzifix im Dom von Lucca genannt, das – der Legende nach – Nikodemus (der Bestatter Jesu) eigenhändig geschnitzt haben soll. Später wurde die Holzfigur mit kostbarem Gewand und Schuhen bekleidet – und es entstand auch die Legende von dem Musikanten am Fuße des Kreuzes Christi. Im Mittelalter war der Kult um den »Volto santo« im Abendland weit verbreitet, und in den Niederlanden geschah dann um 1400 etwas Mysteriöses. Entweder aus einem Mißverständnis um den Gekreuzigten in langem, wallendem Gewand oder aber um eine weibliche Gekreuzigte (Muttergöttin, Nothelferin) zu schaffen, entstand die Legende um die christliche Heroine Virgo fortis, aus dem dann Wilgefortis wurde oder auch Ontkommer (= Entkümmern) – unsere Kümmernis.

Mit dem Fortschreiten der Aufklärung wurden auch die Zweifel
an dieser Heiligen immer stärker, und schließlich wurde sie in unserem Jahrhundert endgültig eliminiert. Alle Kümmernisdarstel-
lungen – Ölbilder, Plastiken, Votivbilder – wurden aus den Kirchen und Kapellen entfernt, und jede bis heute noch erhaltene ist
daher als eine ganz besondere Rarität zu werten.

Die Kümmernis von Retz befand sich bis in die dreißiger Jahre
unseres Jahrhunderts in einer ursprünglich sehr schönen und jetzt
durch Restaurierung leider perfekt verschandelten Barockkapelle
auf der Kuppe oberhalb des Klosters (nahe den berühmten Wind-
mühlen). Noch heute heißt sie »Kummer-Kapelle« – obwohl nun
auch schon recht lange ein »richtiger« Christus in ihr hängt.

Die Kümmernis im Retzer Dominikanerkloster ist ein gutes
Werk barocker Volkskunst. Trotz des Bartes ist das Antlitz der
Gekreuzigten anmutig; unter dem buntbemalten Prunkgewand
wirkt der (vom verschenkten Schuh) entblößte Fuß fast kokett.
Kümmernis war des Volkes Liebling, weil sie seine Phantasie als
etwas Außergewöhnliches bewegte; sie war ein Stück verkörper-
ter Poesie.

Im Heimatmuseum Neunkirchen ist noch eine späte St. Kümmernis zu sehen: Sie
stammt aus der Kirche von Schwarzau/Steinfeld und ist keine Plastik, sondern ein
nach dem Kirchenbrand von 1864 gemaltes Ölbild.

Pulkautal: Die Bildstöcke mit den Menschenköpfen

»In weiten Bereichen der Volkskunde gilt für unsere Generation,
daß sie die erste und zugleich die letzte ist«, schrieb der 1976 verstorbene Hobby-Volkskundler Walter Berger kurz vor seinem Tod.
»Die erste Generation, welche den kulturellen, geistigen Wert des
Materials in seinem Umfang erkennt . . . und zugleich die letzte
Generation, welche dieses Material noch zur Verfügung hat.« – Im
nördlichen Weinviertel hat Berger etwas recht Interessantes entdeckt.

Unter den etwa 4000 Bildstöcken des Landes Niederösterreich
gibt es dort ein Dutzend aus der Zeit um 1500, bei denen am Ende
des Schaftes vier in verschiedene Himmelsrichtungen schauende
Steinköpfe angebracht sind (in Diepolz, Gaubitsch, Großharras,

Großkadolz, Haslach, Ketzelsdorf, Nappersdorf, Pernegg, Pernersdorf, Seefeld, Untermarkersdorf und Wullersdorf).

Steinköpfe an Kirchen, aber auch an Bauernhäusern, Scheunen und Tierställen (in den Alpentälern Piemonts) gelten als Abwehrzauber gegen alles Unheil. Man sieht darin ein Erbe der Kelten, welche die abgeschnittenen Köpfe (Têtes coupées) ihrer Feinde aus dem gleichen Grund an der Außenseite der Tempel befestigten. Die Köpfe am Schaftende unserer Licht- und Bildstöcke »blockieren gewissermaßen die aus dem Boden aufsteigenden unheiligen Kräfte« schließt Berger. Er fand auch eine plausible Erklärung dafür, warum die in der Romanik so häufigen Abwehrköpfe (Neidköpfe) in der Spätgotik wieder aufscheinen: Es waren die unruhigen Zeiten, die in den Menschen wieder Erinnerungen an die alten Heilsymbole des Volksglaubens wachwerden ließen.

An den älteren Säulen wirken die vier Köpfe noch starr wie Totenmasken, an den jüngeren haben sie schon belebte Gesichter – man merkt die Zeitenwende zur Renaissance, in der auch der Mensch wiederentdeckt wurde. Ob die vier Köpfe die Vertreter der vier Stände (Adel, Geistlichkeit, Bürger und Bauer) darstellen, ist eine offene Frage.

Kein Problem hingegen ist für Walter Berger die Erklärung der Vierzahl . . . »Abgesehen davon, daß die Zahl Vier für alle Naturbereiche die gegebene Einteilungsgrundlage bildet – Weltrichtungen, Tages- und Jahreszeiten, Mondphasen, Elemente, Menschen- und Weltalter –, ist eben die naturgegebene Gestalt eines zimmermannsgerecht zugehauenen Baumstamms der vierkantige Block.«

Besonders schön ausgeführt ist die Lichtsäule in Diepolz. So wie viele Bildstöcke ist auch sie dem heutigen Verkehr »im Weg gestanden«, und man hat sie um einige Meter versetzt und bei dieser Gelegenheit auch restauriert. Jetzt steht sie in einer kleinen Grünanlage am Ortsrand an der nach Mailberg führenden Straße. Die Bewohner von Diepolz haben zu ihrer Lichtsäule schon immer eine besondere Beziehung gehabt . . . der an ihr angebrachte Name (Stiftername?) hat sie recht erheitert: »hanns urschprum«.

Auch in Großharras restaurierte man die Lichtsäule und strich von unten bis oben weiße Farbe dick darüber. Jetzt schaut sie aus wie ein »Weißer Riese«, aber von den Köpfen ist kaum noch etwas zu erkennen . . .

»Hoch lebe unser Taschenfeitelvereins-Obmannstellvertreter!«

Wir sahen die Tafel mit dieser Aufschrift vor einem Haus im Weinviertel. Es war im Mai – und die Tafel kein Aprilscherz. Fast vor jedem Haus stand eine Tafel, die einen Herrn Bürgermeister, Sparkassendirektor, Feuerwehrkommandanten (und sogar eine Frau Feuerwehrspritzenpatin) hochleben ließ. Und bei den Leuten ohne Titel hieß es einfach »Hoch lebe unser Sportsfreund«.

»Was ist ein Taschenfeitelverein?« fragten wir eine Frau, die im Nachbargarten Wäsche aufhängte.

»Da hat jeder einen Taschenfeitel!«

»Und?«

»Das ist alles!«

Oder fast alles. Solche »Feitelvereine« gibt es noch in vielen Orten Ostösterreichs. Mitglieder können nur Männer sein, und sie müssen ihren Taschenfeitel immer mittragen und dürfen ihn nicht herborgen, selbst dann nicht, wenn ihn der beste Freund dringend benötigt. Ein Mann soll sich von seiner Waffe nicht trennen. Man sieht in den »Feitelvereinen« ein Fortleben der uralten Männerbünde, eine Variation der Dorfburschenschaften.

Diese Dorfburschenschaften sind in unserem Weinviertel auch heute noch höchst lebendig – obwohl sie nach dem österreichischen Gesetz (in dem noch viel der Metternichschen Gesetze steckt) eigentlich als Geheimbund gelten müßten und also gar nicht bestehen dürften. Zu ihr gehören alle jungen Männer (ab ca. 16 Jahren) bis zu ihrer Verheiratung. Diese mehr oder weniger organisierten Vereinigungen werden auch Komitee oder – was sehr altertümlich klingt – Irken und Irten genannt (»Ürte« hieß im Mittelhochdeutschen Zechgemeinschaft).

Der heute schon sehr bekannte (weil sehr aktive) Volkskundler Werner Galler hat seine 1971 eingereichte Dissertation über »Die Burschenschaften des östlichen und mittleren Weinviertels« geschrieben. Als gebürtiger Weinviertler und Sohn des Wolkersdorfer Bürgermeisters hat er zu diesem Thema natürlich eine besondere Beziehung. Am Ende seiner Arbeit stellte er fest, daß diese Burschenschaften »Eine sehr bedeutende, wenn nicht die bedeutendste Stellung im kulturellen und sozialen (brauchtümlichen und gemeinschaftlichen) Leben des Dorfes einnehmen«. Und Galler ist fest davon überzeugt, daß die Burschenschaften – wenn auch in anderen Erscheinungsformen – noch im 21. Jahrhundert existieren werden. Von ihren Aktivitäten in unserer Zeit berichtet er viel Interessantes:

- So wird die Aufnahme in die Burschenschaft »Einkaufen« genannt. Dabei wird nichts unterschrieben, und es gibt keinen Mitgliedsausweis. Der Eingekaufte zahlt im Wirtshaus etwas – und gehört von da an dazu. Wenn er nicht heiratet, dann bleibt er ein Bursch, auch wenn er hundert Jahre alt wird, und die Burschenschaft begleitet ihn bis zum Grab.
- Stirbt ein lediger Bursch, dann gehen eine Schwarze und eine Weiße Braut beim Begräbnis mit, das als »seine Hochzeit« angesehen wird. Die Schwarze Braut (auch Trauerdame, Trauermädl genannt) versinnbildlicht den Todesengel.
- Die Burschenschaften sind nicht nur bei allen Festen (wie Hochzeiten, Sonnenwende, Erntedank, Kirchweihe u. a.) entscheidend dabei, sie entwickeln auch noch ihre Sonderaktionen. . . zum Beispiel in den Unruhe- oder Bosheitsnächten, in denen Fahrzeuge auf Hausdächer gestellt oder alles an Häusern nicht fest Fixierte auf dem Hauptplatz des Dorfes zu einem wüsten Haufen gestapelt wird.
- Die sogenannten Maitafeln haben erst in unserem Jahrhundert das Aufstellen von Bäumen vor den Häusern der Honoratioren abgelöst. Das Aufstellen einer Tafel verlangt weniger Zeitaufwand und bringt das gleiche Trinkgeld, außerdem kann man mit solchen Tafeln noch viel mehr Leute »ehren«. Die Irkenburschen kalkulieren beinhart.

Den Stellenwert der Burschenschaften in ihrer Gemeinde zeigt das Beispiel Unterstinkenbrunn. Daß der Ort noch immer so heißt, ist dem Willen der Burschenschaft zu verdanken, die gegen die beantragte Namensänderung war. Und was die Irken schon immer waren, erzählt der Weinviertler Dichter Lois Schieferl in seiner als wahr verbürgten Geschichte »Die Haugsdorfer Irken«. Sie ereignete sich an einem Kirtag im vergangenen Jahrhundert, an dem die prächtig geschmückten Burschen mit Musik durch die Straßen des Ortes zogen. Und da kam eine Kutsche daher . . . aber jetzt lassen wir den Dichter weitererzählen:
»In der Kutsche sitzen hinter dem Kutschbock mehrere Männer, schwarz und steif gewandet, richtige Stadtmenschen. ›Bessere‹,

wie man auf den ersten Blick sieht, und einer von ihnen muß der Anschaffer, der Höchste darunter sein, denn mit ihm gehen die anderen gar beflissen und ehrfürchtig um.

Dieser Mann also fährt breit auf der Straß' und weicht nicht aus. Und – man muß auch das bedenken – ist gar kein Haugsdorfer! Na, der kommt schön an. Ohne sich die geringste Weise zu bedenken, tun die Buben hin und erzählen dem Städtischen, der nicht weiß, was sich gehört, das Nötige.

Daß er sich halt nichts einbilde, sagen sie, vielleicht gar, weil er in einem noblen Kaleß daherfährt! Und er sei gar niemand, sagen sie, weil, heute wären sie da, die Kiritagbuben.

Also muß der Mann schön gefällig ausweichen und die Irken – so nennt man die Buben zusammen – die prächtige, allmächtige Irken zieht stolz und erprobt mit schmetternder Musik und gellenden Jauchzern weiter.

Ein paar Stunden später, als die Irkenbuben mit ihren Mädchen, den Irkenmentschern, schon im schönsten Tanzen und Vergnügtsein sind, da kommen auf einmal Schandarm an, fangen die Kampeln zusammen und nehmen sie vom Fleck weg auf Wien mit.

Und nach einer schönen Zeit müssen auch die ehrbaren Haugsdorfer Gerichtsmänner nach Wien hinunter – zum Statthalter.

Sie können ihre Kiritaghelden wieder haben, sagt der, aber sie müssen Vorsorg treffen, daß sich so eine Ungehörigkeit nicht mehr ereigne.

Der Mann, zu dem die Buben gemeint haben, er solle sich nur nichts einbilden und er sei gar niemand, derselbe Mann war nämlich Sr. Majestät, der Kaiser Franz Josef.«

Der Erdstall von Kleinweikersdorf

Erdställe – so werden jene unterirdischen Gangsysteme und Räume genannt, die bei uns vor allem im Mühl-, Wald- und Weinviertel vorkommen, und sonst noch in der Tschechoslowakei und Ungarn, in Süddeutschland, Frankreich und Spanien. Das Wort »Stall« hat dabei eine Bedeutung wie »Platz« oder »Raum«, und wenn von Erdställen die Rede ist, dann fehlt dabei auch nie das Wort »geheimnisvoll«. . .

Allgemein heißt es, daß sie Fluchtstätten bei Feindgefahr waren.

Tatsächlich gibt es alte Berichte, in denen solche Fluchthöhlen er-wähnt werden. Viele Erdställe befinden sich aber auch unter Wohnhäusern – und darin wären die Flüchtlinge elend erstickt, hätten die Feinde die Wohnhäuser in Brand gesteckt (was sie meist getan haben). Darum meint man auch, daß in den Erdställen nur Wertsachen und Lebensmittel versteckt wurden, was auch die kleinen Räume erklären würde, in denen man weder aufrecht stehen noch ausgestreckt liegen kann.

Diese Kammern sind meist nur mit Schliefröhren (Höhe 30-80 cm) miteinander verbunden, begehbare Gänge sind selten. In Erdställen kann man sich daher zumeist nur auf dem Bauch kriechend fortbewegen. In vielen gibt es auch Rundgänge – sogenannte Spindeln – und diese wieder erscheinen in einer Flucht- oder Depothöhle als vollkommen funktions- und sinnlos.

Diese Tatsache und auch die sehr sorgfältige Ausarbeitung der Röhren, Gänge und Kammern in diesen Anlagen hatten auch schon zur Vermutung geführt, daß die Erdställe Kultstätten waren. Aber welchen Kultes? Die ältesten in Erdställen gefundenen Scherbenreste stammen aus dem Mittelalter.

In Österreich war es Mathäus Much, der 1879 als erster Wissenschaftler in einen Erdstall hineinkroch. Der Benediktinerpater und Amateurarchäologe Lambert Karner (1841-1909) war von dieser Entdeckung so beeindruckt, daß er sich vornahm, »nun ebenfalls auf Erdställe zu fahnden«. Im Verlauf seines Lebens konnte er über 300 Erdställe lokalisieren. 1903 brachte er sein großformatiges und großartiges Lebenswerk »Künstliche Höhlen aus alter Zeit« heraus und wurde zuletzt nur noch »Höhlenpfarrer« genannt. Einer der ersten von Karner entdeckten Erdställe (im Jahre 1879) war der von Kleinweikersdorf.

Am Nordwestrand des Ortes erhebt sich (hinter dem neuerbauten Haus Nr. 33) ein kleiner Lößhügel, in den ein (heute schon wieder aufgelassener) Weinkeller eingeschnitten wurde. In ihm befindet sich der Einschlupf in unseren Erdstall, der besonders interessant wegen seiner in die Lößwände geritzten Inschriften aus dem 15.-17. Jahrhundert ist. Der Höhlenpfarrer hat diese Inschriften in vielstündiger mühevoller Arbeit (bei Kerzenlicht und auf dem Boden kauernd) kopiert. Und kaum wieder am Tageslicht angekommen, hat er auch recherchiert.

Ergebnis: Kleinweikersdorf war einst Gobelsburg zehentpflichtig, das dem Stift Zwettl gehörte. Darum also das Zwettler Wappen und die Mönchsnamen an den Wänden des Erdstalles. Der Höhlenpfarrer glaubte, daß Mönche aus Zwettl bei Kriegswirren in dem Erdstall ihres Wirtschaftshofes Zuflucht gefunden und sich dabei darin verewigt hatten. Er schreibt (in den »Mittheilungen der anthropologischen Gesellschaft« 1880, Nr. 11-12): »Dass diese Kammern erst von den Zwettler Patres ausgegraben wurden, stelle ich in Abrede. Sie sind entschieden älter, und fanden die flüchtigen Mönche dieselben schon vor. Das Kreuz jedoch an der Decke der Kammer B dürfte von denselben herrühren, denn die Balken des Kreuzes sind bei Weitem nicht so sorgfältig geglättet, als die Wände dieser und der übrigen Kammern und Gänge. Möglicherweise diente die mit dem Kreuze gezierte Kammer den Mönchen als Kapelle . . .«

Inschriften im Erdstall von Kleinweikersdorf, vom »Höhlenpfarrer« Karner angefertigte Kopien

Dazu eine Anmerkung: Hoch oberhalb der Kartause Gaming gibt es am Hang des Schwarzkogels die Kartauserhöhle. In einer Tropfsteinhalle, die nur durch einen ca. 8 Meter langen ganz engen Schluf zu erreichen ist, sind an den Wänden Verewigungen von Mönchen von 1512 bis zum Jahre 1792 (in dem das Kloster aufgehoben wurde) angebracht. Und weil viele der Jahreszahlen auch aus friedlicher Zeit stammen, nimmt man an, daß diese Höhle von den Mönchen als Meditationsstätte aufgesucht wurde, in der sie einige Zeit in wirklich vollkommener Finsternis verbrachten. Diese Meditationshöhle und der Erdstall von Kleinweikersdorf haben erstaunlich viel Gemeinsames.

Von diesem Erdstall erzählt man, daß er der Beginn eines unterirdischen Ganges gewesen sei, der bis in die (5 km weit entfernte) Mailberger Kapelle geführt hat. Doch jetzt ist der Gang zerstört, weil draußen auf dem Feld ein Bauer mitsamt den Pferden beim Pflügen in ihn eingebrochen ist. Überall, wo es Erdställe gibt, wird die Geschichte von einem langen Gang und einem eingebrochenen Pfluggespann erzählt. Solche langen Gänge hat es nie gegeben; es waren eingebrochene Erdstallgänge, welche zur Entstehung dieser Geschichten geführt haben.

Bei unserem ersten Besuch dieses Erdstalles (1972) waren die Inschriften noch völlig intakt gewesen, bei unserem zweiten Besuch (im Mai 1986) fanden wir sie schon etwas verwittert. Nach Auflassung des Weinkellers schadet nun die erhöhte Luft- und Feuchtigkeitszufuhr den zarten Sgraffiti im Löß.

In den mehr als zwei Jahrzehnten, die wir nunmehr schon auf Erdstall-Erkundungen unterwegs sind, haben wir uns schon daran gewöhnt, von den Landbewohnern für harmlose Narren gehalten zu werden, wenn wir in die »schiachen finsteren Löcher« hineinkrochen. Diesmal – im Mai 1986 – war alles anders. Kurz nach der Katastrophe im Atomkraftwerk Tschernobyl war in Kleinweikersdorf der alte Erdstall wieder interessant geworden. Vor allem: Der lange, geheimnisvolle Gang bis nach Mailberg beschäftigte erneut die Phantasie . . . den müßte man wieder ausgraben, und dann könnten alle in ihn hineinflüchten – »wenn einmal eine ganz große Atombombe kommt!«

Wer einen Erdstall besuchen will, darf keine Platzangst kennen! Und man wird sehr schmutzig dabei (ein Overall ist empfehlenswert). Zum Ausleuchten der Inschriften ist mildes Kerzenlicht am besten. Vor dem Besuch ersuche man den Grundstücksbesitzer um Erlaubnis.

Das Geheimnis der Römerziegel vom Oberleiserberg

»Göttlicher Ahn, Eticho-Wuotan! Kampfrunen send ich mit Deinem Ger durch alle Gaue und Lande der Deutschen! Krieg will ich tragen jenseits der Donau und ringend ersteigen den Ringwall von Rom!« – Das ruft einer der hehren germanischen Recken in dem 1888 erschienenen Roman »Carnuntum« von Guido List.

Historie ist stets auch Zeitgeschichte. In jener Zeit des euphorischen Deutschnationalismus (dem auch ein Victor Adler und ein Karl Lueger anhingen) und des Wagnerfiebers wurde auch Österreichs Vergangenheit recht einseitig gesehen: Römer und Germanen standen, nur durch die Donau getrennt, in abgrundtiefer Feindschaft einander gegenüber – und die Germanen waren die Guten.

Doch schon in den siebziger Jahren hatte der Vorgeschichtsforscher Mathäus Much (siehe S. 150) auf seinen archäologischen Streifzügen eine recht außergewöhnliche Entdeckung gemacht. Auf dem umwallten Plateau des Oberleiserberges fand er unter »Trümmern und Resten aller Art und aller Zeiten« auch römische Ziegelfragmente. Das große Rätsel: Wer hatte im Land der Germanen mit Römerziegeln gebaut?

Man wußte von Vorstößen der Römer in dieses Land. Das, was der Archäologe Much in seinen Überlegungen nicht ausschloß, nämlich daß die Römer auf der anderen Seite der Donau auch ein Kastell gehabt haben könnten – galt damals für viele der deutschtümelnden Geschichtsprofessoren fast schon als Ketzerei. Much führte aber auch Gegenargumente an: Es war nicht Gepflogenheit der Römer, Befestigungswerke auf den höchsten Punkten der Berge anzulegen. Außerdem hätte der Wassermangel auf dieser Höhe und mitten im Feindesland in beständigem Belagerungszustand jedes Verschanzungswerk illusorisch gemacht (Bericht in den »Mittheilungen der anthropologischen Gesellschaft«, 1874).

In den Jahren 1925, 1926 und 1928 fanden, jeweils drei Wochen lang, auf dem Oberleiserberg systematische Grabungen statt. Sie wurden von der Akademie der Wissenschaften, der Limeskommission, dem Unterrichtsministerium, der Nö. Landesregierung und dem Bundesdenkmalamt finanziert, und der von diesen honorigen Institutionen aufgebrachte Geldbetrag betrug, alles in allem, 1800 (eintausendachthundert) Schilling! Damals rechnete man noch mit jedem Groschen.

Ergebnis der Grabungen: 4000 Jahre lang haben Angehörige von mindestens fünf verschiedenen Völkergruppen auf dieser Hochfläche gewohnt. Und die Römer hatten innerhalb der vorgeschichtlichen Umwallung ein Kastell errichtet mit einem Steinbau darin (man hielt ihn für das Kommandantenhaus). Das Rätsel der Römerziegel schien gelöst zu sein.

Ausgrabungen ab dem Jahre 1976 haben auch Funde gebracht, die bis in das 4. Jahrtausend v. Chr. zurückreichen . . . »6000 Jahre Wohnberg Oberleis« heißt jetzt die im Erdgeschoß der Aussichtswarte zu besichtigende Dokumentation.

Einst stand auf dem Plateau auch eine im 11. Jahrhundert erbaute Kirche, die später Ziel von Wallfahrten war und deshalb, nach der Kirchenreform Josephs II., im Jahre 1787 abgetragen wurde. So wurde die unterhalb des Plateaurandes stehende Mauritiuskirche zum Ziel der weiterhin zum Oberleiserberg ziehenden Wallfahrer. Noch am Anfang unseres Jahrhunderts waren das alljährlich 3000-4000 Personen, und seltsame Bräuche sind von dieser ältesten Wallfahrt des Weinviertels überliefert.

So wurde vor dem Oberleiserberg noch der Buschberg erstiegen, der vom Volk »Bußberg« genannt wurde. Während des Aufstieges durfte kein Wort gesprochen werden, und niemand durfte sich umdrehen. Wer es dennoch tat, mußte wieder absteigen und den Aufstieg neu beginnen. Dieser Brauch war einst auch auf einer anderen Bergwallfahrt in einem ehemaligen Keltengebiet üblich, nämlich während des berühmten Vierbergelaufes in Kärnten beim Aufstieg zum Veitsberg. Dort sollte das Schweigen und Nichtumdrehen eine arme Seele aus dem Fegefeuer erlösen.

Nachdem die Wallfahrer die Kirche am Oberleiserberg erreicht hatten, verbrachten sie darin auch die Nacht. Das war ebenfalls Brauch; schon in vorchristlicher Zeit pflegte man Nächte in einem Heiligtum zu verbringen. – Der Oberleiserberg blieb auch dann ein besonderer Berg, als sich im Mittelalter der Mensch von ihm absetzte und in tiefer liegenden (und dem Wasser näheren) Gründen siedelte. Für die Landbewohner wurde er zum heiligen Berg.

Auf seiner Kuppe wächst heute Getreide, auf den alten Wällen steht hoch das Gras. Vor der Aussichtswarte ist der museal restaurierte Grundriß eines Gebäudes zu sehen – die meisten Besucher sehen darin nichts Besonderes. Aber er ist das Fundament jenes Römerbaues, dessen Ziegel dem Entdecker des Oberleiserberges so großes Kopfzerbrechen bereitet hatten . . .

Im Zuge der Ausgrabungen ab 1976 beschäftigte man sich wiederum mit diesem Bau, der nach den Grabungen in den dreißiger Jahren für das »Wohn- und Amtsgebäude des kommandierenden Zenturionen« gehalten wurde – und kam zu ganz neuen Forschungsergebnissen.

Jetzt wird der Bau als germanischer Fürstensitz angesprochen, der von römischen Militärhandwerkern erbaut und ausgestattet wurde. Das geschah freilich nicht aus Wohltätigkeit, sondern vielmehr, um das Wohlwollen und die Loyalität des Klientelfürsten zu erhalten. So sind die geheimnisvollen Römerziegel vom Oberleiserberg zu einem guten Beleg geworden für das respektable Alter eines Begriffes, der heute »Entwicklungshilfe« genannt wird.

Oberhautzenthal: Beichtstuhl mit Münzeinwurf

Von der Kirche Maria Himmelfahrt in Oberhautzenthal berichtet Monsignore Karl Keck (der dort viele Jahre lang Pfarrer war) recht Seltsames. Am Frauentag (15. August) brachten einst die Dorfrichter der Gemeinden Ober- und Unterhautzenthal und Parschenbrunn gemeinsam hinter dem Hochaltar ein Tieropfer dar – sie schlachteten Hühner. Monsignore Keck (nebstbei ein sehr aktiver Heimatforscher) hatte auch festgestellt, daß die Nische an der Rückseite des Hochaltars keineswegs zum Aufbewahren von Kirchengut gedient hat, sondern ein Stall für die Opfertiere war.

Der Volkskundler Leopold Schmidt hat bei mindestens zwanzig Gnadenstätten Niederösterreichs ein Fortleben des heidnischen Tieropfers festgestellt. (Eine besondere Sehenswürdigkeit ist der in den barocken Altar des Veitskirchleins bei Neuhofen eingebaute Hühnerstall.) Fast alle Tieropfer wurden in Veitskirchen dargebracht; man sieht darin die Übernahme eines Kultes von den Slawen. Sie verehrten seinerzeit einen Licht- und Fruchtbarkeitsgott Svantovit; bei der Christianisierung der Slawen übertrugen die schlauen Missionare die Verehrung dieses Gottes auf Svanto Vit (= heiliger Veit). Und weil das erste Licht des Tages von den Hühnern begrüßt wird, ist der Hahn zum Attribut von Sankt Veit geworden.

Monsignore Keck vermutet, daß es auch in Oberhautzenthal (1190 erstmals als Huzintal genannt) einst einen Veitsaltar gegeben hat. Erst nach der Aufstellung der Wallfahrtsmuttergottes auf dem

Hochaltar (Mitte des 17. Jahrhunderts) wurde dann das Huhnopfer dort dargebracht.

Die Kirche Maria Himmelfahrt in Oberhautzenthal war also ein Ziel von Bauernwallfahrten. Und während die Honoratioren am Frauentag ihre Hühner schlachteten, brachte das gewöhnliche Volk sein Wachsopfer dar. Eine ganze Lade voll wächserner Häuser, Tieren und Nachbildungen von menschlichen Körperteilen wird noch heute in der Turmkammer aufbewahrt.

Natürlich gab es für die Wallfahrer auch einen Beichtstuhl – und der von Oberhautzenthal ist eine Rarität. Er stammt aus dem beginnenden 18. Jahrhundert, steht (was unüblich ist) hinter dem Hochaltar, und hat (unübersehbar!) einen Einwurfschlitz für den Beichtkreuzer . . .

Beichtstühle – wie wir sie heute kennen – gibt es erst seit dem 17. Jahrhundert. Auch nach der Lateransynode vom Jahre 1215, in der die jährliche Beichte zur Pflicht für jeden Katholiken wurde, gab es zum Ablegen der Beichte keinen bestimmten Platz. Der Priester saß auf irgendeinem Stuhl, und der Beichtende kniete vor ihm. Nachdem das Konzil von Trient (1545-63) der Beichte erhöhte Bedeutung zugemessen hatte, sollte sie auch in einem würdigen Rahmen vorgenommen werden. Der heilige Carl Borromäus, Bischof von Mailand, arbeitete die genauen »Durchführungsbestimmungen« aus und wurde dadurch sozusagen zum Erfinder des Beichtstuhls.

In seinen »Instructionen« hatte er genau angeordnet, daß der Beichtstuhl aus einem hölzernen, vorne offenen Gehäuse bestehen müsse. Auch ein Gitter (mit erbsengroßen Löchern) zwischen dem Beichtvater und dem Beichtenden müsse vorhanden sein. Und noch etwas: Im Beichtstuhl oder in seiner Nähe sollen keine Opferstöcke stehen . . .

Der clevere Dominikanermönch Tetzel, dessen muntere Ablaßverkäufe auch ein Anlaß für die Reformation des Martin Luther waren (»Wenn das Geld im Kasten klingt, die Seele aus dem Fegefeuer springt!«), schwebte immer noch als ein Gespenst über der Gegenreformation.

In Oberhautzenthal stand man über solchen Dingen. Der Herr Pfarrer, der uns zu dem Beichtstuhl mit Münzeinwurf geführt hatte, meinte: »Viel Geld werden auch schon damals unsere Weinbauern nicht gehabt haben. Es war ihnen halt einige Kreuzer wert, wenn sie ihre Sünden irgendwo haben abladen können . . .«

Auf dem Michelberg . . . »um ins Land zu schauen«

Alle Jahre einmal wetzt ein Vogel seinen Schnabel an einem Riesenberg, und wenn der Vogel diesen Riesenberg ratzeputz weggewetzt hat, dann ist auch die erste Sekunde der Ewigkeit vergangen . . .

An dieses alte Märchen von der Ewigkeit erinnert der Anblick des Michelberges (bei Stockerau) aus der Ferne. Er ist zwar kein Riesenberg, hat nur eine Seehöhe von 408 Meter, und es hat auch kein Vögelchen sein Schnäbelchen daran gewetzt, sondern Menschen haben die einstige Gipfelkuppe wie mit einem Messer geebnet.

Thomas Ebendorfer, der langjährige Rektor der Wiener Universität und Bahnbrecher der österreichischen Geschichtsschreibung, ist anno 1388 in Haselbach am Fuße des Michelberges geboren worden. Und als Bub – so erzählt er – hat er auf dem Berg noch die Gemäuer eines »Heidenschlosses« gesehen. Das führte später zu der Vermutung, daß dies eine Burg von Keltenfürsten gewesen sei, die nach ihrem Tod in den großen Grabhügeln des Weinviertels (so z. B. bei Niederhollabrunn) bestattet worden sind. Und nachher sollen die Römer die Keltenburg in eine Wachtstation umgewandelt haben, und Kaiser Karl der Große hat dann auf dem Michelberg eine Kirche erbauen lassen.

Ein Berg mit Geschichte.

Als man durch Ausgrabungen in den Jahren 1981 bis 1983 Genaueres über ihn erfahren wollte, gab es eine große Überraschung. Man fand wohl überall auf dem künstlich geebneten Plateau Spuren einer umwallten Siedlung aus der frühen Bronzezeit (also aus dem Beginn des 2. Jahrtausends v. Chr.), aber nichts im Boden, was einen keltischen Fürstensitz oder ein römisches Kastell nachweisen konnte. Frage: Welche Ruinen hat der Historiker Thomas Ebendorfer noch um das Jahr 1400 auf dem Michelberg gesehen?

Nach dem Ausgrabungsergebnis können es nur die Reste des Ringwalles gewesen sein, in dessen vom Erdreich entblößter Steinverstärkung er die Reste von Mauern sah. Seine etwas unbeholfene Formulierung »colosei forma« in seinem Geschichtswerk »Chronicon Austriacum« hat aber dann zu dem großen Irrtum geführt, daß er Ruinen wie das Kolosseum in Rom, also stolze römische Ruinen gesehen hat. Und im blinden Glauben an jedes geschriebene Wort eines Historikers hat man später den »Zahn der Zeit« für deren Verschwinden verantwortlich gemacht.

Also: Weder Kelten noch Römer auf dem Michelberg. Dafür haben sich die Götter auf dem Berg niedergelassen, nachdem der Mensch (so wie am Oberleiserberg) die luftige, oft viel zu luftige Höhe zugunsten besserer Lebensräume in den Niederungen verlassen hatte. Wotan soll (der Sage nach) gerne mit seiner Wilden Jagd auf dem Michelberg unterwegs gewesen sein, und daß dieser als heilig galt oder daß sich eine heidnische Kultstätte darauf befand, beweist die Tatsache, daß St. Michael – der Überwinder des Unglaubens – bei der Christianisierung des Landes die Patronanz über den Berg übernehmen mußte.

Die angeblich von Kaiser Karl dem Großen erbaute Bergkirche war wahrscheinlich nur ein bescheidener Holzbau, aber dennoch ein oft aufgesuchtes Ziel von Prozessionen und Wallfahrten (was auch spätere Urkunden belegen, die allerdings zumeist nur von Streitereien der Pfarrherren um die Opfergelder berichten).

1745 wurde auf dem Berg ein neues Gotteshaus mit der respektablen Länge von 34 Meter errichtet, doch schon 1785 wurde es bei der Kirchenreform Josephs II. wieder abgetragen; aus seinen Steinen wurde die Kirche in Haselbach erbaut. Kahl war danach die Kuppe des Berges – aber nicht für lange Zeit. Im Preußenkriegsjahr 1866 gelobten die Haselbacher für das Ende aller Kriegsnot die Erbauung einer Kapelle. Wo? Natürlich auf dem Michelberg.

Der Michelberg gilt als einer der aussichtsreichen Schaubalkone in Wiens Umgebung; einmalig und eindrucksvoll ist der Blick durch den Donaudurchbruch zwischen Bisamberg und Leopoldsberg auf die Stadt. Für die Bewohner seiner Umgebung war er aber schon immer viel mehr als nur ein Dreisternchen-Aussichtspunkt. Auch für Thomas Ebendorfer war der über seinem Geburtsort kaum 200 Meter hoch aufragende Michelberg ein besonderer Berg – obwohl er auf seinen weiten Reisen die wirklich großen und hohen Berge der Schweiz kennengelernt hatte. Am Michelberg hat sich der uralte und weltweite Höhenkult durch die Zeiten erhalten. Und noch heute erzählt fast jeder Bewohner dieses Gebietes, daß er als Kind vom Vater auf den Michelberg geführt worden ist . . . »um ins Land zu schauen!«

Das erinnert an einen alten Brauch in dieser Gegend, der »Lee-

bern« genannt wird. Die »Leeberge« (wie die vorzeitlichen Grabhügel genannt wurden) waren einst auch beliebte Orientierungs-
und Grenzpunkte in der Landschaft. Und weil Grenzen etwas sehr
Wesentliches für das Zusammenleben bedeuten, wurden jedes
Jahr die heranwachsenden Burschen zu allen markanten Grenz-
punkten des Ortes geführt. Dort bekamen sie vom Gemeindeober-
sten eine Ohrfeige – damit sie diese wichtigen Stellen ja nicht vergessen – und nachher wurden sie im Gasthaus mit Speis und Trank
bewirtet. Das war das »Leebern«.

Dieses »Ins-Land-Schauen« vom Michelberg – ist das nicht ein
ähnlicher alter Brauch?

»Das ist kein alter Brauch!« belehrte uns ein alter Weinviertler.
»Das haben diese Leut schon immer ganz von allein getan!«

Eine Fahrstraße bringt heute von Haselbach bis zu einem Gasthaus unterhalb der
Gipfelkuppe des Michelberges. Den nahen hallstattzeitlichen Riesentumulus bei
Niederhollabrunn aufzusuchen und zu ersteigen, bringt nach einem Besuch des
Michelberges ein zusätzliches Erlebnis.

Pater Haspinger am Heiligenberg

Schon im 12. Jahrhundert hatte der Heiligenberg (nördlich von
Wolkersdorf) seinen Namen »Heiligenperge«, und 1299 wird ein
»castellum in Hailigenperg« genannt. Aber man weiß nicht, ob
diese Befestigung auf dem Berg (der eigentlich nur ein kleiner Mu-
gel ist) stand oder auf einer Insel im einst an seinem Fuß gelegenen
See. Offen ist auch die Frage, wie der Berg zu seinem Namen kam.
Gab es schon vor dem 12. Jahrhundert eine Kultstätte auf ihm?

Die heutige, dem hl. Lambert geweihte Wallfahrtskirche stammt
aus dem 18. Jahrhundert, soll aber auf den Resten einer im 16. Jahrhundert zerstörten Kirche stehen. Daß das Kirchlein unter uralten
Bäumen auch heute noch Ziel von Wallfahrten ist, zeigt jedenfalls,
daß der Ort Tradition hat.

Auf diesem Heiligenberg war der berühmte Tiroler Freiheits-
kämpfer Pater Joachim Haspinger (1776-1858) in den Jahren von
1815-1836 als Seelsorger tätig. Eine Gedenktafel an der Kirche erinnert daran.

1810 war der Kapuzinerpater aus Tirol nach Wien geflüchtet,

und im Jahr darauf wurde ihm von seinem Orden nahegelegt, aus-
zutreten, weil er bei seinen kriegerischen Eskapaden wenig von
der für einen Mönch gebotenen Herzensmilde gezeigt hatte. So
wurde er Weltgeistlicher: Pfarrprovisor von Jedlesee, Jedlersdorf,
Simonsfeld und dann Pfarrvikar von Traunfeld/Hautzendorf im
Weinviertel. Für den wilden Pater Rotbart begann ein neues Leben.

Der Kaiser hatte dem ehemaligen Schützenkommandanten eine
Jahrespension von 600 Gulden bewilligt, die nur um den jeweili-
gen Gehalt als Seelsorger vermindert werden sollte. Das war dem
Pater gar nicht recht, er wollte Pension und Gehalt. Diesen Kampf
verlor er.

Das Vikariatshaus in Traunfeld war arg verwahrlost. Nach langen Verhandlungen bewilligte die Behörde einen Neubau, den Haspinger persönlich leitete und dabei die dafür bewilligte Bau-
summe um 1200 Gulden überzog. Er nahm an, daß die Behörde
diese Mehrausgabe übernehmen werde. Das tat sie aber nicht und
der sich daraus entwickelnde Rechtsstreit dauerte von 1820 bis
1835!

Pater Haspingers Vikariatshaus in Traunfeld ist ein respektables
Gebäude. Weil in Tirol alle Häuser zumindest ein Stockwerk haben, hatte sein Bauherr auch ihm einen ersten Stock aufsetzen lassen – aber das war damals für diese Gegend etwas ganz Extrava-
gantes, weil es rundum und weit und breit nur ebenerdige Häuser
gab.

Ansonsten wird vom Leben des Vikars von Traunfeld/Hautzen-
dorf nichts Besonderes berichtet. Der Fanatiker, der einst ohne Bedenken alle Alpenländer in einen Volksaufstand gegen Napoleon
stürzen wollte und gegen Blut und Tränen immun war, schrieb
jetzt seinen Spruch »Kein Kugel ist für mich gegossen!« nur noch in
vorgelegte Stammbücher und hatte eigentlich nur ein Ziel: seine
Pension in Ruhe zu genießen.

Im Jahre 1836 wurde er sechzig Jahre alt, und bereits am 10. Jänner dieses Jahres reichte er brandeilig sein Entlassungsgesuch ein,
das auch bewilligt wurde. Zu dieser Zeit war es allerdings höchst
ungewöhnlich, daß ein Seelsorger schon als Sechzigjähriger in den
Ruhestand trat. Pater Haspinger – ein Vorfahre aller Frühpensioni-
sten.

Ein Relief am Vikariatshof von Traunfeld zeigt den Pater, wie er
seine Tiroler Schützen mit hocherhobenem Kreuz zum Kampf

anfeuerte. Und eine hurrapatriotische Inschrift gibt es natürlich auch: »Die Liebe und Treue dieses Helden im Kampfe um des Volkes Freiheit sei allen Österreichern ein unsterbliches Vorbild«.

Traunfeld ist ein stiller Ort, und Haspingers Haus liegt abseits der Straße. Doch an Wochentagen ist es im Nebenhaus oft recht laut – ein Kindergarten ist darin untergebracht. Und das erinnert daran, wie herzlich wenig es diesen Fanatiker gekümmert hat, daß Kinder ihre Väter verloren. »Andreas Hofer war mehr Geistlicher als Soldat, bei mir war es das gerade Gegenteil«, hatte er selber einmal gesagt.

»Das Narrenhäuslein« von Bockfließ

In ganz Europa gibt es kein Gebiet, in dem sich so viele Pranger erhalten haben wie in Niederösterreich (siehe auch Seite 114). Wenn in ganz Österreich 321 Belege für Pranger und Marktsäulen festgestellt werden konnten, entfallen davon allein auf Niederösterreich 245!

Auch Bockfließ hat seinen Pranger. An ihm soll zuletzt ein Mädchen gestanden sein, das von einem Feldhüter wegen Spargeldiebstahls angezeigt worden war. Doch da kam der gute Kaiser Joseph vorbei und klärte den Sachverhalt: Der Feldhüter hatte das Mädchen nur deswegen angezeigt, weil es sein Liebeswerben nicht erhört hatte. Diese Lesebuchgeschichte soll sich im Jahre 1783 zugetragen haben.

Das Besondere am Pranger von Bockfließ sind jedoch die zwei ungemütlichen engen vergitterten Zellen unter ihm. In diese Käfige wurden alle jene gesteckt, die wohl ein Vergehen begangen hatten, aber dafür nicht direkt verantwortlich waren . . . Betrunkene, die im Rausch nicht mehr wußten, was sie taten, oder von blinder Wut gepackte Menschen, die wie Wahnsinnige aufeinander losdroschen.

In Deutschland waren solche »Käfigpranger« sehr verbreitet. Man nannte sie zwar »Narrenhäuslein«, sie waren aber nicht für krankhaft Irre bestimmt, sondern nur für Menschen, die sich wie solche benommen hatten. In manchen Städten befanden sie sich unter den Freitreppen der Rathäuser oder an einem anderen sichtbaren Winkel im Ortszentrum; sie sollten eine abschreckende Wirkung haben. »Hüt dich und ge nit aus, dergreift man dich, man legt dich ins narrenhaus«, warnte eine Inschrift am Narrenhäuslein von Ochsenfurt in Unterfranken.

In Österreich ist das »Narrenhäuslein« von Bockfließ das einzige in seiner Art – ein Unikum.

Der Kalvarienberg von Falkenstein und die Hutterischen Brüder

Am Kalvarienberg von Falkenstein wird die Landschaft zur Kulisse: Im Sommer führt der Leidensweg Christi durch üppig wucherndes Buschwerk, im Spätherbst ist dieses Golgatha ein kahler Felsrücken. Und jede Figurengruppe wirkt in der durch die Jahreszeiten wechselnden Dekoration immer wieder anders.

Errichtet wurde die Anlage in den siebziger Jahren des 17. Jahrhunderts; sie gilt als ein gutes Werk der Volkskunst. Wie bei allen Kalvarienbergen wirkt auch in Falkenstein die Christusfigur etwas schematisch, das Können der Bildhauer zeigt sich in den Nebenfiguren. Demonstrativ macht einer der Peiniger mit dem Daumen das uralte Spott- und auch Abwehrzeichen alles Bösen gegen den Heiland, fassungslos hält Veronika das Schweißtuch mit dem Abdruck vom Antlitz Christi in den Händen.

Gegenüber der Anlage ragt die Burgruine Falkenstein in den Himmel. Sie erinnert an einen Leidensweg, den in diesem Land viele Menschen gehen mußten, weil sie nicht mehr katholisch sein wollten . . .

In diesem nördlichen Zipfel Niederösterreichs und in Südmähren befand sich einst ein Zentrum der sogenannten Wiedertäufer. Sie waren tiefreligiöse Menschen, welche die Meinung vertraten, daß ein Säugling sich noch nicht für Christus entscheiden könne, sondern erst ein reif gewordener Mensch . . . »nach der ordnung Cristi soll ainem zuvoran das wort Gottes verkündt und gepredigt werden, und so er dann dasselb glaubt, soll er darnach getaufft werden.«

Die Wiedertäufer – wie sie bald von ihren Gegnern genannt wurden – wollten aber noch mehr: weg von allen Dogmen und zurück zur Heiligen Schrift; sie wollten eine Gemeinde Gottes auf Erden,

in der alle Menschen gleich viel bedeuten. Mit solchen Wunschträumen hatten sie sich natürlich die katholische Kirche und die
weltlichen Obrigkeiten zu Todfeinden gemacht.

In Bruderhöfen lebten die »Mährischen Brüder« nach ihrer
Lehre. Der Einzelne besaß nichts, alles gehörte der Gemeinde. Die
christliche Heilslehre und den echten Kommunismus der Urkirche
verbanden sie mit ihrem Leben auf wunderbare Weise. Wegen ihrer Lauterkeit und Hilfsbereitschaft, wegen ihres Fleißes und ihrer
Tüchtigkeit wurden sie von allen Mitmenschen geschätzt. Doch
der Habsburger Ferdinand I. wollte, daß diese »verfürische schedliche Sect vertriben und vertilget werde«.

1528 wurde der geistige Führer der Brüder, Dr. Balthasar Hubmayer, in Nikolsburg gefangen genommen und in Wien als Ketzer
verbrannt. Als bereits Haar und Bart brannten, rief er noch laut »Jesus! Jesus!« Drei Tage später warf man seine Frau mit einem Stein
um den Hals in die Donau.

Nach ihm gab der im Pustertal geborene Hutmacher Jacob der
Gemeinde entscheidende Impulse. Sein Familienname ist unbekannt; nach seinem Beruf nannte man ihn den »Huterer« und nach
ihm später auch seine Anhänger die »Hut(t)erischen Brüder«. Huter mußte fliehen, wurde dann doch gefangen und 1536 in Innsbruck verbrannt. Vorher hatte man ihn (im Februar) in eiskaltes
Wasser gesetzt, darin frieren lassen, dann schnell in eine heiße
Stube gebracht und in die offenen Wunden Branntwein gegossen,
diesen angezündet und das Feuer in den Wunden brennen lassen . . .

Es sind keine Übertreibungen, die in dem »Gemain Gschicht
Buech« der Hutterischen Brüder über die Verfolgungen zu lesen
sind: »Etliche wurden zerreckt und zerstreckt, daß die Sonn durch
sie geschien möcht haben; etliche zu Äschen und Pulver verbrennt;
etliche an Säulen gebraten; etliche mit glühenden Zangen gerissen;
etliche in Häuser versperrt und alles miteinander verbrannt; etliche an Bäum gehängt; etliche aber mit dem Schwert hingericht, erwürgt und zerhauen . . .« – In Falkenstein wurden fünf Täufer
hingerichtet.

Und auf die Burg Falkenstein wurde 1539 auch die in einer
Dezembernacht überfallene Täufergemeinde von Steinabrunn
gebracht. Mit »strenger Frag« (Folter) wollte man von ihnen
erfahren, »wo ihre Schätz sein«. Sie antworteten: »Christus,
der Heiland, ist unser liebster Schatz«. Darauf wurden alle

Männer in Ketten gefesselt »aufs Meer geführt« (d. h. auf Galeeren gebracht).

Trotzalledem – und das ist wie ein Wunder – gibt es auch heute noch Hutterische Brüder!

Man hat sie aus Österreich und Mähren vertrieben – sie zogen nach Siebenbürgen. Maria Theresia ließ sie auch dort verfolgen – sie zogen nach Rußland. Als sie dort ab der Mitte des 19. Jahrhunderts Militärdienst leisten sollten (den sie ihres Glaubens wegen ablehnten), fuhren sie übers Große Wasser nach Amerika. Und so leben heute noch in den USA und in Kanada mehr als 30 000 Hutterer in ca. 250 »Archen« (wie sie ihre Siedlungen nennen).

»Das vergessene Volk« heißt ein 1980 erschienenes Buch des deutschen Journalisten Michael Holzach, der ein ganzes Jahr bei den Hutterern gelebt hat. Was er erzählt, klingt wie ein Märchen. Da bearbeiten Menschen mit den modernsten landwirtschaftlichen Maschinen ihre Felder und führen andrerseits ein Leben, an dem sich seit dem 16. Jahrhundert nicht viel geändert hat. Ihre Sprache ist ein (heute museales) Deutsch aus dieser Zeit, und einfach ist ihre selbstangefertigte Kleidung. Persönlichen Besitz gibt es keinen; man arbeitet viel, betet viel und ißt gemeinsam (wobei der »Brotschneider« dafür sorgt, daß alle satt werden). Das Leben der Hutterer ist ganz nach dem Jenseits ausgerichtet; auf dieser Welt leben sie einen Urkommunismus in Gott . . .»Jedr gibt, wos'r konn und kriegt, wos ihm not ist.«

Der Hutsaul in Altlichtenwarth

»Man hat sich nur zu sehr daran gewöhnt, zu glauben, daß die Spuren jener Völker, welche vor Beginn der Geschichte unser Land bewohnt haben, völlig verwischt seien . . .« – so beginnt ein Bericht von Mathäus Much in den »Blättern des Vereines für Landeskunde von Niederösterreich« vom Jahre 1875. Dieser Bericht erregte viele Gemüter; sein Titel lautete: »Germanische Wohnsitze und Baudenkmäler in Niederösterreich«.

Die Germanen! Der Mensch des 19. Jahrhunderts war durch die fortschreitende Technik und die Maschinen, durch die neuen Erfindungen und die Industrialisierungen verunsichert. Er flüchtete sich in die Sagenwälder der Vergangenheit. Wagners Helden-

opern wurden bejubelt. Und die Germanen erschienen als hehre
Lichtgestalten aus einer besseren Zeit. Die Nachricht, daß es auch
im Land um Wien germanische Denkmäler gäbe, wurde daher en-
thusiastisch aufgenommen.

Mathäus Much (1832-1909) war der große Wegbereiter der Urgeschichtsforschung in Österreich. In Oberösterreich begründete er
die Pfahlbauforschung, und in Salzburg und Tirol begann er mit
der Erkundung urgeschichtlicher Bergwerke. In Niederösterreich
setzte er den Beginn zur Erforschung Stillfrieds, der wohl bedeutendsten archäologischen Stätte des Landes. Außerdem öffnete er
noch viele Hügelgräber und beschäftigte sich mit den geheimnisvollen Erdwerken, die vom Volk Hausberge genannt werden.
In ihnen sah er Heiligtümer der Germanen. Das aber war ein Irrtum.

Much war ein hochaktiver Mann mit einem phantastischen
Spürsinn für offenliegende Probleme. Leider gibt es heute Spezia-
listen, die hundert Jahre nach ihm ihr Besserwissen beweisen wollen, indem sie den großen Mann der Urgeschichtsforschung herablassend kritisieren . . . da hat er zu schlampig gegraben, dort hat er
geirrt, und bei diesem oder jenem bleibt es unverständlich, daß er
dies oder das nicht beachtet hat . . .

Bei den Hausbergen hatte Much zusehr dem Tacitus geglaubt,
der (ohne selber je eines gesehen zu haben) »erhabene Heiligtümer« der Germanen genau beschrieben hat. Much sah in den
hochaufragenden Kegelstümpfen der Hausberge das Zentrum
germanischer Heiligtümer . . . »Dieser abgeschlossenste und
zugleich erhabenste Raum des Ganzen bildete ohne Zweifel jenes innere Heiligtum, das nur mit Ehrfurcht geschaut werden
durfte.«

Muchs Berichte über die germanischen Opferberge animierte
damals selbst alte Herren mit Rauschebärten dazu, sie zu ersteigen
und sich darauf in Weihestunden als Jung-Siegfried zu fühlen. Als
ein kulturgeschichtliches Dokument gilt heute bereits die Schilderung Guido von Lists von einer Sommersonnwendnacht auf dem
Gaiselberg in seinem Buch »Deutsch-Mythologische Landschafts-
bilder« (1891 erschienen). List hatte sich später selber zum »Lehrer
Ario-Germanischer Gottheit« ernannt, und auf diesem Hausberg
(für ihn war es ein urgermanischer »Halgadom«) erlebte er – immer
einen Tieftrunk aus dem mitgenommenen Weinkrug nehmend –
in phantastischen Visionen seine Verwandlung in einen germani-

schen Krieger . . . »Da erfaßte mich schütterndes Grauen, aber die
Verwandlung war geschehen. Mein Hut war zum Helme geworden, von dem ein mächtiger Adlerflug wehte, eine schuppig
schimmernde Brünne umschloß meinen Leib, und gewichtige
Waffen, die stolzeste Manneszier, waren mein Schmuck.«

Bald aber wurden Zweifel wach an Muchs Opferberg-Hypo-
these. Man fand bei flüchtigen Grabungen nur mittelalterliche
Scherben. Und alle Sagen um diese Hausberge berichteten nur von
einem zerstörten Haus auf dem Berg oder von einem versunkenen
Schloß (z. B. weil darin ein »Nackerter Ball« stattgefunden hat, der
den Zorn des lieben Gottes erregte). 1901 schrieb dann der Urge-
schichtler Max Hoernes: »Wahrscheinlich sind viele Hausberge,
wie an anderen Stellen isolierte Felshöhen, Standplätze mittelalterlicher Burgen gewesen, und zwar sogenannter Holzburgen.«

Daß die Hausberge keine germanischen Opferberge waren, sondern mittelalterliche Befestigungswerke, konnte später Hans P.
Schad'n in seinem 1953 erschienenen Lebenswerk »Die Hausberge
und verwandten Wehranlagen in Niederösterreich« überzeugend
beweisen.

Um die Hausberge hat es also lange Zeit Mißverständnisse gegeben – und die gibt es noch immer. Während alles alte Gemauerte
sich sogar noch als bescheidene Ruine des Denkmalschutzes er-
freut, sind die Erdwerke noch immer vogelfrei. Da ist zum Beispiel
der Hausberg von Stronegg. Much hat ihn 1874 entdeckt, und der
Prähistoriker J. W. Neugebauer hat dem Hausberg im Jahre 1979
bescheinigt: »Das Erdwerk von Stronegg zählt zweifellos, was die
Ausdehnung, Ausführung und Erhaltung betrifft, zu den bedeutendsten Hausberganlagen Niederösterreichs.« – Trotzdem ziert
die Anlage jetzt eine klotzige Villa, und der ganze Hausberg ist ein-
gezäunt und dient – man kann es nicht fassen – als Mufflongehege!

In Altlichtenwarth ist der Hausberg auch heute noch ein besonderer Berg!

Er hat einen seltsamen Namen – Hutsaul – und ist 247 Meter
hoch, in diesem flachen Land eine immerhin beachtliche Erhe-
bung. Über die Entstehung des Namens wird erzählt: Einst stand
auf dem (damals noch kahlen) Berg eine Säule, die bei Annäherung
von Feinden umgelegt wurde und worauf dann die Bewohner
flugs in die Erdställe (siehe Seite 135) flüchteten. Das ist eine etwas
unglaubhafte Geschichte. Denn bei Feindgefahr waren auch in unseren Breiten (wie in der ganzen Welt) Rauchsignale üblich.

Der Hausberg von Stronegg. Zeichnung aus dem 19. Jahrhundert

Auch der Hutsaul war ein Festungsberg, von dem heute noch der ringförmige Graben und der künstlich aufgeschüttete Kegelstumpf (der gegen Norden etwa 15 Meter abfällt und einen Durchmesser von 75 Meter hat) gut erkennbar sind. Eine Urkunde aus dem 13. Jahrhundert nennt die Herren von Liechtenstein als Besitzer. Und 1923 errichtete man auf dem Hausberg eine Kriegergedenkstätte mit einer Aussichtswarte auf der Kapelle. Von dieser Warte aus soll man 50 Orte sehen können . . . und unter uns liegt das Land, in dem einst jene Menschen friedlich lebten, an die jetzt die Gedenktafeln erinnern. Der Hutsaul ist eine sehr stimmungsvolle Kriegergedenkstätte.

In Falkenstein trafen wir einen alten Mann, der ebenfalls begeistert vom Hutsaul sprach. Er war allerdings weniger an der mittelalterlichen Burg interessiert; er schwärmte mehr von der Aussicht . . . »Da sieht man hinüber bis drüben!«

Drüben, das war seine Heimat, aus der er 1945 vertrieben worden war.

Die Tumuli von Bernhardsthal

Bei Bernhardsthal hört Österreich auf. Nur zwei Kilometer weiter ist die Grenze zur Tschechoslowakei. Und südlich des Ortes ragen links und rechts der Bahnlinie je drei große Hügelgräber aus den Feldern. Auf einem steht eine Kapelle mit der Inschrift:

Der Verehrung Gottes und dem Andenken der Vorzeit – 1825

Rund hundertfünfzig Hügelgräber aus der Hallstattzeit sind derzeit in Niederösterreich und im nördlichen Burgenland bekannt, von denen an die siebzig noch nicht ausgegraben sind. Als man 1825 die Kapelle auf dem Grabhügel bei Bernhardsthal erbaute, wußte man noch herzlich wenig von der Vorzeit.

Die aus den Feldern unseres Landes ragenden Hügel sind allerdings bereits im Mittelalter als Grabhügel erkannt worden. So werden schon in einer Schenkungsurkunde vom Jahre 808 als Grenzbezeichnung »duo tumuli« bei Neulengbach genannt, und als tumulus verstand man im Sprachgebrauch dieser Zeit einen Grabhügel. Die erste Nachricht über Gräberfunde ist etwas skurril: Herzog Ernst (der Eiserne, 1377-1424) von der Steiermark zweifelte an der damals weitverbreiteten Meinung, daß die oft im Boden zum Vorschein kommenden Gefäße dortselbst gewachsen seien . . .

Später entstanden dann über die Entstehung der Hügel auch recht seltsame Geschichten: Der Grabhügel bei Pillichsdorf soll in der Türkenzeit aufgeschüttet worden sein, um herankommende Feinde besser sehen zu können (heute erinnert auf ihm eine Gedenktafel an einen späteren Beobachter: »Von hier verfolgte Kaiser Franz I. mit Hilfe eines Teleskops den Verlauf der Schlacht von Wagram am 5. und 6. Juli 1809«).

Erst um 1870 begann man die ersten Hügel anzustechen. Laut Beschluß der »Sektion für Urgeschichte der Anthropologischen Gesellschaft« verfaßte 1871 Eduard Freiherr von Sacken eine »Instruction für die Eintragung und Eröffnung der Tumuli«. Darin heißt es u. a. »Bezüglich der Untersuchung der Tumuli ist, wenn die Wissenschaft daraus Nutzen ziehen soll, ein systematischer Vorgang und besondere Umsicht nothwendig. Es handelt sich dabei weniger um den Werth der allfällig darin befindlichen Gegenstände, weniger um diese selbst, als um eine genaue Beobachtung der Art der Anlage des Hügels, der Lage und Zusammengehörigkeit der Fundgegenstände, kurz aller Umstände, welche bei der Anfertigung des Tumulus stattfanden.« – Soweit die Theorie.

Die Praxis sah anders aus. Man wußte jetzt, daß die Hügel Gräber umschlossen und daß diese Gräber auch wertvolle Beigaben enthielten. Die Ausgräber von damals hätten Übermenschen sein müssen, wenn sie nicht von einem »Grabhügelfieber« erfaßt worden wären. Der enthusiastischste war Mathäus Much. Das ist sein Bericht über die Öffnung der Tumuli bei Bernhardsthal:

»Einer der Hügel war leer, er zeigte die deutlichen Spatenhiebe

Mathäus Muchs Funde aus Hügelgräbern.
Zeichnung des Wiener Malers Hugo Charlemont (1850-1939), Hauptillustrator
des von Kronprinz Rudolf herausgegebenen Werkes »Die österreichisch-ungari-
sche Monarchie in Wort und Bild«. Daß der Prähistoriker Much den hochge-
schätzten »Meisterillustrator« (wie man Charlemont nannte) für die Darstellung
seiner Grabungsfunde engagieren konnte, zeigt, wie sehr dieser Pionier der Prähi-
storie auch schon an einer wirkungsvollen Publicity interessiert war.

einer früheren Durchgrabung, und ebenso blieb die Untersuchung des Hügels, auf dem die Capelle steht, erfolglos; dagegen lohnten die Ergebnisse aus den übrigen vier Hügeln Mühe und Fleiß in einem Maße, wie es dem Forscher nicht allzu häufig zu Teil wird. Ungefähr 200 Gefäße waren in denselben aufgestellt, von einer Schönheit und Mannigfaltigkeit, wie sie wohl kaum je auf so kleinem Raum beisammen waren. Sie standen in jedem der Hügel dicht zusammengedrängt, die großen in der Mitte, die kleineren im Umkreise herum; Schalen und Schüsseln aber waren zuweilen zwei oder drei übereinander auf die großen Urnen gestellt worden, in den letzteren lagen die kleinen Schöpfgefäße; Knochenreste von Leichenbrand waren in keiner der Urnen zu finden, also auch wohl nie darinnen . . .

Dagegen zeigten sich in der zwischen und über den Gefäßen befindlichen Erde reichlich Kohlen, gebrannte Knochen und ein Stück eines gebrannten menschlichen Kiefers, und nebst geglühten Gefäßscherben geschmolzene Stücke von Bronze. An Hand der Funde läßt sich der Vorgang der Beerdigung mit ziemlicher Genauigkeit feststellen. Der Leichnam wurde mit all seinem Schmucke, der aus Bronze bestand, vielleicht auch mit seinen Waffen, auf den Scheiterhaufen gebracht, auf denselben wurden auch größere Gefäße gestellt und ganz kleine Schalen mit wohlriechendem Harz. Nachdem Alles zu Asche gebrannt war, wurden die großen Urnen, selbstverständlich durchaus Prunkgefäße, welche Met oder Bier und ein Schöpfgefäß enthielten, in eine Gruppe zusammengestellt, andere Gefäße, welche Fleischspeisen samt den Knochen, noch andere, welche Hirse und Gerste enthielten, hinzugesetzt und die Schalen und Schüsseln darauf gestellt. Hierauf wurde der Leichenbrand gesammelt, mit aller Asche des Toten, den wenigen Knochenresten, den Kohlen, den geschmolzenen Bronzeschmuckstücken und Glasperlen, den Scherben der im Leichenfeuer zersprungenen Gefäße, und über die ganze Gruppe der Gefäße gestreut, dazwischen die vom Opfermahle gebliebenen Knochen geworfen und endlich von allen Seiten die Erde herzugetragen und zu dem Hügel aufgeschüttet. Das geschah in den letzten Jahrhunderten vor Beginn unserer Zeitrechnung.« (Aus: »Berichte und Mitteilungen des Alterthums Vereines zu Wien«, 1880)

Einige der Funde sind im Heimatmuseum Bernhardsthal ausgestellt und hier, so nahe dem Fundort, wird jedes einzelne Stück zum besonderen Schauerlebnis. Der Bernhardsthaler Otto Berger hat dieses Museum gegründet – ein Kaufmann, der viel lieber Archäologe geworden wäre. Er ist der Meinung, daß auch in dem Hügel mit der Kapelle noch ein intaktes Grab zu finden sein könnte. Sein Argument: Alle Gebäudefundamente in diesem Gebiet reichen nicht tief in den Boden hinein, beim Kapellenbau müßte man das Grab gar nicht zerstört haben.

Der Kaufmann und Heimatforscher Berger aus Bernhardsthal hat zum Boden seiner Heimat eine sehr persönliche Beziehung.

Er sinniert: »Eigentlich hat der Mensch nur in einer hauchdünnen Kruste unserer Erde seine Spuren hinterlassen. Bei uns sind es bloß zwanzig, dreißig, vierzig Zentimeter tief bis zum Mittelalter, nachher kommen schon die Germanen . . . und dann muß man nur noch ein bisserl tiefer kratzen und ist bereits in der Urgeschichte. Da werden Jahrhunderte oder Jahrtausende nur noch zu einigen mehr oder wenigeren Zentimetern!«

Es war ein Frühsommertag, an dem wir bei Bernhardsthal von einem Tumulus zum anderen radelten. Die Luft war mild und weich, und auf den Feldern wogte das zarte Grün der Saat im sanften Wind. Neben der »dem Andenken der Vorzeit« gewidmeten Kapelle wurde mir bewußt, wiesehr auch eine Wissenschaft dem Altern unterworfen ist. Damals, als Mathäus Much und seine Kollegen voll Feuereifer mit dem Spaten werkten, stand noch die Begeisterung vor der Routine, damals war die Archäologie vor allem auch noch ein romantisches Erlebnis. Und man verfing sich noch ohne Computer und ohne C 14-Methode in Irrtümern; und in den Grabungsberichten steckt die Freude eines Kindes, wenn es wieder etwas Neues von dieser Welt entdeckt hat.

Einen Vortrag über »Die Tumuli in Niederösterreich« im Jahre 1874 begann Much mit einem Zitat aus Jakob Grimms 1848 erschienener »Geschichte der deutschen Sprache«: »Wie das messer in leichname schneidet, um den menschlichen leib innerst zu ergründen, ist in verwitterte erdhügel eingedrungen und die lange ruhe der gräber gestört worden . . was in staub und asche übrig geblieben war, fragt unermüdliche neugier nach dem zustand der zeit, aus welcher es abzustammen scheint. beschaffenheit der gräber, gestalt der morschen schädel, art und weise des eingelegten geräths sollen antwort geben.«

Der Evangelist Lukas predigt auf der »heyd« den Markomannen das Evangelium. Gemälde in Maria Lanzendorf aus dem Jahre 1744

Bartholomäus mit seiner abgezogenen Haut. Fresko aus dem 14. Jahrhundert in der Pfarrkirche Gobelsburg

Rechts: Abwehrköpfe am Lichtstock in Gaubitsch

Vorangegangene Seite: Die Bründlkapelle bei Dorfstetten – Übernächste Seite: Die Hand vom Kriegerdenkmal Josef Elters in Dorfstetten

BERGLAND

Um 1800 schrieb Prof. J. A. Schultes über den Wiener Schneeberg: »Wenn der Gipfel des Berges in Wolken gehüllt ist, dann wagt es nicht einmal der Gemsjäger oder Botaniker, den Berg zu besuchen.« – Gemsjäger und Botaniker galten damals noch als die einzigen Experten für Hochregionen, und im Wiener Schneeberg sah der Professor »einen der höchsten Berge Europas«.

1840 erschien das Buch des k. k. Hauptmanns Baron Freiherr von Augustin »Streifzüge durch die Norischen Alpen«, in dem ebenfalls eine Schneebergbesteigung geschildert wird . . . »Links gähnt unausgesetzt der furchtbare Schlund herauf – ein Fehltritt, und man ist verloren! . . . An manchen Stellen ist der schmale Pfad durch sich lösende Steine ganz durchrissen, und man kann sich eines Schauders nicht erwehren, wenn man an solchen Stellen furchtbare Spalten überspringen muß. Die Länge des Sprunges um wenige Zolle zu kurz berechnet – und man liegt einige hundert Fuß tief zerschmettert zwischen den Felsen!«

Dieser Autor bestieg auch die Rax über den Thörlweg, der damals noch »bloß durch die Fußstapfen bezeichnet, welche die Kühe zurückgelassen, die man im Frühjahr auf die Alp trieb«. Aber sogar dieser Kuhweg wurde für ihn zum Abenteuer . . . »Einige Stellen sind eine wahre Schwindelprobe – wer sie ohne ängstliche Gefühle zu betreten vermag, der kann schon auf die Stärke seiner Nerven rechnen!«

Solche Schilderungen haben wesentlich dazu beigetragen, seinerzeit ein verzerrtes Bild des Berglandes entstehen zu lassen. In Wirklichkeit haben nur die vom Schwindelgefühl behafteten und die Höhenluft nicht gewohnten Stadtleute die Berge so fürchterlich erlebt – die Bewohner des Berglandes keineswegs. Aber diese haben auch keine Bücher geschrieben.

Im Gegensatz zu einem Wald- oder Weinviertel waren die Voralpen schon damals kein stilles Land. Holz wurde geschlägert, Eisen verarbeitet, die Wasserkraft genützt – und außerdem gab es einen regen Fremdenverkehr durch die Wallfahrer nach Mariazell.

Die hohe Zahl der Wallfahrer (der Dichter Castelli berichtet von zwei- bis dreihunderttausend, die in einem Sommer an seinem Landhaus in Lilienfeld vorbeigezogen sein sollen) wird meist damit erklärt, daß früher die Menschen frömmer gewesen sind. Das waren sie sicher, aber dazu kam noch ein anderer sehr wichtiger Beweggrund: Eine Wallfahrt war damals für die meisten Menschen die einzige Möglichkeit, aus den eigenen vier Wänden hinauszukommen.

Im 19. Jahrhundert war das Voralpenland entlang der vielen Mariazellerwege also bereits ein auf Fremdenverkehr gut eingerichtetes Land. Wiens Bürger haben das mit Befriedigung festgestellt, nachdem es sich eingebürgert hatte, auf Sommerfrische zu fahren. Diese Entwicklung hatte aber auch ihre Folgen: In diesem Teil des Alpenlandes verdorrte das alte Brauchtum zuallererst. Brauchtum will nur dort gedeihen, wo seine Träger ganz unter sich sind . . .

Man fragt also in diesem Ostzipfel der Alpen vergebens nach alten Bräuchen. Sehr lieb sagte ein Gemeinderat, den diese Frage etwas in Verlegenheit brachte, entschuldigend: »Einen Minigolfplatz haben wir jetzt schon, Bräuch' haben wir noch keine. Aber da werden wir uns auch etwas einfallen lassen müssen!«

Ausflüge
nach
dem Schneeberge in Unterösterreich.

Ein Taschenbuch auf Reisen nach demselben,
v o n
J. A. Schultes,
M. D. und Professor der Zoologie und Technologie an der k. k. theresianischen Ritter-Akademie.

Wien,
bey J. B. Degen,
Buchdrucker und Buchhändler.
1 8 o 2.

4325

Titelblatt des ersten Reiseführers in Wiens Umgebung. Es war wirklich ein »Taschenbuch« im wahrsten Sinn des Wortes – sein Format 9 x 12 cm.

»Der Heilaltar« von Waidhofen/Ybbs

Die Geschäftsstelle der Alpenvereinssektion Waidhofen ist im ersten Stock; am Sonntag – so stehts in dem wunderschönen gotischen Stiegenaufgang angeschlagen – findet eine Führungstour aufs Hochtor im Gesäuse statt. Im Mittelalter war dieses Haus ein Spital.

Von den vielen Bürgerspitälern Niederösterreichs ist das zu Waidhofen/Ybbs das älteste, anno 1274 wurde es von dem Bürger Eberhard gestiftet. Diese nach dem Vorbild der Klosterspitäler geschaffenen Bürgerspitäler waren vor allem sogenannte »Seelgeräte« für den Stifter – denn die Insassen waren verpflichtet, für ihn und seine Familie bei allen möglichen Anlässen zu beten.

Das Waidhofener Spital war vor allem ein Spital für Aussätzige und wurde daher außerhalb der Stadtmauer erbaut. Daß Aussatz im Mittelalter so häufig in Erscheinung trat, erklärt sich daraus, daß man damals auch alle Hautkrankheiten dazuzählte.

Grundsätzliches: Das Hospital als wirkliches Krankenhaus gab es erst ab dem 16. Jahrhundert; das Spital des Mittelalters war ein Armen-, Siechen- und auch Sterbehaus für alte Menschen. Diese Vorstellung von einem Spital bestand unter der bäuerlichen Bevölkerung noch bis in unser Jahrhundert . . . »Ins Spital gehen nur Leute, die sterben müssen!«

Über die ärztliche Betreuung der Kranken im Mittelalter kann Richard Goldhahn in seinem Buch »Spital und Arzt von einst und jetzt« wenig Gutes berichten: »Es geht ein großer Riß durch das ärztliche Wissen der Zeit. Auf der einen Seite die akademisch gebildeten Ärzte, ein wenig fern dem Volke, lateinisch redend und in einer geheimnisvollen Wolke von unverständlicher Gelehrsamkeit. Auf der anderen Seite ein Heer von Marktschreiern, von Badern, Barbieren, fahrenden Starstechern und Steinschneidern. Ganz im Gegensatz zu den gelehrten Herren ist denen jedes Mittel recht, sich das Publikum heranzuziehen. Es werden auf den mit bunten Lappen und grellfarbigen Bildern geschmückten Jahrmarktstribünen Gauklerstückchen gezeigt. Eine wüste Kapelle bläst dröhnend die derben, drolligen Tanzweisen, und der Spaßmacher treibt seine wenig zarten Scherze. So geht es das ganze Mittelalter hindurch bis in die neue Zeit hinein. Namentlich das chirurgische Handwerk ist den Marktfahrern in die Hände gegeben, denn die Herren Ärzte mit ihren vornehmen lateinischen Sprüchen wollen

Die Verunreinigung der öffentlichen Plätze wird mit Geldstrafen bis 50 Kronen oder mit Arrest bis zu 5 Tagen bestraft.

Diese Verbotstafel von anno dazumal befindet sich in Waidhofen/Ybbs noch immer an ihrem alten Platz. Nur – wo nimmt ein heute ertappter Verunreiniger 50 Kronen her?

da nicht heran. Es ist bei Knochenbrüchen und Blasensteinen eine häßliche Angewohnheit der Natur, daß dabei die herrlichsten hippokratischen Sprüche zuweilen vollkommen versagen.«

Die Medizin war damals ein Teilgebiet der Philosophie, und diese war wiederum vor allem Theologie. In Waidhofen ist diese uns Heutigen etwas unverständliche Verbindung noch im Bürgerspital mit der angebauten Spitalskirche ganz deutlich zu sehen. Spital und Kirche sind nur durch eine Tür voneinander getrennt; die gotischen Gewölbe sind vor und hinter der Tür gleich, Spital und Kirche sind auch architektonisch eine Einheit.

Der große Flügelaltar der Bürgerspitalskirche ist 1935 in die Waidhofener Pfarrkirche übertragen worden. Das ist sehr bedauerlich, weil damit die Spitalskirche einen für sie einst sehr wesentlichen Einrichtungsgegenstand verloren hat. In einer solchen Kirche hatten nämlich die Bilder auf einem Altar, die Fresken an den Wänden und die Standbilder der Heiligen alle ihre ganz besondere Funktion. Darstellungen von besonders grausamen Martyrien sollten die Spitalsinsassen ihre großen und kleinen Wehwehchen vergessen lassen . . . Agatha (der die Brüste abgeschnitten werden), Pantaleon (mit auf den Kopf genagelten Händen), Sebastian (mit den Pfeilen in seinem Leib). Kraftvolle heilige Gestalten – wie Christophorus, Martin und der Erzengel Michael – sollten die Kranken innerlich aufrichten. Und außerdem wurden Heilige gezeigt, die als Helfer gegen gewisse Krankheiten spezialisiert waren . . . Liborius gegen Wassersucht, Kolik und Steinleiden, Katharina gegen Kopfweg, Apollonia gegen Zahnschmerzen. Das Wissen um die Heilheiligen war eine eigene Wissenschaft.

Dem Stil nach soll der gotische Flügelaltar (Ende des 15. Jahrhunderts) aus dem süddeutschen Raum stammen. Und weil Waidhofen damals zum Bistum Freising gehörte, wird angenommen, daß der Bischof diesen Altar dem Bürgerspital gespendet hat . . . sozusagen als Heilmittel, als geistige Medizin.

Das Bürgerspital ist an dem einen, die Pfarrkirche (mit dem Altar aus dem Bürgerspital) am anderen Ende der Stadt – ihr Besuch ergibt auch einen kleinen Spaziergang durch eine der bezauberndsten Kleinstädte Österreichs. Am Stadtturm ist auch ein »Stock im Eisen« zu sehen, der allerdings erst dem Historismus in der Mitte des 19. Jahrhunderts seine Entstehung verdankt: Auch die Stadt in der Eisenwurzen wollte ihr Zunftwahrzeichen haben.

»Der Drehstein« von Kematen/Ybbs

In Kematen haben die Gassen und Straßen keine Namen, sondern Nummern. Verfolgt man die 11. Straße in Richtung Aschbach ca. einen Kilometer weit, dann gelangt man zu einem seltsamen Bildstock.

Das Seltsame an ihm ist der daran angebrachte drehbare Stein. Anton Mitmannsgruber erzählt in seinem 1949 erschienenen Büchlein »Rund um die Brücke von Kematen«: »Der Sockel dieser Steinsäule zeigt die Jahreszahl 1848 und auf dem Drehstein befinden sich zu einer Darstellung des gekreuzigten Heilands die Buchstaben K. S. eingemeißelt und auf der Gegenseite T. S., während die beiden anderen Seiten des Steinwürfels mit G. P. bezeichnet sind. Diese Buchstaben sind nun die Anfangsbuchstaben der Namen der Besitzer der beiden Höfe zu Pyhra und die Jahreszahl 1848 ist sicherlich zur ewigen Erinnerung des Freiwerdens der beiden dem Kreuzstöckel benachbarten Höfe eingemeißelt worden. Der Sage nach soll dieser Drehstein sich immer wieder an der gleichen Stätte wie heute vorgefunden haben, obwohl man ihn oft weit weggeschleppt und sogar in die Ybbs geworfen hatte. Desgleichen solle er dem Glück bringen, der ihn mit einem einzigen Schwung vollends um seine Achse drehen kann.«

Dieses Kreuzstöckl – wie es genannt wird – trägt wohl die Jahreszahl 1848, ist aber älter. Nach seiner Lage auf dem Höhenrücken oberhalb Kematens könnte es einer jener Bildstöcke des 17. und 18. Jahrhunderts sein, die zur Abwehr allen Unheils (vor allem der Pest) errichtet worden sind.

Auch der Drehstein wurde erst später an dem Kreuzstöckl angebracht. Höchstwahrscheinlich hatte der urtümlich wirkende Stein
schon irgendeine Funktion, bevor man ihn – wie eine Trophäe – an
dem Säulensockel befestigte.

Nach Form, Größe und Gewicht gleicht er sehr einem jener Bag-
steine (Bag = Zank), welche einst an den Prangern hingen und die
zu tragen vor allem zänkische Frauen verurteilt worden sind. Als
für die ländliche Bevölkerung erst im Jahre 1848 – mit der Aufhebung der Grundherrschaft – das Mittelalter zu Ende war, könnte
man wohl einen solchen Stein symbolisch als Relikt vergangener
Zeiten an das alles Unheil abwehrende Kreuzstöckl gehängt und
mit den Initialen versehen haben. Und damit keiner der Verewig-
ten bevorzugt wird, hat man den Stein drehbar gemacht.

Das Drehen könnte aber auch auf andere Vorstellungen zurückgehen. Im alten Volksglauben gibt es die Meinung, daß sich gewisse Steine oder auch Steinbilder in gewissen Nächten drehen,
um ein bestimmtes Schicksalszeichen zu geben.

Die Leute aus der Umgebung des Kreuzstöckls wissen nur, daß
eine vollständige Umdrehung des Steins Glück bringen soll. Sie
selber scheinen wunschlos glücklich zu sein . . . denn an der Eisen-
achse haftet jetzt schon so viel Rost, daß der Steinbrocken auch mit
dem größten Kraftaufwand nicht mehr rotieren kann!

Das Sakramentshäuschen von Hollenstein/Ybbs

Als im 12. Jahrhundert in Hollenstein/Ybbs eine Holzkapelle gebaut werden sollte, glaubten die Zimmerleute, zwei linke Hände
zu haben: immer wieder hackten sie sich selber ins Fleisch. Bis eine
weiße Taube kam und mit einem der blutüberronnenen Späne auf
den heutigen Kirchenberg flog. Darin sah man ein Zeichen, daß die
Kapelle dort oben gebaut werden sollte. Das tat man dann auch.

Später errichtete man anstelle der Holzkapelle eine Steinkirche,
und als diese im 18. Jahrhundert zu klein geworden war, kam es
dann zu dem jetzigen, 1765 geweihten Neubau. Darin wollte man
das wunderschöne Sakramentshäuschen aus dem Jahre 1502 nicht
mehr haben . . .

Nur verhältnismäßig kurze Zeit waren die Sakramentshäuschen
Zentrum eines Gotteshauses:

Bis zum Beginn des 13. Jahrhunderts war die Eucharistie vor allem für Sterbende bestimmt gewesen und wurde für die Versehgänge in kleinen Behältern in der Sakristei aufbewahrt. Mit dem 4. Laterankonzil im Jahre 1215 kam eine Wende: Die reale, totale und permanente Gegenwart von Christus im Sakrament war zum Dogma geworden. Daraus ergab sich. . .

. . . daß zum Herzeigen des Allerheiligsten kostbare Behälter geschaffen wurden – die Monstranzen.

. . . .daß die Hostie als Leib Christi mitsamt den kostbaren Behältern sicher aufbewahrt werden mußte – in versperrbaren Sakramentsnischen oder in Sakramentshäuschen (auch oft Herrgottshüttchen genannt).

Mitte des 16. Jahrhunderts wollte man wieder im Altar, auf dem das Meßopfer gefeiert wird, das Zentrum des Gotteshauses sehen, und so entstanden die ersten Altartabernakel in Italien und einige Zeit später auch in Deutschland und Österreich. Die Sakramentshäuschen und -nischen waren damit überflüssig geworden.

In Hollenstein stellte man das Sakramentshäuschen nach dem Kirchenneubau von 1765 einfach auf die Straße. Als Bildstock am Ortsrand bekam es eine neue Funktion und ist als solcher einer der schönsten Österreichs. Und weil es der intensiven Waschmittelwerbung fast schon gelungen ist, den Begriff »schön« mit der Farbe Weiß gleichzusetzen, hat man in Hollenstein dieses Kunstdenkmal »noch schöner« gemacht: Man hat es dick mit weißer Farbe angestrichen!

»Der Lebensbaum« bei Göstling

Felsbilder – allein in den Westalpen schätzt man die Zahl der bisher vorgefundenen auf eine Million! Und seit dem Zweiten Weltkrieg werden auch in Österreich alle Jahre neue entdeckt. Die östlichsten Fundstellen im großen Alpenbogen zwischen dem Mittelmeer und dem Wienerwald befinden sich bei Göstling im Ybbstal; eine davon ist besonders originell – sie ist an einem Felsen zu finden, über den die Hochkarstraße führt.

Felsbilder sind Darstellungen oder Symbole, die in den Stein graviert oder – Punkt neben Punkt – geschlagen wurden. Es gibt sie auf der ganzen Welt schon seit prähistorischer Zeit, und man erkennt in ihnen Bitten des Menschen an eine Höhere Macht (Bitten um Jagdglück, um Fruchtbarkeit u. a.). Solche magischen Verewigungen im Stein wurden aber auch noch in der Neuzeit angebracht, und so gibt es über das Alter der Gravuren noch immer Diskussionen. Aber ganz gleich, wann solche Felsbilder auch entstanden sein mögen – sie sind höchst faszinierende kulturgeschichtliche Dokumentationen.

Auch über dem berühmten Göstlinger Hochmoor und dem idyllischen Wald- und Wiesenland um Hochreith wurden in den sechziger Jahren unseres Jahrhunderts solche Felsbilder von Holzarbeitern entdeckt. Neugier hatte sie in die kleine dunkle Halbhöhle geführt, verwundert standen sie dann vor den geheimnisvollen Zeichen . . .

Eines zeigt einen stilisiert dargestellten Baum. Jetzt erinnerte man sich auch an eine alte Sage, die von einem Baum da hoch oben am Berg berichtet, bei dem sich einst alljährlich drei Männer getroffen haben. Ist ein Zusammenhang zwischen Felsbild und Sage?

Baumdarstellungen finden sich jedenfalls auch in Felsbildern, die eindeutig in die ersten drei Jahrtausende v. Chr. datiert werden können (wie zum Beispiel die jetzt schon weltberühmt gewordenen Felsbilder im Val Camonica/Italien).

Der Baum ist ein uraltes Symbol. Schon in der Genesis wird von einem Baum des Lebens im Garten Eden berichtet; für den Kirchenvater Augustinus ist Jesus Christus die Frucht des Lebensbaumes. Ritzzeichnungen des Lebensbaumes finden sich bereits in christlichen Katakomben, und zwischen diesen und den Lebensbaum-Felsbildern besteht stilistisch nicht der geringste Unterschied.

In der Halbhöhle über dem Göstlinger Hochmoor sind um den Baum auch viele Kreuze und Strichmännlein in den Fels graviert. Beide Zeichen bedeuten (wahrscheinlich) in der Sprache der Felsbilder: »Ich bin hier gewesen!« Das Kreuz ist ein uraltes Symbol und ist die älteste schematische Form der Menschendarstellung. Und bis in unsere Zeit ist es auch das Signum der Analphabeten.

Besonders auffällig sind die vielen kleinen ausgeriebenen Näpfchen an der Wand, die meist in Verbindung mit den Kreuzen oder Strichmännchen aufscheinen. Es sind aber auch Näpfchen zu sehen, die Kreise bilden oder (mit einem Schrägkreuz in der Mitte) ein sogenanntes Sonnenrad. Auch dieses Näpfchenbohren ist eine uralte magische Kulthandlung.

»Was weiß man genau über diese Bilder?« fragte uns der Sohn eines jener Männer, die diese Felsbilder wiederentdeckt hatten. Er hatte uns den Weg gezeigt und dann neugierig beim Fotografieren und Skizzieren zugesehen.

Felsbilder sind etwas Mysteriöses! Da gibt es ganz ausführliche Pfarr- und Ortschroniken, in denen viel Wichtiges, aber auch viel Nebensächliches berichtet wird – aber in keiner werden die Felsbilder in der Nähe des Ortes auch nur mit einem Wort erwähnt. Und doch müssen sie stets bekannt gewesen sein, weil sich auf den meisten Bildflächen auch Initialen und Jahreszahlen vom 16. Jahrhundert bis in unsere Zeit befinden. Interessant ist auch, daß viele der Felsbildersymbole des Alpenraumes auch bei den Felsbildern Afrikas, Amerikas und Asiens aufscheinen und außerdem in allen Epochen vorkommen. Daß Zeichen auch oft auf bereits vorhandene gesetzt wurden, läßt schließen, daß nicht das fertige Bild, sondern dessen Anbringung (»Verewigung«) das Wesentliche bedeutete. Im allgemeinen läßt sich an den Felsbildern der ganzen Welt durch alle Zeiten hindurch schon ein gemeinsamer Grundgedanke erkennen. Aber rätselvoll sind und bleiben sie trotzdem überall.

Lange Zeit hielt man die Felsbilder für Spielereien gelangweilter Hirten oder Jäger. Doch jener Mensch, der auf unserem Felsen den Lebensbaum sauber eingravierte, hat diese Arbeit in dem schwer zu bearbeitenden spröden Gestein sicherlich nicht aus Langeweile getan. Aber warum ritzten er und all die vielen anderen ihre Bilder in diese kleine, feuchte Halbhöhle? Gibt es doch nicht weit daneben eine viel größere und eindrucksvollere, deren trockene Wände sich viel besser zur Aufnahme von Bildern eignen würden.

Was man genau über die Felsbilder weiß?

Eigentlich nur, daß man über sie nichts Genaues weiß . . .

Nach dem Besitzernamen wird das Gebiet um die Halbhöhle mit dem Lebensbaum auch »Seisen« genannt, der Waldhang, auf dem sie sich befindet »Blutschleiten«.

Von Göstling nimmt man die Fahrstraße durch das Weißenbachtal bis zum Seisenhof. Von dort die Forststraße (100 m rechts vom Hof) bergauf und in den Talgrund hinein (ca. 1 km). Vom Ende der Straße führt die dürftige Trasse einer nichtausgebauten Straße weiter. Dort, wo diese scharf und fast eben nach links abbiegt, geht man den rechten Ast der Trasse ca. 100 m weiter, bis er im Wald endet. Von dort weglos und sich schräg rechts haltend über den Steilhang hinauf zur Höhle auf der rechten Seite des Talgrundes (noch einmal ca. 100 m).

An die Besucher: Bitte, lassen Sie Ihre Hände von den Gravierungen, jedes Nachziehen der Linien führt zur Zerstörung der Bilder!

»Der Freischütz« vom Durchlaß

Der sogenannte Durchlaß ist ein alter Übergang vom Lunzersee hinüber in die Langau und nach Lackenhof. An ihm steht ein Marterl mit einem Bild, das ein Marterl zeigt, auf dessen Bild ein Mann schießt . . .

Das soll der große Wildschütz Seeau-Paul gewesen sein. Der war mit dem Teufel im Bunde und hat von ihm unfehlbar treffende Kugeln bekommen, mußte ihm aber versprechen, jeden Tag etwas Lebendiges zu schießen, damit jeden Tag frisches Blut fließt – sonst würde er dem Teufel gehören. Eines Tages traf er auf kein Wild. In seiner Verzweiflung schoß er dann vor dem Finsterwerden auf das Muttergottesbild am Durchlaß – und das Bild begann zu bluten! Zwei Versionen gibt es von der Sage: Nach der einen wurde der Seeau-Paul dann trotzdem vom Teufel geholt, nach der anderen ist er ein braver Klosterknecht der Kartäuser geworden.

Bei diesem Marterl in den Voralpen begegnen wir der uralten Vorstellung, daß das Göttliche auch in einem Kultbild lebt und dieses daher – wie ein Lebewesen – verletzbar ist und weinen oder bluten kann. Und darum lüpfen auch heute noch manche Bauern beim Vorbeigehen an einem Marterl den Hut, so als ob sie da am Waldrand oder Feldrain dem Herrgott oder der Gottesmutter persönlich begegnen würden.

Ein berühmtes »verletztes Kultbild« steht in der Wiener Franziskanerkirche: »Maria mit der Axt« (eine Holzplastik aus der Zeit um 1500). Da sich die Statue von den Protestanten weder zerhacken noch verbrennen ließ, wurde Maria zur Feuerpatronin Wiens und ihr Bild als Amulett gegen Feuersgefahr in den Häusern aufgehängt. – Auch die 1430 von den Hussiten verletzte »Schwarze Madonna von Tschenstochau« gilt heute noch als Symbol des leidenden Polen und seiner Kirche.

Unser Marterl zeigt aber auch eine in den Alpenländern besonders beliebte Sagengestalt – den Freischütz. Bald nach der Erfindung der Feuerwaffe hat sie das Volk mit Aberglauben umwoben, weil es zunächst die Wirkung von Schießpulver unbegreiflich fand und später die Treffsicherheit mancher Schützen. Da mußte der Teufel dabei sein!

In dem 1731 erschienenen Gruselbuch »Unterredungen von dem Reich der Geister« wurden bereits Zauberkugeln gegossen; in dem »Gespensterbuch« von 1811 ist dann die Sage vom »Freischütz« schon voll ausgeprägt und wurde von Carl Maria von Weber für seine 1821 vollendete Oper übernommen.

In den Alpenländern waren Wildschützen schon immer Lieblinge des Volkes: Männer, die wagten, Verbote der Obrigkeit zu mißachten. Sagenhaftes erzählte man von ihnen. Herkules hatte seine Nachfolger gefunden.

Heimatforscher haben recherchiert, daß der große Wildschütz Seeau-Paul wahrscheinlich ein gewisser Paul Loytaler, Bauer auf der großen Seeau, gewesen ist. Dieser ist allerdings nicht vom Teufel geholt worden, sondern (nach dem Totenbuch der Pfarre Lunz) im Jahre 1695 im Alter von 105 Jahren friedlich gestorben.

»Post sex« in Wieselburg

Der himmlische Heiligenschein überstrahlt gar oft das wahre Wirken der Heiligen auf dieser Welt. St. Wolfgang, Bischof von Regensburg, hat nicht nur beim Kirchengründen sagenhafte Beile kilometerweit geworfen und andere Wunder gewirkt, er war tatsächlich einer der erfolgreichsten Missionare des Abendlandes. Auch Wieselburg an der Erlaf ist eine Gründung von ihm.

Nach Urkunden aus den Jahren 976/979 war er von Kaiser Otto II. ermächtigt worden, am Zusammenfluß (Zuisila) der Großen und Kleinen Erlaf ein Castellum zu errichten. Tat er das auch? Bis in die Mitte unseres Jahrhunderts hatte man davon nicht die geringste Spur gefunden.

»St. Wolfgang dir sei anvertraut hier dieser Ort den du erbaut« verkündete trotzdem eine Inschrift unter einem etwas derb auf Blech gemalten barocken Bild am Wieselburger Pfarrhofeingang (Pfarrhofgasse 3). Es zeigt einen knieenden Ritter, dem ein von Engeln umgebener Bischof ein Pergament mit der Aufschrift »nach sechs« präsentiert.

Es ist dies eine Darstellung der mittelalterlichen »Post sex - Legende« von Kaiser Heinrich II. (dem Heiligen) und St. Wolfgang, die so erzählt wird: »Als der heilige Bischof ins bessere Leben eingegangen war, zog die Liebe oft den dankbaren Zögling Herzog Heinrich von Bayern zum Grabe seines heiligen Lehrers. Einmal – es war im Jahre 1008 und Heinrich noch nicht Kaiser – träumte es ihm, er sei in der Kirche St. Emmeram und kniee am Grabe Wolf-

gangs im Gebete. Plötzlich schien ihm der Heilige an seiner Seite
zu stehen und zu reden: ›Sieh' genau auf die Schrift an der Mauer
neben meinem Grabe!‹ Er schaute auf und las nur die zwei Worte:
Post sex (= nach sechs). Als Heinrich erwachte, konnte er diese
beiden Worte nicht mehr los werden. Er deutete zuerst den Sinn
derselben dahin, daß er nach sechs Tagen sterben werde, und gab
viele Almosen. Als aber die sechs Tage vorübergingen und er keine
körperlichen Beschwerden fühlte, dachte er, es werden wohl sechs
Monate gemeint sein, und verlebte dieselben in banger Furcht.
Aber auch diese Zeit verfloß, ohne daß er krank geworden wäre.
Nun glaubte er fest, daß er nach sechs Jahren vor Gottes Gericht gefordert werde und heiligte die ganze Zeit durch Vorbereitung auf
einen guten Tod. Die sechs Jahre vergingen, das siebente brach an
und – brachte ihm die Kaiserwürde.« (Nach O. Häfner, Der heilige
Wolfgang).

Nachdem eine Präsenz St. Wolfgangs zu Wieselburg immer
mehr bezweifelt wurde, beachtete man auch das alte Blechbild mit
der »Post sex-Legende« nicht mehr sonderlich, und fragte höchstens, was diese Darstellung einst bezweckt haben könnte. Nach
allem, was man wußte, war die Wieselburger Kirche erst um das
Jahr 1100 gebaut worden, und da waren Wolfgang († 994) und auch
der Kaiser Heinrich II. († 1024) schon längst gestorben . . .

Und dann schlug im Jahre 1952 der Blitz in die Kirche ein, steckte
sie in Brand – und änderte auch blitzartig die Historie. Denn bei
den nachfolgenden Restaurierungsarbeiten, Untersuchungen des
Mauernaltbestandes und Grabungen ergab sich, daß um 990 (also
tatsächlich zu Wolfgangs Zeit!) eine bereits bestehende ältere Wall-
anlage großzügig ausgebaut und in ihrem Zentrum eine repräsen-
tative Kirche errichtet wurde. . . . eine frühromanisch/ottonische
Zentralkirche, »der älteste, im wesentlichen erhaltene Bau aus
deutscher Zeit weit und breit, und darüber hinaus in seiner Art etwas Einmaliges für ganz Österreich«. Bis dahin hatte man in diesem Bauteil nur Reste eines romanischen Karners gesehen.

Nach Wolfgangs Tod hatte sich sein Schüler Kaiser Heinrich II.
um den Bau gekümmert, und Wände und Kuppel bekamen zu Beginn des 11. Jahrhunderts ihren Freskenschmuck, der, nunmehr
wieder freigelegt, »zu den ältesten Monumentalmalereien des frühen Mittelalters in Österreich« zählt.

Unser Blechbild – so primitiv es auch gemalt sein mag – hatte,
schon lange vor allen wissenschaftlichen Untersuchungen und

Grabungen, die Beziehungen des Bischofs Wolfgang und des Kaisers Heinrich zu Wieselburg als eine feststehende Tatsache dokumentiert und somit den Aussagewert alter Überlieferungen aufs neue bestätigt.

Das Blechbild mit der »Post sex - Legende« hinterläßt heute einen besonderen Eindruck, der aber aus ganz besonderen Bereichen kommt. In einer so liebenswerten Kleinstadt wird es umso nachhaltiger offenbar, daß in unserer Atomzeit auch eine solche Idylle nicht in einer anderen Welt liegt. Wie würden wir alle reagieren, wenn man uns »Post sex« eine große Veränderung ankündigte?

Hauptsehenswürdigkeit in der Wieselburger Stadtpfarrkirche ist das Oktogon mit den frühmittelalterlichen Fresken (die durch ihren schlechten Erhaltungszustand allerdings nur historisch interessant sind). In der Kirche gibt es aber auch noch eine amüsante Kuriosität: Das moderne Mosaik auf dem linken Seitenaltar zeigt St. Josef, den Patron der Sterbenden . . . die rechte Hand des Sterbenden ist seitenverkehrt.

Das Söhnleingrab zu St. Gotthard/Texingtal

Ein kleiner Grabstein an der Kirchenwand von St. Gotthard . . .
Verglichen mit den vielen anderen oft prunkvoll gestalteten Marmorepitaphien, die heute noch die Erinnerung an hochlöbliche und hochgeborene Persönlichkeiten festhalten, erscheint diese kleine Platte mit der nur schwer lesbaren Inschrift unscheinbar und unbedeutend. Und doch ist sie ein Dokument über die schreckliche Zeit des Dreißigjährigen Krieges:

> »Hier liegt begraben des Thraunischen Regiments Obristliut. Herrn Schmidts 2. Comp. bestellten Liutenantens Johan Mergnin und Pruntrudis Mariae Magd (alenae) seiner ehelichen Frauen eheleiblich Söhnlein Herman, so den 4. Aug(ust) 1647 im Feldlager bei Eger in Böhmen geboren und den 25. Dezember 1649 im Quartier der Dechantei Kirnberg an den Stainblattern selig entschlafen; deme und uns allen Gott der Allmächtig ein fröhliche Auferstehung verleihen wolle. Amen.«

Kaum zweieinhalb Jahre alt war das Soldatenkind bei seinem Tod; mit seiner Mutter ist es dem Vater sein kurzes Leben lang im Krieg

überallhin gefolgt. Eine uns Heutigen schon fast unbegreifliche
Vorstellung: Frauen und Kinder vieler Berufssoldaten zogen damals im Troß hinterher. Das Regiment des Octavio Piccolomini
(der nicht nur eine Bühnenfigur in Schillers »Wallenstein« ist) hatte
– zum Beispiel – einen Anhang von etwa 300 Frauen und Kindern.

Im Jahre 1649 war der Dreißigjährige Krieg wohl schon zu Ende,
aber dem (Westfälischen) Frieden traute noch keine der Parteien.
Jede hielt ihre Truppen noch in Bereitschaft. Und das war schlimm
für die Bevölkerung, die diesen Soldaten Quartier und Verpfle-
gung geben mußte (nur Klöster und Herrschaftssitze waren von
solchen Einquartierungen ausgenommen). In diesem Dreißigjährigen Krieg waren im Weinviertel 58 % des Hausbestandes zerstört
worden, im Waldviertel 36 %. Und zwischen dem Pielachtal und
dem Wienerwald sind 16 % der Häuser nicht vom Feind, sondern
von den Soldaten des katholischen Kaisers vernichtet worden!

St. Gotthard im Texingtal ist ein stiller Kirchweiler in einem idea-
len, noch immer viel zu wenig bekannten Wandergebiet. Einst war
er ein vielbesuchter Wallfahrtsort. Die »Goldene Kirche« nannte
man den (um 1400 errichteten) Bau auf dem markanten Hügel, der
aber im Türkenkrieg 1683 und dann durch einen Brand im Jahre
1856 viel von seiner prächtigen Ausstattung verloren hat. Haupt-
ziel der Wallfahrer war jedoch der »Gotthardibrunnen« unterhalb
der Kirche.

Gotthard (eigentlich Godehard), Bischof von Hildesheim, um
960 als Kind armer Bauersleute geboren, hatte viel für die katholische Kirche getan und wurde in ganz Mitteleuropa (vor allem vom
Klerus) verehrt. Die Kirche im Texingtal soll vom Kloster Altaich in
Bayern gegründet worden sein, mit dem Gotthard eng verbunden
war. Daß Gotthard im Texingtal als Helfer gegen Viehkrankheiten
verehrt wurde, läßt vermuten, daß er (der kein richtiger Volksheili-
ger war) dem Volk von der Geistlichkeit als Nothelfer empfohlen
worden war, das in ihm aber einen St. Leonhard – den selbstge-
wählten Viehpatron – sah.

Über der still aus dem Boden sickernden Quelle wurde 1773 eine
Kapelle erbaut; in einer Nische ober dem Eingang steht eine Steinfigur des heiligen Bischofs mit einem Ochsen und einem Schaf zu
Füßen. Die Kapelle ist beste (harmonische) Bauernarchitektur, die
Plastikgruppe ein gutes Werk der Volkskunst (das auch den großen Ochsen fast so klein und so lieblich wie das Lamm gemacht
hat).

Die vielen Toten des Dreißigjährigen Krieges haben nur ganz wenige Grabdenkmäler hinterlassen. Es ist daher etwas Außergewöhnliches, daß damals ein »Liutenant« seinem Söhnlein einen für sein Einkommen und bei den damaligen Verhältnissen sicherlich kostspieligen Grabstein anfertigen ließ . . .
    »Er hat auf Erden kein bleibend Quartier,
    kann treue Lieb' nicht bewahren.«
sagt ein Soldat über die Soldaten in »Wallensteins Lager« von Schiller. Der kleine Stein des kleinen Herman Mergnin zu St. Gotthard beweist, daß es damals doch auch Ausnahmen gegeben hat.

Die Goldburg von Murstetten

Die Goldburg . . .
    »An der Kirchenmauer steht sie. Sie können sie nicht übersehen!« sagte uns die junge Frau. Das konnten wir tatsächlich nicht. Gut zwei Meter lang und mehr als einen Meter hoch ist das nach einem Stich von Georg Mathäus Vischer angefertigte und vom Verschönerungsverein aufgestellte Modell der einstigen Goldburg.
    Eine Tafel an der Kirchhofmauer berichtet von der Geschichte der Burg. Im 11. und 12. Jahrhundert hieß sie Muristetin; ab 1531 kam sie in den Besitz der Althans und wurde zum Wasserschloß umgebaut; Mitte des 17. Jahrhunderts erfolgte ein weiterer Ausbau; 1683 wurde sie von den Türken zerstört; 1720 neuerrichtet und 1809 von den Franzosen (wegen Tötung eines Soldaten) endgültig zerstört. Als prominente Besucher werden genannt: Karl VI., Maria Theresia, Franz I., Prinz Eugen, Joseph Haydn.
    Von dem Platz vor der Kirchenmauer kann man den Platz überschauen, auf dem das Original des Modells einst stand . . . ein Stück Land mit üppigen Wiesen und hohen Bäumen und Buschwildnis. Streift man darin ein wenig herum, dann steht man vor einer Steinstiege, die nirgendwohin führt, oder vor Statuen, die wie verloren in dem Gesträuch stehen. Grausig sind die Statuensockel geschmückt (kann man da überhaupt von Schmuck reden?) mit ganzen Bündeln von ineinander verschlungenen steinernen Schlangenkörpern – und unwillkürlich schaut man zu Boden, ob da nicht lebende Vipern züngeln.
    Dichtverwachsen wie ein Dschungelgewässer ist der Wassergra-

ben, eine hohe Brücke führt über ihn hinüber – man sieht sie aber in dem Astgewirr erst, wenn man dicht davor steht. In einer Grotte am Fuße der Brücke liegt der steinerne Körper eines Tieres ohne Kopf . . . es soll der Hund von der Goldburg sein.

Der Sage nach soll im 17. Jahrhundert ein Hund eine vergrabene Truhe mit soviel Geld aufgespürt haben, daß die Althans damit ihre Burg zur Goldburg ausbauen lassen konnten. Doch dieser Hundetorso unter der Brücke ist (nach den Pfoten) gar kein Hund, sondern wahrscheinlich der Löwenkörper einer Sphinx. Außerdem ist bereits in einer Urkunde vom Jahre 1403 die Murstettner Burg als »Goltpurg« genannt worden.

Wahr ist hingegen, daß die Althans am Kaiserhof zu Wien hohe Ämter hatten. Der bedeutendste von ihnen war Gundacker Graf Althan (1665-1747). Er war nicht nur Direktor aller »Hoff-Civil-Lust- und Garten gebäu« (der u. a. bei der Erbauung der Karlskirche und der Nationalbibliothek die organisatorische Leitung hatte), er war auch jener Mann, der die Kunst dahin lenken mußte, das Kaiserhaus zu verherrlichen. Wo immer wir heute einen Karl VI. in Pose und Apotheose sehen – der Althan hat's angeschafft. Auf dem Sterbebett soll jener Kaiser noch gesagt haben: »Was, nur zwei Kerzen? Als römischem Kaiser gebühren mir vier!«

Das kleine Modell der Goldburg und das grüne Land an jener Stelle, an der diese Burg einst stand, bilden einen seltsamen Kontrast. 1809 . . . ist für uns Heutige noch eine Jahreszahl, von der wir meinen, daß sie eigentlich nicht allzulange zurückliegt. Und doch ist seit damals ein Riesenschloß fast spurlos verschwunden, hat die Natur einen kultivierten Garten mit Blumenbeeten und Wasserkünsten und gepflegten Wegen wieder in unberührte Natur zurückverwandelt.

Viel von der Goldburg haben auch die Bewohner der Umgebung davongetragen, und im nahen Perschling – so haben wir es gelesen – ist noch etwas davon zu sehen.

Die alte Poststation Perschling gehört (so wie die von Purkersdorf und Melk) zu jenen, die von Karl Josef Edlem von Fürnberg, einem sehr originellen Postmeister, am Anfang des 18. Jahrhunderts erbaut wurden und mit ihrem reichen Dekor eher wie Musentempel aussehen. Die Station Perschling allerdings bräuchte schon dringend eine Renovierung. Jetzt wird sie von Türken bewohnt, und bei unserem Besuch lagen auf der Sonnseite des Posthofes Berge von Schafwolle ausgebreitet. Im Türkensitz hockte eine sehr freundliche alte Frau davor und schlug – zur Lockerung – mit einem Stock und stoischer Gelassenheit auf die Wolle ein.

Mitten im Hof ein malerisches Stilleben: Säulen- und Gebälkfragmente, zum Trocknen aufgelegte Kürbisse, eine Schaukel für die Kinder, ein Herkules schaut, zu allem entschlossen, auf dieses Durcheinander. Von wildem Wein umrankte Steinvasen. Eine nackte Steindame an der Hofwand neben einem Mistkübel. Und ein Pan, der seine Flöte ganz und gar lustlos in der Hand hält. Der Anblick dieser Überbleibsel von der Goldburg zeigt, wie schnell Glanz und Glorie dieser Welt vergehen können.

Unbedingt sehenswert ist die Pfarrkirche von Murstetten, die »Herrschaftskirche« der Althans, in der sich ihre zum Teil künstlerisch hochwertigen Grabdenkmäler (auch das vom Grafen Gundacker) und einige Totenschilde befinden.

Der Lichtstein von Lanzendorf

Die kleine Kirche mit dem schiefen Turm steht nur einen Steinwurf weit neben den Geleisen der Westbahn zwischen Neulengbach und Böheimkirchen, und so beim Vorbeifahren haben schon unzählige Leute gedacht, daß man dieses alte Kirchlein eigentlich einmal näher besichtigen müßte. Jedoch: Sogar die winzigste Kirche im verborgensten Winkel des Waldviertels oder Voralpenlandes bekommt mehr Besucher als die romanische Martinskirche von Lanzendorf . . .

Man vermutet, daß diese Kirche auf die karolingische Zeit zurückzuführen ist; der heutige Bau stammt aus dem 12. Jahrhundert, der wahrscheinlich schon bei der Erbauung schief geratene Turm aus dem 15. Jahrhundert. Der Kirchenraum (dessen Wände leider stark übertüncht sind) enthält keine großen Kunstschätze, gibt aber in seinem unverbauten Zustand eine eindrucksvolle Vorstellung, wie eine mittelalterliche Bauernkirche ausgesehen hat. Nur zweimal im Jahr wird darin noch das Meßopfer gefeiert, an den Festtagen von St. Martin und St. Johann. Die Glocke hingegen wird noch dreimal am Tag geläutet, um sechs Uhr früh, um zwölf Uhr mittag und um sechs Uhr abends. Der Mann aus dem Haus am Bahndamm (der auch die Kirche für Besucher aufsperrt) stapft auch im strengsten Winter und durch tiefsten Neuschnee zu der Kirche auf dem Felde. Ob ihm das nicht manchmal schwerfalle?

»Das ist schon ein Teil von meinem Leben geworden!« sagt er.

Etwas sehr Originelles ist der alte Opferstock an der Martinskirche. Er wurde in die Wand neben der Kirchentür eingemauert und hat zwei Einwurfschlitze – der eine Schlitz ist im Kircheninneren, der andere an der Außenseite. Edle Spender konnten also jederzeit spenden. Ein Vorläufer (wenn auch im umgekehrten Sinne) eines Bankomaten!

Über dem Kircheneingang ist eine runde Steinplatte mit sieben Schalen eingemauert. Solche mittelalterlichen Licht-Schalensteine finden sich vor allem im Westen des deutschsprachigen Raumes; in Niederösterreich hatte der verdienstvolle Erforscher mittelalterlicher Kultrelikte Franz Hula nur zwei Licht-Schalensteine entdekken können: Einen, der 1963 bei Grabungen in Stillfried freigelegt wurde (und der jetzt im Wiener Diözesanmuseum ist), und den Stein von Lanzendorf.

Der Feuerkult ist uralt. Die junge Kirche sah zunächst im »Heiligen Feuer«, im »Ewigen Kultfeuer« (wie es noch die Römer durch die Vestalinnen hüten ließen), einen heidnischen Brauch, den sie aber nicht abschaffen konnte, weil er im Menschen zutiefst verwurzelt war. So reduzierte sie ihn auf das Abbrennen von Öllichtern und Wachskerzen (deren erste Verwendung bei den Römern des 1. Jahrhunderts n. Chr. bezeugt ist). Noch Karl der Große verbot das Entzünden kultischer Feuer, und erst ab dem 10. Jahrhundert kam es auch im Abendland zur Einbeziehung des Feuerkults in die christliche Kirche. Man weihte Feuer und Kerzen, und Christus wurde zum »Licht der Welt«, das Böses vertreibt. Damals wurden auch die ersten Lichter für die Armen Seelen im Fegefeuer entzündet und für alle Toten überhaupt. Ab dem 12. Jahrhundert entstanden auch diese Licht-Schalensteine, die am Eingang von Kirchen oder Karnern angebracht waren und in denen ein in Wachs, Unschlitt oder Öl gesteckter Docht entzündet wurde. So wie die Totenleuchten dienten auch diese Lichtschalen dem kollektiven Totenkult der Gemeinschaft der Lebenden und der Toten.

Ob ein Zusammenhang zwischen den Licht-Schalensteinen und den Schalen an Felsblöcken in der Landschaft besteht? Franz Hula glaubte jedenfalls, »daß diese urtümliche Art des Lichtkultes ihren Ursprung in einer weiter zurückliegenden Vergangenheit hat«. Und über das Weiterleben dieses Kults meinte er: »Der im Schalenstein verwirklichte Brauch scheint in der in der Folge aufkommenden Gewohnheit, Opferkerzen auf Eisengestellen verschiedener

Form – meist sind es runde Blechtische – aufzustecken, eine Art Fortsetzung gefunden zu haben, doch hat sich hier nicht nur das äußere Bild gewandelt, sondern auch der Kollektivcharakter des Males, der ja das eigentliche Wesen des ursprünglichen Brauches ausmachte, ging zum größten Teil verloren. Wenn man das Opfer einst für alle armen Seelen brachte, es hieß doch ›omnium fidelium animarum‹, so wird es nun zum Opfer für den Einzelnen.«

Einst gab es viele derartige Licht-Schalensteine, heute sind sie zu einer besonderen Rarität geworden. Als sie mit dem Ende des Mittelalters ihre Funktion verloren, wurden die meisten von ihnen entfernt. In Lanzendorf hatte man den alten Stein aus Pietät (wahrscheinlich anläßlich der Umgestaltung der Kirche und des Turmbaus im 15. Jahrhundert) in die Kirchenmauer eingemauert. Wie weit entfernt aber das mittelalterliche Denken von neuzeitlichen Vorstellungen war, zeigt die Sage, die später über den Stein entstand: Ein Wolf (nach einer anderen Version ein Bär) soll einmal in die Kirche gelaufen und darin gefangen worden sein – die sieben Schalen sind die von ihm hinterlassenen Fußabdrücke!

Bei Böheimkirchen ist außerdem eine recht eindrucksvolle mittelalterliche Erdburg mit tiefem Wallgraben zu besichtigen – das »Öde Schloß«. Von der Straße Böheimkirchen – St. Pölten folgt man gleich nach der Perschlingbrücke (gegenüber einer Tankstelle) einem nach Süden führenden Sträßlein. Nach einem Tunnel durch den Westbahndamm geht man einen Feldweg ca. 300 m weit bis zu dem Erdwerk (vorher ein auffallendes Feldkreuz).

Riederberg: Spaziergang ins Mittelalter

Wie ein Frühstücksei köpfte man einst die Kuppen markanter Erhebungen, zog einen Wall herum, befestigte die Krone mit Palisaden und stellte ein festes Haus in den Mittelpunkt der Anlage. Solche »Hausberge« waren die Vorläufer der mittelalterlichen Steinburgen, sozusagen die »Ur-Ritterburgen«.

Einer der eindrucksvollsten und interessantesten Hausberge in Wiens Nahumgebung ist bei Ried am Riederberg zu sehen. Er ist ein Werk aus der Übergangszeit (frühes 12. Jahrhundert), bei dem der innerste Kern der Anlage bereits aus Stein errichtet wurde, der dreifache Festungsgürtel rundum aber noch aus Erde besteht. Der Anblick dieses gewaltigen Erdwerkes läßt verstehen, daß man solche Hausberge im vorigen Jahrhundert für vorchristliche Heiligtümer hielt und sie sogar mit den Stufentürmen Babylons verglich (siehe auch Seite 150).

Seit dem 15. Jahrhundert ist der Hausberg von Ried eine öde Stätte. Hohe Bäume wachsen aus den Wällen, Baumleichen modern in den Festungsgräben. Und noch immer ist zu erkennen, welch ungeheure Erdmassen hier zu Schutz und Trutz bewegt wurden.

Natürlich lebten die Bewohner des festen Hauses nicht isoliert auf ihrem Hausberg. Jeder dieser Berge hatte auch sein »Hausbergdörfl«, und das vom Riederberg wurde bereits in einer Urkunde von 1342 als »Dorfflein auf dem Perig« (= Berg) genannt, aber erst im Jahre 1983 wiederentdeckt. Es ist eine sogenannte »Wüstung«.

So werden jetzt nicht mehr existierende mittelalterliche Siedlungen genannt. Diese verschollenen, verschwundenen, versunkenen Orte (in Niederösterreich sind es mehr als 2000!) haben schon immer die Phantasie des Volkes bewegt, die Wissenschaft hingegen begnügte sich bisher mit deren Registrierung und schien auf eine genaue Lokalisierung weniger Wert gelegt zu haben.

Neuerdings hat sich das geändert. Seit einigen Jahren wird Mittelalter-Archäologie intensiver betrieben, um – wie es Univ. Prof. Dr. Fritz Felgenhauer vom Institut für Ur- und Frühgeschichte formulierte – »diese noch in vielen Bereichen unerforschten Jahrhunderte besser kennenzulernen. Wir wissen zwar aus Aufzeichnungen und Bildern viel über das Leben der oberen Schichten jener Zeit. Über die Wohnverhältnisse der einfachen Leute, über das Leben am Bauernhof und darüber, welche Werkzeuge und Geräte benützt wurden, fehlen uns aber noch ausreichende Informationen.« – Immerhin weiß man jetzt schon, wie hoch die Lebenserwartung eines gewöhnlich Sterblichen im Mittelalter war – nämlich 24 Jahre!

Wüstungsforschung ist keine spektakuläre Arbeit. Meist sind auch die Ursachen recht profan, die zum Verlassen des Ortes geführt haben: Versiegen von Quellen, Landflucht u. a. Sensationelle Funde sind ebenfalls keine zu erwarten. Wüstungsforschung ist also eine Arbeit für Idealisten.

Als solcher zu bezeichnen ist der ehemalige Mittelschulprofessor Dr. Kurt Bors, der nach seiner Pensionierung ein neues Betätigungsfeld suchte und für den mit der Wüstungsforschung ein neuer Lebensabschnitt begann. Er hat auch das »Hausbergdörfl« des Herrensitzes beim Riederberg entdeckt.

Nur einen Kilometer Luftlinie von diesem Hausberg entfernt befindet sich in einer Waldschlucht ein zweites Relikt aus dem Mittelalter – die Ruine des Klosters »Zu Unserer lieben Frau und St. Laurentius im Paradeis«. Ihre Geschichte ist kurz und unheilvoll.

Im Juni/Juli des Jahres 1451 predigte der Franziskanermönch Johannes von Capistrano in Wien, was auch zur Folge hatte, daß viele junge Männer spontan dem Orden der Franziskaner beizutreten wünschten. Für sie wurde in dieser Einsamkeit das neue Kloster gegründet . . . das Paradies.

War es das? 1495 erfror ein vom Gabensammeln heimkehrender Bruder nahe des Klosters in einem Schneesturm. 1509 gingen Kirche und Kloster in Flammen auf; ein junger Mönch, der gläubig am Hochaltar Schutz gesucht hatte, verbrannte mit ihm. Das Kloster wurde zwar wiederhergestellt, jedoch im Jahre 1529 kamen die Türken. Und wieder brannten Kirche und Kloster und die voll Gottvertrauen darin verbliebenen Mönche wurden von den Türken in die Flammen geworfen. Diesmal gab es keinen Wiederaufbau mehr. Vom »Paradies« blieb nur eine malerische Ruine, die an die Bilder des Romantikers Caspar David Friedrich erinnert, und neben dem Gemäuer noch das alte Klosterbrünnl, dessen leises Gluckern der einzige Laut in einer tiefen Stille ist.

Zum Hausberg: Vom Ort Ried zweigt links, nach dem Haus Hoffeldstraße 19, ein sanft ansteigender Weg ab, der in etwa 10 Minuten bis zu einem Weiher am Fuße des markanten, bewaldeten Hausberges führt. (Dort wurde links vom Weg das »Hausbergdörfl« lokalisiert). Nach noch einmal ca. 10 Minuten über den Waldweg bergan gelangt man zu den Wällen der alten Erdburg.

Zur Klosterruine führt von Ried ein blaubezeichneter Weg (Gehzeit ca. 15 Minuten). Es ist aber auch möglich, von der sogenannten Klosterkurve an der Riederbergstraße über eine Wiese direkt zu der blauen Markierung abzusteigen (dann sind es bis zur Klosterruine nur 5 Minuten).

Das Amphitheater bei Mödling

»Die Ruinen bei Mödling sind alle falsch!« heißt es. Aber auch das ist falsch . . . von der Ruine Mödling und der Burg Liechtenstein sind immerhin die Grundmauern echt. Der Mensch von heute findet keine rechte Beziehung zu künstlichen Ruinen.

Schon seit dem Beginn der Renaissance waren Künstler von Ruinen fasziniert, ab der Mitte des 18. Jahrhunderts ließen sich hohe Herrschaften solche auch in ihren Lustgärten erbauen (sogar die durchaus nicht romantisch veranlagten Habsburger bestellten sich eine Römische Ruine für ihren Park in Schönbrunn).

Feldmarschall Johann Fürst von Liechtenstein (1760-1836) war zwar der Schöpfer der Ruinenlandschaft um Mödling, aber kein weltferner Träumer und Schwärmer, sondern Soldat, den so leicht nichts erschüttern konnte. Wie sein Biograph berichtet, wurden 23 Pferde unter ihm getötet oder verwundet, 3 Hüte und 2 Degen wurden ihm von feindlichen Geschoßen durchlöchert und einmal riß ihm eine Kanonenkugel sogar die Rockschöße weg. Im Jahr 1810 beendete er seine militärische Laufbahn und widmete sich dann nur noch seinen zahlreichen Besitzungen.

Dazu gehörte auch das Gebiet um Mödling. Das war damals – so unglaublich das heute erscheint – eine vollkommen kahle Landschaft, die nur als Schafweide benutzt wurde. Fürst Liechtenstein war es, der dort ab 1810 wieder Bäume setzen ließ. Daran erinnert noch heute eine Tafel am Eingang der Mödlinger Klause mit der Inschrift: »Enkel sagen es den Enkeln. Wer dieser Gegend ihr erhöhtes Leben gab, war Fürst Johann Joseph von Liechtenstein . . .«

Die vorhandenen Ruinen der einstigen Burgen Mödling und Liechtenstein genügten dem Fürsten nicht – er ließ sie »ausbauen«. Und gleichzeitig ließ er auch noch neue Ruinen bauen . . . den Schwarzen Turm, das Pfefferbüchsl, den Stockzahn und das Amphitheater. Es wird berichtet, daß der Fürst sehr oft allein oder mit Gästen bei diesen Bauten verweilte. Es gehörte damals »zum guten Ton«, beim Anblick von Ruinen über die Vergänglichkeit aller irdischen Macht und Herrlichkeit zu parlieren, um aus diesem unverbindlichen Geplauder neue Impulse für freudigen Lebensgenuß zu finden. Die künstliche Ruine war also keineswegs ein nur sinnlos in der Gegend stehendes Zier-, sondern ein Stimulanzobjekt. Doch auch die Zeit der Ruinenromantik verging wieder, und bereits der Sohn des Fürsten Johannes hätte am liebsten diese »Zeugen eines seltsamen Geschmacks« entfernen lassen. Er tat es nur aus Pietät nicht . . .

Von diesen künstlichen Ruinen ist das 1810 erbaute Amphitheater auf dem Kalenderberg die größte und imposanteste – und gleichzeitig auch die unglaubwürdigste. All dem anderen Gemäuer in der Umgebung könnte man beim ersten Hinschauen auch eine Entstehung in der Ritterzeit zugestehen, doch jeder, der jemals eine echte römische Ruine gesehen hat, wird beim Anblick des rohen Mauerwerks und der plumpen Bögen kaum in Versuchung kommen, in diesem Bauwerk den Rest eines römischen Amphitheaters zu sehen.

So wird diese künstliche Amphitheater-Ruine in ihrer Primitivität zu einem Demonstrationsdenkmal für die Größe wahrer römischer Baukunst. Ich muß vor ihr stets an die (wahre oder erfundene?) Anekdote denken, nach der eine berühmte Persönlichkeit beim Anblick des Kolosseums in Rom voll Bewunderung ausgerufen haben soll: »Ruinen haben sie bauen können – diese alten Römer!«

Der Karlstisch in Baden

Vom Badener Bahnhofsplatz geht man nur zweimal ums Eck und schon ist man da . . . vor dem Weg, der (gegenüber dem Haus Rohrgasse 28) in die Weingärten hineinführt zum Karlstisch.

Erster Eindruck: Die auf einem modernen Betonsockel aufliegende urtümliche Steinplatte mit dem beachtlichen Durchmesser von 1,60 m ist ein Fremdkörper in dieser Umgebung.

Aus dem Weingarten nebenan rief uns ein älterer Mann zu: »Auf diesem Tisch hat schon der alte Kaiser gegessen . . . der Karl der Große natürlich!«

»Wirklich?«

»Was is' schon wirklich?« antwortete er und schnipselte an seinen Weinstöcken weiter.

Bis zum Jahr 1923 stand der Karlstisch unter zwei Riesenkastanienbäumen, die vor langer Zeit an Stelle ehemaliger Eichen gepflanzt worden sein sollen. Und bis zu ihrem Versiegen im Jahre 1848 entsprang bei dem Tisch auch eine Karlsquelle.

Nicht nur Karl der Große soll hier gegessen und auch Gericht gehalten haben. Nach einer anderen Sage hielt der Besitzer der »Veste Rohr« an diesem Tisch seinen Abschiedsschmaus, bevor ihn der Teufel holte, dem er wegen einer schönen Frau seine Seele verschrieben hatte. (Die um das Jahr 1000 entstandene Veste Rohr soll 1477 von Matthias Corvinus zerstört worden sein.)

Seltsame Bräuche gab es einst um den Karlstisch. Bis zum Jahr 1839 wurde an jedem 28. Jänner (dem Todestag Karl des Großen)

um ein Uhr Mittag ein Feuer angezündet und dabei der Tisch von
Paaren umschritten mit dem Spruch:

Bei Wasser und Feuer
Sagen wir heuer
Und lebenlang
Dem Ewigen Dank!

Als zwei betrunkene junge Burschen den Stein vom Sockel geworfen hatten und kurz darauf starben, stellte man diesen Brauch
ein. Überhaupt soll jeder an diesem Stein frevelnde von schwer-
stem Unheil betroffen worden sein.

Ein zweiter Brauch bestand ebenfalls bis in die Mitte des vorigen
Jahrhunderts, nämlich der, daß bei Hochzeiten in der Familie des
Grundbesitzers das Gastmahl beim Karlstisch stattfinden mußte,
wobei alle gekommenen Gäste zu bewirten waren. Das gab der
Hauerfamilie Karlhofer des heute nicht mehr existierenden »Karl-
hofes« in Leesdorf (immer wieder stoßen wir auf den Namen Karl!)
zwar eine gesellschaftliche Sonderstellung, war aber für sie auch
recht kostspielig. Als die Familie verarmte (woran die Hochzeits-
mahle allerdings nicht schuld waren), erlosch der Brauch.

Gewisse Bäume, Quellen und Steine galten in vorchristlicher
Zeit als Heiligtümer. Bei christlichen Wallfahrtsstätten scheinen in
den Ursprungslegenden ebenfalls sehr oft Bäume (z. B. Maria
Dreieichen), Quellen (z. B. Maria Brunn) und Steine (z. B. Maria
Taferl) auf. Beim steinernen Karlstisch gab es einst auch noch
Bäume sowie die Karlsquelle, außerdem den uralten Brauch, an gewissen Tagen dort ein Feuer zu entzünden. Auf seiner Platte sind
einige kleine ausgeriebene Näpfchen und im Zentrum eine (jetzt
mit Mörtel gefüllte) Schale zu erkennen (über Schalensteine siehe
auch S. 55). Alles deutet also daraufhin, daß wir hier vor einem alten Kultstein stehen.

Ein Steintisch wie der Karlstisch steht auch neben der Wallfahrtskirche Maria Taferl. Er wird allgemein als »Keltischer Opferstein« bezeichnet, und sogar den Autoren des Dehio-Kunstdenk-
mäler-Handbuchs (die solchen Objekten gegenüber eher zurück-
haltend sind) rang er die Bemerkung ab »wahrscheinlich vorchrist-
lich«. Schon lange bevor im Jahre 1660 der Grundstein zu einer
Wallfahrtskirche gelegt wurde, trafen sich die Leute aus der Umgebung alljährlich am Ostermontag bei diesem Stein zu einem Mahl,
wobei die Honoratioren am »Steintischl« Platz nahmen. 1736 bekam er eine schöne barocke Steinumfassung.

Der Karlstisch steht unbeachtet in jenem Weingarten. Doch beide Tische haben etwas gemeinsam . . . das seltsame Gastmahl an bestimmten Tagen oder zu einem besonderen Anlaß läßt an das rituelle Mahl im Fruchtbarkeits- und Totenkult vorchristlicher Zeit denken.

Übrigens: Auch in Kärnten gibt es einen solchen Steintisch. Er steht auf dem Dorfplatz von Rattendorf/Gailtal, soll aber früher (wie der Heimatforscher Johann Viertler feststellen konnte) auf dem Naßfeld gewesen sein. Auf seiner Oberfläche ist ein ausgeriebenes Näpfchen neben dem anderen. Und bei jedem Kirtag im Juli findet bei diesem »Zechtisch« – wie er genannt wird – als Auftakt ein kleiner Umtrunk statt.

Während wir den Karlstisch fotografierten, schien auch der Weinhauer nebenan über ihn weiter nachgedacht zu haben. »Das mit dem Karl dem Großen könnt' schon stimmen!« sagte er. »Weil – das hat mir mein Großvater erzählt!« Und er sagte das so, als wäre der Großvater mit Karl dem Großen persönlich am Karlstisch gesessen.

»Das Lebende Kreuz« von St. Johann

Das Steinfeld war einst Grenzgebiet. St. Johann im Sierningtale (eine öfter umgebaute Wehrkirche aus dem 11. Jahrhundert) ist einige Male von den Ungarn erobert worden, und dabei gab es auch Tote. Die dadurch entweihte Kirche mußte nach Abzug der Feinde wieder geweiht werden, und daran erinnern einige schwarze Kreuze in ihrem Inneren – es sind Weihekreuze.

Ein anderes Kreuz ist auf dem Fresko links vom Hochaltar zu sehen: ein sogenanntes Lebendes Kreuz. So werden jene Kreuzigungsdarstellungen genannt, die am Beginn des 15. Jahrhunderts aufkamen und bei denen aus dem Kreuzholz Hände herauswachsen, die in das auf dem Bild dargestellte Geschehen im wahrsten Sinne des Wortes eingreifen.

Das in der Zeit um 1440 entstandene Fresko von St. Johann wurde bei einer Neuausmalung der Kirche im Jahre 1860 entdeckt und 1892 und 1957 restauriert, wobei der obere, leider vollkommen zerstörte Teil des Freskos neu gemalt wurde. Es läßt sich daher nicht mehr feststellen, ob es bei diesem Fresko auch die (sonst üblichen) aus dem oberen Kreuzesstamm herausragenden agierenden Hände gegeben hat.

Höchst aktiv ist allerdings die aus dem unteren Teil unseres Kreuzes herausragende mächtige Hand. Sie hat die Pforten der Vorhölle geöffnet, den (nach katholischer Dogmatik) Aufenthaltsort aller Gerechten des Alten Testaments bis zur Himmelfahrt Christi. Adam und Eva kommen aus ihr heraus, Moses und andere Vorväter folgen dem Paar. Satan ist an eine brennende Säule gebunden, die anderen Teufel versuchen verzweifelt, die erlöste Schar zurückzuhalten.

Auch auf diesem Fresko werden – so wie bei allen anderen Lebenden Kreuzen – das Alte und das Neue Testament, die Synagoge und die Kirche einander gegenübergestellt. Die Synagoge ist ein Kuppelbau mit Rundbögen (der außerdem auch noch gleichzeitig die Vorhölle darstellt, aus der die Erlösten kommen); in der ihr gegenüberstehenden Kirche findet eine Taufe statt und wird das Meßopfer gefeiert. Bildinhalt ist also nicht der gekreuzigte Christus, sondern sein Erlösungswerk. Solche Darstellungen finden sich nur noch vereinzelt in Süddeutschland, in der Schweiz und in Italien – in Ostösterreich ist daher das Lebende Kreuz von St. Johann eine besondere Rarität.

Gegenüber der Kirche erhebt sich der Gipfel des Gfieder. Er hat zwar nur eine Seehöhe von 609 Meter, gehört aber schon zum Schneebergmassiv. Mit dem Gfiedergipfel beginnt auch die überaus eindrucksvolle Schneebergüberschreitung, die von Ternitz bis zum Klostertaler Gscheid führt. Wer bloß auf den Gfieder hinaufspaziert, kann aber jedenfalls behaupten, schon auf dem Schneeberg gewesen zu sein . . .

Die Einsiedlergrotte auf dem Mariahilferberg

Die Einsiedlergrotte auf dem Mariahilferberg bei Gutenstein erweckte schon immer zwiespältige Empfindungen in ihren Besuchern. Zwar möchte keiner freiwillig auch nur eine Nacht in dieser feuchten Felsenhöhle verbringen, aber gleichzeitig stellt sich jeder vor, wie herrlich es sein müßte, hier inmitten der Natur und fern des Alltags zu leben.

Von Einsiedlern in der Wüste erzählt schon die Bibel; Herbert Tichy traf im Himalaya Einsiedler in viertausend Meter Höhe. Im

Barock wurden wahrhaft barocke Einsiedeleien errichtet: Eremitagen in den Landschaftsgärten, welche kleine Schlösser waren und in die sich der Erbauer mitsamt seinem Gefolge in »Vollkommene Einsamkeit« zurückzog. Es wurden auch künstliche Grotten geschaffen, in die Klausnerpuppen gesetzt wurden, und in England sogar lebende Menschen, die sogenannten »Ziereremiten«. Sie wurden gegen hohe Entlohnung engagiert (in einer solchen Posten-Ausschreibung wurde sogar eine Höhle mit eigenem Bad, Hausorgel und Bibliothek angeboten!), mußten sich aber verpflichten, während ihrer Vertragszeit weder Haare, Bart noch Nägel zu schneiden. Es ist auch der Fall bekannt, daß ein solcher Ziereremit nach drei Wochen entlassen wurde, weil er sich nach der »Dienstzeit« abends heimlich ins Wirtshaus geschlichen hat.

In der Einsiedlergrotte auf dem Mariahilferberg hat niemals ein Einsiedler gehaust. Auch sie war eine Ziergrotte in der von den Serviten mit einem Kreuzweg und Kapellen zur »heiligen Landschaft« gestalteten Waldwildnis. Wie Fotos noch aus unseren dreißiger Jahren zeigen, kniete darin eine Klausnerpuppe, die Philipp Benitius (den großen Verbreiter des Servitenordens) darstellte, mit einem Totenkopf in der Hand. Die Höhle war sogar mit Tisch, Sessel und Betschemel möbliert, und natürlich fehlte weder die Gießkanne zum Heilkräutergießen noch die Bußgeißel bei der in malerischer Unordnung aufgebauten Einrichtung.

1661 ist das offizielle Entstehungsjahr der Wallfahrtsstätte auf dem Mariahilferberg. Damals hatte der Gutensteiner Hackenschmied Sebastian Schlager an einer Buche auf dem Buchschachen (wie der Mariahilferberg einst hieß) ein Marienbild befestigt, wie ihm im Traum von der Gottesmutter befohlen wurde.

Interessant ist nun die Tatsache, daß schon vor dem Jahre 1661 ein Einsiedler auf dem Mariahilferberg gehaust hat, allerdings nicht in einer Grotte, sondern in einem »Eremitenhäusl« beim Frauenbrünnl im Falkental (das heute Klamm genannt wird). Da sich Einsiedler mit Vorliebe in der Nähe sakraler Stätten aufgehalten haben und Frauen- oder Jungfrauenbrünndl zumeist alte Quellheiligtümer waren, kann man wohl annehmen, daß der Buchschachenberg schon seit langer Zeit von der Bevölkerung aufgesucht wurde. Durch das auf die alte Buche genagelte Marienbild ist der Buchschachenberg zum Mariahilferberg geworden.

1671 bezog ein Johann Mandel das »Eremitenhäusl«. Vier Jahre später beklagten sich die Gutensteiner, daß der Eremit kaum die

Hälfte dieser Zeit auf dem Mariahilferberg verbracht habe. Die Entschuldigung des Mannes zeigt wohl am deutlichsten das falsche Bild vom »stillen Klausner«, an dem Dichter, Maler und Philosophen jahrhundertelang gearbeitet haben. Er sagte, daß »er nothwendig dem almosen mues nachgehen, den sonst köntte er sich nitt erhalten«.

Auf schönem Wanderweg ist die Einsiedlergrotte vom Kirchenplatz auf dem Mariahilferberg (dort Wegtafel) in ca. 1/4 Stunde erreichbar. Ein besonderes Erlebnis ist jedoch eine Rundwanderung um den Residenzberg. Sie beginnt mit dem Kreuzweg, führt zum Heiligen Grab (dort der vielgerühmte Schneebergblick!) und schließlich an der Einsiedlergrotte vorbei (Gehzeit ca. 1 Stunde). Zu der »heiligen Landschaft« der Serviten gehörte auch die Magdalenengrotte (mit Statue der Heiligen), in deren Nähe einst die alte Einsiedelei beim Frauenbrünnl war (ca. 10 Minuten vom Kirchenplatz entfernt).

Gotschakogel: Ein Kreuzweg um 18 Millionen!

Ein besonderes Erlebnis beim Aufstieg nach Maria Taferl ist der Blick hinunter auf die . . . nicht die Donau! . . . auf die Semmeringbahn.

Dieses Maria Taferl auf dem 754 m hohen Gotschakogel oberhalb von Gloggnitz ist wenig bekannt. Am Anfang unseres Jahrhunderts war die kleine Wallfahrtskirche (nach Förster-Ronningers Touristenführer) noch »weithin sichtbar«, jetzt wird sie von hohen Bäumen überragt. Wir waren auch sehr überrascht, als wir beim Aufstieg an mächtigen Edelkastanienbäumen vorbeikamen.

Der Sage nach soll auf dem äußerst markanten Gotschakogel einst eine Burg gestanden sein. Auf der Gipfelkuppe sind allerdings nicht die geringsten Spuren von einem Bauwerk zu sehen. Die Legende berichtet aber, daß im 16. Jahrhundert ein Schäfer auf dem Kogel ein Marienbild (Taferl) an einem Baum befestigt haben soll, das, nachdem man es ins Tal gebracht hatte, dreimal von allein wieder an den Baum zurückkehrte – worauf man an dieser Stelle eine Kapelle baute. Von vielen Wallfahrtsstätten wird die gleiche Ursprungslegende erzählt; das Marienbild sollte eine bereits bestehende, ältere Kultstätte christianisieren. Auf dem markanten Gotschakogel könnte sich eine solche befunden haben.

Die jetzt noch bestehende Kapelle stammt aus dem Jahre 1857, der hölzerne Anbau – in »byzantinischem Stile«, wie man damals sagte – kam 1878 dazu. Wie das Gedenkbuch zeigt, wird die idyllische Andachtsstätte oft und gerne vor allem von den Bewohnern der näheren Umgebung aufgesucht, auch Kinder schreiben ihre Anliegen nieder . . . »Gott! Hilf mir in der Schule!« – »Maria, gib, daß mein Vater immer nach Hause kommt!«

Im Jahre 1924 beschloß man, am Steilanstieg zur Kapelle einen Kreuzweg zu errichten. Das war zu dieser Zeit ein Millionenprojekt. Kardinal Piffl und Bundeskanzler Seipel spendeten je 200 000 Kronen, die Stadt Wien 800 000 Kronen – der ganze Kreuzweg kostete aber 18 Millionen Kronen! Dieser eher bescheiden wirkende Kreuzweg mit seinen Holzkreuzen und den kleinen gemalten Bildern läßt das Ausmaß der großen Inflation nach dem Ersten Weltkrieg erschreckend erkennen . . .

Vor dem Krieg hatte der Lohn eines Bergführers von Reichenau »bis auf den Kaiserstein durch die Enge und direkt zurück« noch 10 Kronen betragen. Nach dem Krieg mußte man im Jahre 1922 für ein Ei, das 1919 noch 0,07 Kronen gekostet hatte, bereits 2000 Kronen im wahrsten Sinne des Wortes hinblättern. Erst mit dem 1. Jänner 1925 löste der Schilling (1 S = 10 000 K) die Inflation ab.

Der 18-Millionen-Kreuzweg am Gotschakogel ist somit auch ein Denkmal einer Notzeit.

Die Holzriese in der Eng am Schneeberg

»Riese die: -, -n (südd., österr. für Holz -rutsche im Gebirge)« – so steht es im Duden. Das Wort kommt vom mittelhochdeutschen »risen«, was soviel wie »fallen« oder »gleiten« bedeutet hat. Einst wurde das Holz auf Holzriesen zu Tal gebracht, jetzt transportiert man es auf Forststraßen. Holz war einmal die große Energiequelle, heute ist es schwer verkäuflich. Die alten Holzriesen sind nun fast alle vermodert und verschwunden, nur in der Eng am Schneeberg sind noch Reste einer solchen zu sehen.

Die ganze Anlage hatte die Länge von sieben Kilometer. Bereits in einer Urkunde aus dem Jahre 1343 wird sie genannt, in Betrieb war sie bis in die Mitte unseres Jahrhunderts. Zwei Riesen führten vom Lakaboden und der Knofeleben in eine Felsenschlucht – die sogenannte Eng – und vereinigten sich dort zu einer Rutsche, die am Scheiterboden beim Thalhof endete. Von dort wurde das Holz mit Pferdefuhrwerken weitertransportiert.

Auch noch vor den Resten dieser Holzriese wird man für ihre Erbauer größte Hochachtung empfinden. Kein Eisen wurde dafür verwendet, nur mit Ausnehmungen im Holz wurden die Verbindungen geschaffen. Neigung und Krümmungen sind überhöht wie in Bobbahnen, der Druck der hinabrasenden schweren Stämme wurde durch seitliche Abstützungen aufgefangen – nichts wurde dem Zufall überlassen. In diesem imponierenden technischen Bau steckt die jahrhundertealte Erfahrung der Holzmeister.

Der Winter war die Zeit der Holzbringung. In kleinen Hütten wurde Schnee zu Wasser geschmolzen, mit dem man die Riese vereiste. Diese Hütten waren auch Unterstände für die Kontrollposten entlang der Riese. Wenn von oben nach unten der langgezogene Ruf »Fliachoooo!« (Flieh weg!) ertönte, dann mußte die Bahn frei sein; wenn von unten nach oben die Bestätigung »Wulkeeert!« (Wohl gehört!) weitergegeben wurde, dann dauerte es nicht mehr lange, bis die ersten Stämme die Riese herabgedonnert kamen. Nachrichtenübermittlung anno dazumal.

Wiens Bergsteiger hatten zu der Holzriese in der Eng eine besondere Beziehung. An Samstagen wurde seinerzeit noch bis abends gearbeitet; um 10 Uhr nachts fuhr von Wien der »Raxzug« ab, der gegen Mitternacht in Payerbach ankam. Wer den Sonnenaufgang auf dem Schneeberggipfel erleben wollte (und das wollte man damals gern), begann sofort mit dem nächtlichen Aufstieg durch die Eng, und in ihr zog man dann im schwankenden Schein der Kerzenlaternen in der Holzriese viel müheloser höher als auf dem steinigen Weg. Dabei gabs allerdings manchmal Abstürze, wenn einer halbschlafend über den Rand der Riese hinausstolperte . . .

Nach Einstellung der Holzbringung und der ständigen Ausbesserungsarbeiten an der Riese konnte man erstaunt feststellen, wie schnell eigentlich ein solcher Holzbau im Gebirge dem Verfall unterliegt. So war noch vor wenigen Jahren die Vereinigungsstelle der Holzriesen vom Lakaboden und von der Knofeleben völlig intakt, jetzt ist sie geborsten; wirr liegen die Stämme kreuz und quer und übereinander auf dem Boden und vermodern . . .

Um auch späteren Generationen eine Vorstellung von der einstigen Holzarbeit im Gebirge zu geben, ließ die Gemeinde Wien 1981 ein kurzes Stück der Holzriese als Schaustück neu errichten. Man erzählt, daß es den an modernen Arbeitsgeräten geschulten heutigen Holzknechten gar nicht leicht gefallen ist, dieses »Denkmal forsttechnischer Baukunst« nach der alten Methode (ohne Nägel – Holz auf Holz!) aufzustellen . . .

Vom Kaiserstein auf dem Schneeberg

Klosterwappen (2075 m) und Kaiserstein (2061 m) sind die zwei höchsten Erhebungen des Wiener Schneeberges. Der Kaiserstein hat seinen Namen von einem Gedenkstein, dessen Inschrift lautete:

> Franz der Erste
> in den Herzen seiner Unterthanen
> erstieg diese Höhen
> am 10. August 1805 und
> am 30. Juli 1807.
>
> Wohlwollend sah er auf das Land
> herab, dessen Einwohner nur
> für ihn zu leben wünschen.
> Möge dieses Denkmahl
> der Anhänglichkeit an einen
> väterlichen Monarchen
> unsere Nachkommen an ihre
> Pflicht erinnern.

(Nicht nur Papier, sondern auch der Stein kann geduldig sein – »Wenn ihr mich noch lange ärgert, dann wandere ich aus nach Amerika!« soll der »väterliche Monarch« oft grantig gesagt haben.)

Vor Franzens Besuch nannte man den Gipfel »bei der Dreifaltigkeit«, weil eine Dreifaltigkeitssäule auf ihm stand, welche die Bewohner von Puchberg, nach Erlöschen der Pest des Jahres 1713, dort errichtet haben. Ein Blitz zerschlug diese Säule.

Ein Blitz zerschlug auch den ersten Kaiserstein, der bald nach dem Besuch des Kaisers aufgestellt worden war. 1817 ließ dann Ernst Graf Hoyos-Sprinzenstein das Denkmal neuerdings errichten mit der oben zitierten Inschrift. 1848 gab es die große Revolution, und die Nachkommen jener Einwohner, welche angeblich nur für ihren väterlichen Monarchen zu leben wünschten, zertrümmerten voll Grimm die Inschriftentafel. 1874 wurde sie aber wieder durch eine neue ersetzt, welche (allerdings nicht mehr mit so devotem Text) an das grandiose Ereignis der zwei Kaiserbesuche des Schneebergs für alle Zeiten erinnern sollte. Und wieder schlug der Blitz zu – 1894 war das –, und wieder wurde der Kaiserstein zerschlagen und wiederaufgebaut.

Gewitter im Hochgebirge sind schrecklich; wie schrecklich sie sein können, soll der Bericht über die nächste Zertrümmerung des Kaisersteins im Jahre 1906 zeigen. Er ist den Lebenserinnerungen des christlich-sozialen Arbeiterführers und späteren Präsidenten des Nationalrats Leopold Kunschak (1871-1953) entnommen. Mit zwei Begleitern war er vom Weichtal zum Schneeberggipfel aufgestiegen . . .

»Während wir über das Schneefeld der Fischerhütte zustrebten, erhob sich plötzlich ein gewaltiger Sturmwind und nach wenigen Minuten waren wir in undurchdringlichen Nebel gehüllt, eine Gewitterwolke hatte uns eingeschlossen. Blitz auf Blitz durchzuckte die Dunkelheit und der Donner brüllte und rasselte, als ob alle Teufel los wären. Rasch ordnete ich Abstandnehmen an und als ich merkte, daß auf dem Eispickel unseres Studenten blaue Flämmchen aufleuchteten, forderte ich diesen auf, den Pickel wegzuwerfen; als er nicht entsprach, entriß ich ihm diesen und schleuderte ihn in weitem Bogen fort. Kaum war dies geschehen, zuckte ein Blitz auf, wie ich einen solchen nie geschaut, unmittelbar darauf gab es einen Donnerschlag von ungeheuerlicher Kraft und ein Gepolter ging um uns los, gleich einem Trommelfeuer schwerer Artillerie. Erstarrt standen wir in diesem Toben der entfesselten Natur. Nach wenigen Augenblicken zerstob der Nebel und vor uns lag wieder die Welt im hellen Sonnenschein, um uns herum aber war das Schneefeld mit zahlreichen Granitsteintrümmern besät. Jetzt erst erkannten wir, in welcher Lebensgefahr wir gestanden hatten; jedes der herumliegenden Steintrümmer hätte genügt, uns vom Leben in den Tod zu befördern oder doch mindestens zum Krüppel zu schlagen. Für den Steinregen selbst fanden wir keine Erklärung. Ein jeder von uns hob den nächstgelegenen Steinsplitter auf und verstaute ihn in seinem Rucksack, um ein Andenken an das so bedrohliche und beängstigende Erlebnis zu besitzen.

Mein Stein hatte ein Gewicht von einem Kilogramm und war an seiner Schmalseite geschliffen; in diese ließ ich nach glücklicher

Heimkunft das Datum ›11. August 1906‹ meißeln. In der Fischerhütte angelangt, gab uns der Hüttenwart die Erklärung für den
Steinregen; der Blitz hatte mit der Wirkung eines Volltreffers in
den Kaiserstein eingeschlagen, diesen bis in die Grundfesten zer-
malmt und seine Trümmer über das Schneefeld zerstreut.«

Kunschaks Lebenserinnerungen erschienen mit dem bezie-
hungsvollen Titel »Steinchen am Wege«. Der Kaiserstein wurde
seit damals noch einige Male erneuert.

Der Teufelsbadstubensteig an der Rax

Heute zählt man ihn zu den Eisenwegen oder Klettersteigen, wie
es nun schon viele in den Alpen gibt und deren Begehung große
Mode geworden ist. Doch er ist ein wenig mehr, dieser Teufelsbadstubensteig an der Rax, er ist auch ein beachtenswertes Denkmal
der Alpingeschichte.

Anfang des 19. Jahrhunderts war Hirschwang mit seinen Eisen-
werken ein Industriezentrum der Monarchie. Und wie es damals
dort ausgesehen hat, beschreibt F. X. Embel in seinem 1803 erschienenen Buch über die Gebirgsgegenden um den Schneeberg . . .

». . . eine breite Brücke führte mich über die Schwarza, die von
Kohlengestübe und Eisenschlacken wirklich schwarz gefärbt war,
zu den Werkstätten der Zyklopen. Der Boden, den ich betrete, die
Häuser und Menschen waren ganz von Kohlendampf und Russe
geschwärzt, ein heisser widriger Stickdampf erfüllte die Luft umher . . .«

Hinter Hirschwang begann die Wildnis; nur ein schmaler Weg
führte für Holzknechte und Jäger in das Höllental. Die Holzknechte konnten für den Moloch in Hirschwang nicht genug Holz
herbeischaffen, und sie vertrieben – zum Ärger der Jäger – das
Wild in die Höhe. Also mußten auch die Jäger hinauf . . .

Für Erzherzog Johann, der damals gerne in diesen Revieren zu jagen pflegte, wurde (wahrscheinlich im Jahre 1802) aus dem Großen
Höllental zur Raxhochfläche hinauf ein Jagdsteig angelegt, der durch
den gewaltigen Felskessel im Mittelteil der Loswand führte. Diese mit
ihrem rotgelben und schwarzen wasserüberronnenen Gestein unheimlich wirkende Einbuchtung wurde »Teufelsbadstube« genannt.

Holz war zu dieser Zeit noch die große Energiequelle und die Hirschwanger Eisenwerke verbrauchten – infolge der Napoleonkriege – Unmengen von Holzkohle. Als schon alle leichter erreichbaren Wälder geschlägert waren, begann man auch auf den Höhen über dem Großen Höllental zu holzen . . . im Gaislochboden wie auf dem Wachthüttelkamm. Das dort geschlägerte Holz wurde in drei Würfen über die Loswand hinunterbefördert; für den Aufstieg benutzten die Holzknechte im oberen Teil den »erzherzoglichen Klammernsteig«, den Kessel der Teufelsbadstube erreichten sie über einen eigenen Steig, der dann noch lange den Namen »Holzknechtsteig« trug (heute »Wilde Teufelsbadstube«).

Später wurde es wieder still im Großen Höllental. Das Holz war geschlägert, die Gemsen kamen zurück ins alte Revier, und der Erzherzog Johann hatte sich anderen Alpengebieten zugewandt. Der Teufel hatte seine Badstube wieder für sich allein.

In der Erinnerung der immer älter werdenden Holzknechte und Jäger aber lebte der Steig durch die Steilwand im Großen Höllental weiter. »Jägerlatein!« war zunächst die Meinung der »Touristen« (so nannten sich damals noch die Bergsteiger), denn sie sahen im Großen Höllental nur »meist spiegelglatt aufragende, theilweise sogar leicht überhängende Wände« (Ernst Leonhardt in »Österreichische Alpenzeitung«, 1880). Einige Männer der damaligen Touristenelite begannen aber trotzdem nach diesem sagenhaften Steig zu suchen. Sie fanden ihn nicht. Also doch Jägerlatein . . .

Es war eine Sensation für Wiens Bergsteigerschaft, als im Sommer 1877 bekannt wurde, daß Dr. Wratislaw Fikeis und Dr. Franz Krischker diesen »Teufelsbadstubensteig« gefunden hatten. Sie waren zuerst auf den alten »Holzknechtsteig« gestoßen und hatten über ihn den Badstubenkessel erreicht . . .

»Feierliche Stille herrscht an diesem geheimnisvoll versteckten Felsenwinkel, nur zu weilen durch das Geräusch herabsickernder Wassertropfen oder durch das eigentümliche Summen irgendwo jäh zu Tal stürzender Steine unterbrochen«, heißt es in dem Ersteigungsbericht.

Felsabstürze von »dräuender Wildheit« schienen zunächst jedes Weiterkommen zu verhindern. Doch da entdeckten die Pfadsucher an einer »hohen Wand« Menschenwerk . . . »Lange schon mag die kunstfertige Hand im Grabe ruhen, welche hier dem trotzigen Felsen die Klammern anschmiedete und an die ebenfalls in den Fels gehauenen Eisenstifte hölzerne Stufen fügte.«

Im Jahre 1894 wurde der wiedergefundene »erzherzogliche Klammernsteig« vom Österreichischen Touristenklub neu gesichert, wobei an der »hohen Wand« die Eisenstifte mit den hölzernen Stufen durch eine Eisenleiter ersetzt wurden. Unter ihr sind heute noch die mit Blei gefaßten Löcher dieses Ur-Teufelsbadstubensteiges zu sehen.

Der Teufelsbadstubensteig revidiert etwas die überlieferte Alpingeschichte, nach der alle Impulse des Alpinismus von den »Touristen« ausgegangen sind und die Alpenbewohner nur auf Initiativen der »Herren« etwas zu leisten vermochten. An ihm zeigt sich jedenfalls . . .

. . . daß Alpenbewohner schon um 1800 mit sicherem Blick jenen Durchstieg durch die Loswand gefunden haben, der für die Touristen von 1880 noch als der »einzig mögliche« in der ganzen Wand galt.

. . . daß die Männer, welche die ersten Versicherungen anbrachten, bereits ausgezeichnete Kletterer gewesen sein müssen. Ohne die Eisenleiter ist die »hohe Wand« immerhin eine Kletterei des dritten Schwierigkeitsgrades nach moderner Bewertung.

. . . daß auch die Holzknechte sehr sicher im Steilfels gewesen sind. Über ihren »Holzknechtsteig« schrieb Josef Rabl in seinem 1883 erschienem Raxführer: »Er ist nur sehr gewandten Kletterern zuzumuthen und dabei die Benützung eines Seiles zu empfehlen.«

Heute ist der Teufelsbadstubensteig der beliebteste von allen Felsensteigen der Wiener Hausberge. Wer denkt noch daran, daß er für Jäger und Holzknechte ein »Weg zum Arbeitsplatz« war?

Die Falkensteinhöhle in den Adlitzgräben

Am 7. Juli 1683 war Kaiser Leopold I. noch auf fröhlicher Jagd im Wienerwald unterwegs – und wäre dabei fast der Vorhut des türkischen Heeres in die Hände gefallen. Am 13. Juli war der Belagerungsring um Wien geschlossen, da war aber der Kaiser samt seiner Familie schon aus der Stadt geflohen. Am 27. Juni hatte er noch eine »Gebetsordnung« zur Abwendung der Türkengefahr erlassen, bei der eine genaue Rangordnung vorgeschrieben war . . . zuerst durften die hochgestellten Leute beten, zuletzt die Armen. Kaiser Leopolds Beitrag zur Abwehr des Feindes.

Die unvorbereitete Bevölkerung im Land um Wien traf der Türkeneinfall mit aller Härte. So wie immer bei Feindgefahr flüchteten
sie in die Wälder, aber auch diese boten keinen Schutz, weil die
Türken genau wußten, daß dort die Menschen mit ihren Habseligkeiten aufzuspüren waren. Fast jede größere Höhle wurde zur
Fluchthöhle, aber von vielen wird auch berichtet, daß darin die
Menschen niedergemetzelt wurden.

Von allen Fluchthöhlen ist die Falkensteinhöhle in den Adlitz-
gräben eine der eindrucksvollsten; eine »sehr lohnende Excursion«
nannte den Besuch schon Joseph Scheiger in seinen 1828 erschienenen »Andeutungen zu einigen Ausflügen im Viertel unter dem
Wienerwalde«, und seine Schilderung ist auch eine interessante
Dokumentation des einstigen Zustandes:

»Rechts erhebt sich in dem einsamen Waldgraben eine steile,
zum Theil überhängende Felsenwand, zu welcher ein Fußsteig
führt, und an deren Fuß sich mehrere Höhlen öffnen. An diesen
vorüber gelangt man zu einem kleinen Winkel der Wand, wo man
in der Höhe weniger Klafter, den mit Balken verrammelten Eingang des Falkensteinloches sieht. Hier lehnen gewöhnlich einige
dürre Fichten, über die ich aber Niemanden zu klettern, sondern
lieber vom letzten Hause eine Leiter mitzunehmen rathe, da sonst,
wenn auch nicht die eigene Haut, doch die Beinkleider sehr gefähr-
det sein dürften. Die Thüröffnung der Pallisaden vor dem Eingang
gewährt keinen sichern Punkt zum Anlegen der Leiter, welche
man also gegen die erwähnten Fichtenstämme rechts anlehnt, und
sich dann durch eine Spalte im Gebälk zwängt. Nur halte sich Niemand an den schwankenden, zum Theil morschen Balken! –

In der Vorhöhle sieht man sogleich den alten aufgemauerten
Backofen, rechts den Aufgang zu einer kleinen Höhle, links ein
kleines Wachhäuschen, zu welchem aber der Aufgang fehlt. Gerade vor sich die Haupthöhle mit vielen horizontalen Balken, wodurch sie einst in mehrere Stockwerke getheilt wurde. An diesen
sind Namen und Jahreszahlen aus dem 16., 17. und 18. Jahrhundert
aufgezeichnet, darunter das Türkenjahr 1683. – Kleinere noch un-
untersuchte Gänge führen stark abwärts und sind voll milchweißer
Kalksintersteine, daher auch ein beständiges Tropfen in dem hohen Gewölbe ertönt. Auch Spuren von verfaultem Getreide und
Tierknochen findet man hier. Wer die Gänge der Höhle weiter verfolgen, und sich von dem Grunde der Sagen über ihren Ausgang
überzeugen will, thut wohl, von Schottwien einen Bergmann mit

einer Haue und Grubenlichtern mitzunehmen, da Fakeln oder Kienspäne in den engen Windungen zu stark dampfen, und es bisweilen abgerollte Steine wegzuräumen gibt . . .

Die Lage dieser Höhle ist zur Flüchtung der Habseligkeiten und Vertheidigung gegen streifende Partheien trefflich gewählt. Ihre Abgelegenheit in dem einsamen schauerlichen Felsengraben, der beschwerliche Zugang, der Schutz gegen das Wetter, den der weitüberhängende Felsen biethet, die Vertheidigung des Einganges, der eine Mordgallerie hatte, und dessen Thüre durch einen Balkenriegel gesichert war, die Unmöglichkeit auf die gegenüberliegenden Felsenzacken Geschütz zu bringen, und die Größe des Raumes, die eine bedeutende Anzahl Streiter fassen konnte, sicherten sie gegen Belagerung und Überfall, während eine Aushungerung, wenn sich die Sage von den Ausgängen bewährt, gleichfalls schwer war.«

Die Erzählungen von geheimen Ausgängen der Höhle sind alt, man berichtet sogar, daß ein Gang bis in die Prein führen soll . . . »Wirklich sollen einige beurlaubte Mineurs diese Wanderung vollbracht haben und durchaus schliefbare Gänge von 4 Fuß Höhe (ca. 1,30 m) gefunden haben«, schreibt Adolf Schmidl in seinem 1831 erschienenen Buch »Der Schneeberg und seine Umgebungen«. Doch solche Erzählungen sind zumeist Wirtshaustisch-Märchen, wie auch alle die Geschichten von unterirdischen Geheimgängen zwischen zwei Orten oder Burgen.

In der Falkensteinhöhle existiert allerdings eine enge Felsröhre, die durch Gesteinsmaterial verlagert ist und von der heute die Höhlenforscher nicht ausschließen, daß sie ein weiterführender Schluf sein könnte.

»Nicht geheuer« war den Leuten die Höhle schon immer, und so präsentiert sie sich auch in dem 1932 erschienenen und einst vielgelesenen Roman von Ottokar Janetschek »Der Napoleonbauer«. Dem Bauern Polleros, der einst mit seinem Stutzen Napoleon aufgelauert hatte, um ihn zu erschießen, und der auch gegen den Bau der Semmeringbahn war, wurde sie – als er zuletzt vom Wahnsinn umfangen war – zum Versteck.

In Förster-Ronningers Touristenführer (der seit 1870 in vielen Auflagen erschienen ist) wird der Besuch der »hochinteressanten Falkensteinhöhle« sehr empfohlen, wobei noch vermerkt steht: »In ihrem Innern wurden auch interessante prähistorische Funde gemacht«. Diese Bemerkung wurde dann von vielen anderen Führerverfassern einfach übernommen. Erst als man in den dreißiger Jahren in der Höhle Vermessungen durchführte (sie ergaben eine Länge von 102 Meter und eine Höhe bis zu 22 Meter) stellte man fest: Es hat in dieser Höhle nie Ausgrabungen gegeben, und es wurden daher auch keine interessanten Funde in ihr gemacht. Ausgrabungen würden wenig bringen, denn zu oft schon ist der alte Mist aus der Höhle hinausgeschafft worden.

Heute muß man für einen Besuch der Falkensteinhöhle keine Leiter mehr mitnehmen. Über die etwa acht Meter hohe Wand vor der Höhle führt eine solide Holztreppe mit Geländer. Schon Fürst Johann Liechtenstein († 1836) hatte – angeregt von den damaligen »vaterländischen Reiseschilderungen« – beschlossen, diese historische Merkwürdigkeit allen interessierten Besuchern zugänglich zu machen. Als diese Treppe etwas morsch geworden war, wurde sie um die Jahrhundertwende von einer alpinen Gesellschaft erneuert, die sich »d'Luftschnapper« nannten. Jetzt könne man unbesorgt eine solide Steiganlage in die Höhle bauen, meinte man damals, weil ja die Zeiten der Kriege wohl für immer vorbei seien. Jedoch: 1945 war es das (vorläufig) letztemal, daß Menschen in der Falkensteinhöhle Schutz suchten.

Auf markierten Fußwegen ist die Falkensteinhöhle von Breitenstein (3/4 Stunde) wie auch von Orthof (1/2 Stunde) erreichbar. In der Wand oberhalb von ihr ist das »Gaiskircherl«, eine romantische Höhle, die zu einer Lourdesgrotte gestaltet wurde.

Alte Welt um Mannersdorf

Daß das Gebiet um Mannersdorf alter Siedlungsboden ist, beweisen die bis in das Neolithikum reichenden Funde im sehenswerten Heimatmuseum. Daß der Boden um Mannersdorf noch immer Überraschungen birgt, beweist der »Archäologische Jahrhundertfund« von 1984 . . .

. . . als ein Landwirt mit seinem Motorpflug auf ein Steinkistengrab aus mächtigen Leithakalksandsteinplatten stieß. Nach dessen Freilegung zeigte sich, daß damit ein für ganz Österreich bisher einzigartiger Fund gemacht worden ist. Jetzt ist die Steinkiste das besondere Schauobjekt des Museums.

Steinkistengräber nennt man alle von Steinplatten umfaßten

Körper- (und Brand-)bestattungen. Im Vergleich mit den imponierenden Großsteindenkmälern der Megalithkultur sah man aber in diesen rohen Steinfassungen nur »Megalithbauten des Kleinen Mannes«.

Gegen Ende der Bronzezeit (so ab ca. 1200 v. Chr.) entstand eine neue Ideologie, die man mit den heutigen Schlagworten Demokratisierung und Humanisierung gleichsetzen könnte. Diese Ideologie wurde nicht – wie man lange Zeit glaubte – von eingewanderten Völkergruppen mitgebracht, sondern entwickelte sich mit der sogenannten »Urnenfelderkultur« überall an Ort und Stelle. »Kein Mächtiger hat mehr den unbedingten Vorrang. Alle Menschen sind gleichwertig. Der Totenkult soll nicht mehr Symbol einer Herrenmacht, sondern der Gleichheit aller sein. Die Brandbestattung wird überall eingeführt«, schrieb der Prähistoriker Franz Eppel in seinem 1958 erschienenen Buch »Fund und Deutung«. Und da wurde nun in Mannersdorf ein Prunkgrab ausgeackert, welches beweist, daß auch damals doch nicht alle Menschen gleich waren . . .

Im Vergleich mit anderen Steinkisten ist die von Mannersdorf als ein massives, solid gearbeitetes Steinsafe zu sehen. Ein sogenanntes Seelenloch sollte dem Unsterblichen des Toten ein Ausschwärmen ermöglichen; die Asche wurde in zwei Tonurnen gefunden. Das Besondere dieses Grabmals sind die mit sehr sauber gearbeiteten Gravuren versehenen Außenseiten der Steinplatten. Eine Seite zeigt eine Darstellung, deren Deutung noch diskutiert wird (Schild?). Die drei anderen Platten weisen, innerhalb einer Umrahmung, je drei um eine Schale gezogene Kreise auf. Solche Gravuren sind auch an Felsbilderfundplätzen zu sehen (z. B. auf dem Pfitscherjöchl bei Meran oder auf der Carschenna bei Sils in der Schweiz) und werden als Sonnensymbole gedeutet.

Für die Archäologen sind die Innenseiten der Steinkiste fast noch interessanter, weil sie nämlich deutliche Bearbeitungsspuren einer Hacke zeigen. Eine solche Steinbearbeitung haben – nach allen bisherigen Funden – in unseren Zonen erst die Römer praktiziert, also mehr als ein Jahrtausend später! Die Steinkiste ist daher mitsamt ihren Beigaben (den sieben Tongefäßen, einer Bronzelanzenspitze, einem Bronzemesser und einer Gewandnadel) in jeder Beziehung außergewöhnlich.

Noch ein bemerkenswerter Fund aus der letzten Zeit steht auf der Wiese hinter dem Museum: ein Menhir, der in seiner Form den

»Steinernen Weiberln« vom Waldviertel äußerst ähnlich ist (siehe S. 115). Der Stein wurde aus einem Gräberfeld geborgen, in dem Bestattungen aus dem zweiten und ersten Jahrtausend v. Chr. freigelegt wurden. Mit diesem Menhir und der Steinkiste besitzt nunmehr das Mannersdorfer Museum zwei prähistorische Steindenkmäler, wie sie kein anderes Museum Österreichs aufzuweisen hat.

In diesem Museum erfuhren wir auch, daß es bei Sommerein einen Gleitstein gibt (und zwar oberhalb eines Feldes, in dem jungsteinzeitliche und bronzezeitliche Funde gemacht wurden).

Daß die meisten Rutschbahnen über Felsen nicht spielenden Kindern ihre Entstehung verdanken, sondern Kultrelikte aus prähistorischer Zeit sind, hat die Volkskunde inzwischen erwiesen. Für den Menschen der Vorzeit war der Stein eine Verkörperung der lebensspendenden Kräfte der Mutter Erde.

Darum rutschten auch Frauen, welche sich Kinder wünschten, über gewisse Steine hinunter. Diese magischen Vorstellungen der Frühzeit haben sich als Brauch an einigen Orten sogar noch bis in unser Jahrhundert erhalten (so zum Beispiel am »Heiratsstein« am Seeberg bei Mariazell).

Über die Rutschbahn bei Sommerein gibt es keinerlei Überlieferungen. Die Herren vom Museum konnten uns nur sagen, wie man es machen muß, wenn man über die nur wenig geneigte Felsplatte hinunterrutschen will – man muß sich einen der dort herumliegenden Steine zwischen die Beine klemmen.

Bei allen Gleitsteinen, die wir bis jetzt kennengelernt haben, fanden wir ein besonderes Merkmal, das auf eine einst kultische Benützung hinweist: Die Bahn führt über ein Näpfchen oder eine Schale hinweg (oft ist später auch noch ein Kreuz eingeritzt worden, um den Heidenstein zu christianisieren). Ein Näpfchen oder eine Schale sind also sozusagen das Tüpfchen auf dem i eines »echten« Gleitsteins.

Wir waren dann etwas enttäuscht, als wir auf der glatten Rutschbahn kein Näpfchen sahen. Nur ein saftiges Rasenbüschel war da in dem abgeschliffenen Stein eingebettet . . .

Nur ein Rasenbüschel?

Mit bloßen Händen begannen wir Gras und Erde zu entfernen und bald zeigte sich ein etwa zehn Zentimeter tiefes Loch in dem kompakten Fels, das eindeutig von Menschenhand ausgeschlagen worden ist. Das Tüpfelchen auf dem i!

Weg zur Rutschbahn: An der Straße von Sommerein nach Kaisersteinbruch befindet sich ca. 1 km außerhalb des Ortes an der rechten Seite ein Schießplatz. Oberhalb von dessen Parkplatz ist ein Feldweg, dem man (in Richtung Kaisersteinbruch) ca. 300 Meter weit folgt. Der Felsen mit der Rutschbahn ist dort rechter Hand, ca. 20 Meter vom Feldweg entfernt.

Mannersdorf: Denkmal einer Lesebuchgeschichte

»Alles geht in einem Tage dahin, sowohl der Rühmende als der Gerühmte«, hatte der Römerkaiser Marc Aurel im Lager Carnuntum geschrieben. In dem nicht weit davon entfernten Mannersdorf steht der Maria Theresien-Obelisk.

Er ist mit den Herrscherinsignien: Krone, Szepter und Schwert geschmückt und trägt an seiner Spitze einen Schlangenring als Sinnbild der Ewigkeit. Auf der Vorderseite steht die Inschrift:

»Stehe still Wanderer! denn die Erden worauf du stehst, ist so fruchtbar an Wundern, als Trauben. Wisse: hier hat Maria Theresia, Königin, mit deren Gemahl Francisco-Stephano, Großherzogen, die Hände, welche die Geburt mit Szepter, Tugend und Glück mit Lorbeer gefüllt, zu den Traubensammeln und allen mühsamen Verrichtungen des Weinlösens erniedrigt im J. 1743«

Bei der Zeremonie der Fußwaschung in der Hofburg hatte eine hochbetagte Mannersdorferin namens Wellischowitz spontan die Kaiserin zur Weinlese eingeladen, und bei einem Besuch der damals sehr beliebten Heilquelle von Mannersdorf erschien Maria Theresia dann am 15. Oktober, an ihrem Namenstag, tatsächlich bei der Weinbäuerin.

Auf der rechten Seite des Sockels der Gedenksäule lesen wir:

»So wollte die allermildeste Herrscherin, das nicht nur der Untertan von denen Siessen Früchten Ihrer Siege, sondern sie selbst von den sauren Arbeiten ihrer Untertanen teilnehmen und allen Menschen zur Bewunderung, also allen Ständen zum Beispiel werden«.

Zu dieser Zeit war die Kaiserin sechsundzwanzig Jahre alt und führte ihren Erbfolgekrieg. »Die Würde der Monarchie bedingt und erheischt Glanz und Reichtum des äußeren Lebens«, hatte sie einmal erklärt. Diese Kaiserin im Weingarten ließ den Verfasser des Textes noch einen weiteren euphorischen Purzelbaum für die linke Seite des Obelisken schlagen:

»Die Steine sollen diese Verdemütigung ausrufen. Aber dero Gedächtnis soll dauerhafter als die Stein in der Welt seyn, nämlich so lang dann die Welt selbst. Wie verlanget und wünschet die Jene, so dieses Denk-Mahl aufs allerunterthänigste und Irruister Gesinnung errichten lassen.«

Schon zu allen Zeiten wurde versucht, Herrscher durch Anekdoten zu vermenschlichen. Doch nach dieser, später in allen Schullesebüchern abgedruckten Geschichte hätte die Kaiserin Unmenschliches vollbracht: Aus den von ihr gepflückten Trauben sollen 12 Eimer Most gepreßt worden sein. Ein Eimer sind 56,589 Liter. Nein, solang »die Stein in der Welt seyn« – das kann nicht wahr sein!

Die Wüste im Leithagebirge

Von Kaiser Ferdinand II. (1578-1637) wird erzählt, daß ihm bei drei Dingen die Zeit nicht lang wurde: beim Gottesdienst, im Rat und bei der Jagd. Zu Frauen hatte der Kaiser der Gegenreformation – für die einen fast ein Heiliger, für die anderen ein bigotter, blutrünstiger Tyrann – ein sehr distanziertes Verhältnis. Seine zwei Ehen hatte er nur aus Staatsraison geschlossen, und seine zweite Frau Eleonore sagte einmal, daß sie auch dann nichts Böses denken würde, wenn sie ein Mädchen bei Ferdinand im Bett fände.

Eleonore, Tochter des Herzogs von Mantua, hatte, aus der Klosterschule kommend, den fast doppelt so alten Kaiser geheiratet. Nach dessen Tod widmete sie sich nur noch frommen Werken; 1644 gründete sie bei Mannersdorf ein Karmeliterkloster.

Karmeliten – so wurden jene Kreuzfahrer genannt, die beschlossen hatten, sich im Heiligen Land auf dem öden Berge Karmel als Einsiedler niederzulassen. Den Aufstieg zum Karmel verglichen sie mit dem mühevollen Weg des Menschen zu Gott, und jeder persönliche Besitz war ihnen verwehrt, »damit nicht diejenigen, die bei der Besteigung des Berges, um mit dem Herrn zu beten, ihre Füße gewaschen haben, sie wieder beschmutzten«. – 1238 kamen die ersten Karmeliten nach Europa.

1654 erfolgte die Einweihung des vollendeten Klosters bei Mannersdorf in Anwesenheit der Kaiserwitwe. Sie, als Gründerin, wurde vom Prior noch mit Suppe bewirtet, dann schloß sich – strenge Klausur – die Pforte für alle Frauen für alle Zeiten.

Eine viereinhalb Kilometer lange Mauer umschloß das Kloster-

gebiet mit seinen Äckern, Küchen- und Obstgärten, mit Steinbrü-
chen, Kalköfen und einem Meierhof. Außerdem gab es – im Walde
versteckt – noch sieben Einsiedeleien. Es erscheint paradox, daß
dieser kleine Garten Eden »die Wüste« genannt wurde, aber man
nannte später viele Eremitorien so, in Erinnerung an die ersten
Einsiedler, welche einst wirklich in die Wüste gegangen waren.

1683 zerstörten die Türken das Kloster. 1705 wurde es von den
Ungarn verwüstet und 1763 von einem Erdbeben. 1782 kam Kaiser
Joseph II. in die Wüste, fand das beschauliche Leben innerhalb dieser Mauern nicht entsprechend seinen Vorstellungen von prakti-
scher Seelsorge – und hob 1783 das Kloster auf.

Die Wüste verfiel. Aufnahmen aus den dreißiger Jahren unseres
Jahrhunderts zeigen die Klosterkirche St. Anna und das Klostergebäude ohne Turm und Dach, das Portal zwischen dem Pförtner-
haus und der Leopoldskapelle jedoch unversehrt. Ein zu hoch be-
ladenes Holzfuhrwerk riß später das hübsche Portal nieder; nachher wurde es (etwas bescheidener) neu errichtet. Auch Kirche und
Klostergebäude haben wieder ein Dach. Seit 1982 ist die Wüste ein
Naturpark.

Mehr als der Zustand der Ruinen des recht glücklosen Klosters
macht den Betrachter der alten Fotos der heutige Zustand der Natur nachdenklich. Vor einem halben Jahrhundert gab es unter den
alten Bäumen nur niedriges Gesträuch, jetzt ist es zu einem hohen,
dickverfilzten Buschwerk angewachsen. Diese »Verbuschung« der
Landschaft kann nicht mit dem heutzutag geringen Brennholzbe-
darf begründet werden. Niemals ist – zum Beispiel – aus den Steil-
abstürzen der Hohen Wand Brennholz geholt worden – und doch
wuchert heute Buschwerk dort, wo jahrhundertelang nur einige
Grashalme zwischen den Felsen wuchsen. Es wird gesagt, daß gewisse Schadstoffe in der Luft das üppige Wachstum fördern. Etwas
nachdenklich spazieren wir in die Wüste hinein, die heute fast
schon Dschungel ist.

Die Felsenkapelle von Pitten

Für die Reiseschriftsteller des vergangenen Jahrhunderts gab es in
Pitten zwei große Sehenswürdigkeiten: Den 140 m (!) tiefen Felsen-
brunnen in der Burg und die Felsenkapelle neben der Pfarrkirche.

Die Felsenkapelle, eine mit Totenschädeln und Knochen gefüllte Höhle, erregte besonders die Phantasie. Sie war die erste Kirche in dieser Gegend, und die ersten Christen waren – in der Volksmeinung – natürlich allesamt Märtyrer. Später hausten fromme Eremiten in der Höhle, die – so erzählte man – durch einen Geheimgang mit der Burg auf dem Berg verbunden war.

Tatsächlich war die Felsenkapelle (wahrscheinlich bereits im 9. Jahrhundert) die erste christliche Kultstätte in dieser Gegend. Sie war den Aposteln Petrus und Paulus geweiht, und bis in das 14. Jahrhundert schmückte man die Höhlenwände immer wieder mit Fresken. Dann zogen Einsiedler in die Höhle, und der Rauch des Feuers, auf dem sie ihre karge Suppe kochten, zerstörte die heiligen Gestalten an den Wänden weitgehend. Zuletzt wurde die Höhle als Beinhaus benützt.

1949 begann die große Säuberung. Man bestattete die Knochen auf dem Friedhof und restaurierte die verbliebenen Freskenreste. Außerdem untersuchte man den Boden der Felsenkapelle und fand darin nur die Bestattung des Vikars Kneisl von Zöbern (1687), einen Wiener Pfennig aus dem Jahre 1270 und ein Gefäß und zwei Kerzenleuchter aus der Zeit um 1500. Außerdem konnte jetzt eindeutig festgestellt werden, daß es keinen Geheimgang zur Burg gibt. Damit schien der ganze geheimnisvolle Zauber um die Felsenkapelle dahin zu sein ... Ab 1967 begann der bekannte Prähistoriker Franz Hampl mit der Ausgrabung eines bronzezeitlichen Gräberfeldes bei Pitten und bewies, daß es in der Zeit von etwa 1450 bis 1250 v. Chr. in dem Gebiet größere Siedlungen gegeben hat. Die Phantasie wurde aufs neue erregt.

»Auge Gottes« wird schon seit langer Zeit ein Dreieck im Fels über der Höhle genannt; ob es natürlichen Ursprungs ist oder von Menschenhänden geschaffen oder nachbearbeitet wurde, läßt sich nicht mehr feststellen. Fraglich ist auch, ob man in dem Auge-Gottes-Dreieck ein Symbol der Dreifaltigkeit sehen kann.

Göttertrinitäten sind uralt, und auch das Dreieck gab es schon in der vorchristlichen religiösen Symbolik. Augustinus war heftig dagegen, daß das Dreieck als Symbol für die Heilige Dreifaltigkeit verwendet wird. Erst im 11. Jahrhundert erscheint es sehr vereinzelt, etwas häufiger im 15. und 16. Jahrhundert und allgemein und überall ab dem 17. Jahrhundert. Als Dreifaltigkeitssymbol wäre das Dreieck also in einer Zeit angebracht worden, in der die Felsenkapelle nicht mehr Stätte der Liturgie war.

Nunmehr gibt es für dieses Dreieck noch eine andere Deutung. Bisher wurde angenommen, daß der Name Pitten auf das illyrische »Putjnu« zurückgeht, was soviel wie Schilfuferfluß heißt. Jetzt wurde auch zur Diskussion gestellt, ob im Wort Pitten nicht die »Bethen« stecken . . .

Die Bethen . . . das sind drei urzeitliche Muttergottheiten mit den Namen Ambeth, Gwerbeth und Wilbeth (die Namen variieren oft), die später als die drei Nornen oder Parzen oder als die drei weisen oder weißen Frauen mit Vorliebe in Höhlen hausten (ihre christliche Nachfolge haben später die »Drei heiligen Madln« Barbara, Katharina und Margarete angetreten).

Man möchte also in der Felsenhöhle einen Kultplatz der drei Muttergottheiten sehen und im Dreieck darüber ihr Symbol. Nur kurz war die Zeit, in der es nach Säuberung, Ausgrabung und Restaurierung der Felsenkapelle keine offenen Fragen um sie gab . . .

Die Felsenkapelle ist nur über die versperrte alte Bergkapelle zugänglich; im Mesnerhaus neben der Bergkirche wird der Schlüssel verwahrt.

Der Frauenkäfig zu Kirchschlag

Das ist die Sage: Es waren einmal die zwei Brüder Erasmus und Christoph von Puchheim; der eine saß auf Burg Krumbach, der andere auf Burg Kirchschlag; Erasmus war ein friedliebender Mensch, Christoph ein wilder Krieger, der nur selten auf seiner Burg war. Erasmus verliebte sich in des Christophs Frau Berta, worauf der eifersüchtige Christoph die Frau in einen Eisenkäfig sperrte und diesen an der Außenseite der Burg Kirchschlag aufhängen ließ. Es kam zu einem Zweikampf zwischen den Brüdern, bei dem Erasmus fiel und Christoph schwer verwundet wurde. Frau Berta pflegte Christoph wieder gesund und beide lebten dann fromm und brav bis an ihr Ende.

Dort, wo von der Bundesstraße (55) Grimmenstein-Kirchschlag die Straße nach Bad Schönau abzweigt, steht am nördlichen Straßenrand ein urtümliches Steinkreuz. Es soll an jener Stelle stehen, wo der Bruderkampf stattgefunden hat.

Dieses Steinkreuz ist ein sogenanntes Sühnekreuz, von denen es in Österreich nur noch etwas mehr als fünfzig gibt, in Deutschland jedoch einige Tausende. Es sind Denkmäler, die ihren Ursprung im Faustrecht des Mittelalters haben. Um die Blutfehden einzudämmen, entschloß sich (ab dem 12. Jahrhundert) die weltliche und kirchliche Obrigkeit, bei der Rechtsprechung sogenannte »Sühneverträge« zu verhängen. Nach diesen mußte der Untäter nicht nur die Hinterbliebenen des Opfers finanziell entschädigen, er mußte auch etwas für dessen Seelenheil tun, um die Lossprechung zu erlangen . . . Bußwallfahrten unternehmen, Messen lesen lassen, Stiftungen machen und auch sehr oft an der Stelle der Tat ein Sühnekreuz setzen. Daß in den Sagen über diese Kreuze oft von Brüdern erzählt wird, ist symbolisch zu verstehen – gemeint ist damit der getötete Bruder Mensch.

Mit der Sage vom Frauenkäfig wird in Kirchschlag auch das große St. Christophorus-Fresko an der Außenwand der Pfarrkirche in Verbindung gebracht. Es stammt aus dem 16. Jahrhundert und wurde in den Jahren 1930 und 1966 sehr gründlich restauriert. Nach der Überlieferung soll St. Christoph die Züge des Christoph von Puchheim tragen und das Jesuskind die seiner Frau Berta. Tatsächlich trägt der riesige Christusträger ein Wesen auf seinen Schultern, das mit seinem langen Gewand und dem koketten Häubchen wie ein liebliches Mädchen aussieht. Unter den vielen Christophorusbildern ist das von Kirchschlag jedenfalls eine ähnliche Rarität wie etwa die Madonna mit den sechs Fingern von Maria Laach.

Am Haus Wienerstraße 2 zeigt ein modernes Sgraffito den »Frauenkäfig« und am Äußeren Markt Nummer 8 hält ein Fresko aus dem Jahre 1962 den »Bruderkampf Christoph-Erasmus, 1529« fest. (Verwundert sieht der Betrachter darauf die feindlichen Brüder noch in schweren eisernen Ritterrüstungen kämpfen, die zu dieser Zeit – 1529 – schon längst zum alten Eisen gehört haben!)

In dem seit 1870 in vielen Auflagen erschienenen »Förster-Ronnigers Touristenführer« ist noch über die Burg Kirchschlag zu lesen: ». . . stammt aus dem 12. Jahrh., im 16. Jahrh. war sie Sitz des grausamen Christoph von Puchheim«. Als der Dichterpfarrer Adolf Innerkofler (1872-1942) in Kirchschlag eingezogen war, schrieb er: »Hier ist echt romantisches Land! – Wer fühlt sich nicht eingesponnen in alte Bilder und Szenen und uralte, reiche Geschehnisse aus den Zeiten, da man sich wehren mußte gegen Türken und Kuruzzen, da das zarte Weib des harten Christoph in ihrem Käfig weinte, daß der Efeu an den Mauern heute noch zeugen soll von ihren Tränen«. Innerkofler schrieb dann »eine romantische Mär« mit dem Titel »Die Brüder von Kirchschlag« (zwei Bände mit 720 Seiten Umfang).

Doch diese »Mär« hat keinen wahren Kern. Es gab weder einen Frauenkäfig noch einen Bruderkampf . . .

Es gab wohl einen Erasmus von Puchheim, der von ca. 1500-1571 lebte, aber dieser hatte keinen Bruder, sondern nur einen Vater und einen Sohn, welche Christoph hießen und von denen keiner »grausam« war. Und der »Krieger« der Familie Puchheim hieß Georg und ist 1531 friedlich gestorben. Herr Erasmus ist auf eine ganz andere Weise unsterblich geworden – er hat Tagebücher geschrieben, von denen eines (das vom 1. Jänner bis 11. Dezember 1557) erhalten geblieben ist und nunmehr ein wichtiges kulturgeschichtliches Dokument darstellt.

In diesem Tagebuch beschreibt der Edelmann unter anderem auch seinen Kuraufenthalt in Baden, wobei er vor allem ganz genau die Zeit vermerkt, die er im schwefeligen Heilbadewasser pritschelnd verbracht hatte. M. A. Becker (der Teile dieses Tagebuches erstmals veröffentlichte) kommentierte diesen Badebericht: »Herr Erasmus hatte während der zweiundzwanzig Tage hundertfünfundsechzig und eine halbe Stunde im Bade zugebracht. Es solls ihm einer nachmachen.«

Der Steinkreis beim Waldbauern

»Der Waldbauer ist dort drüben!« sagte der Mann und deutete auf einen der vielen sanften Hänge der Buckligen Welt. Dann schaute er uns näher an und fragte: »Wollt's ein Fest beim Steinkreis feiern?«

Viele zu Kreisen angeordnete Steine finden sich zwischen dem Morgenland und dem hohen Norden; sie reichen von der Eisenzeit zurück bis ins Neolithikum, und ihre Funktion war verschieden . . . Umgrenzung von Kultstätten, Grabanlagen, Versammlungsorten und astronomischen Beobachtungsstätten, jedenfalls Umgrenzungen eines besonderen Raumes. In Ostjordanien hat ein Steinkreis einen Durchmesser von 300 Metern; auf den Britischen Inseln werden fast tausend solcher Steinringe gezählt. Im Inneren Mitteleuropas konnten bisher nur wenige festgestellt wer-

den (zumeist nur kleinere Steinringe bei Grabanlagen) – der Steinkreis beim Waldbauern ist also eine Rarität.

Nein, wir wollten bei diesem Steinkreis kein Fest feiern, wie es
jetzt manche Leute tun sollen zur Sommersonnwende und bei anderen besonderen Gelegenheiten. Und ein seltsamer Brauch war
es auch, der Ende unserer siebziger Jahre die Aufmerksamkeit der
Heimatforscher auf diesen Kreis gelenkt hat: Die Kinder der Schule
Krumbach ziehen alle Jahre zur Osterzeit zu ihm hin und hängen
dort eine Strohpuppe an einen Baum.

Mittlerweile ist auch schon viel über diesen Steinkreis geschrieben worden:

– »Ich nehme an, daß der Steinkreis einst das Weltenrad, das
Symbol des steinzeitlichen Weltengottes Wralda darstellen sollte.«
(Johann Rigler in Heft 3 der »Waldmark Geschichtsblätter«)

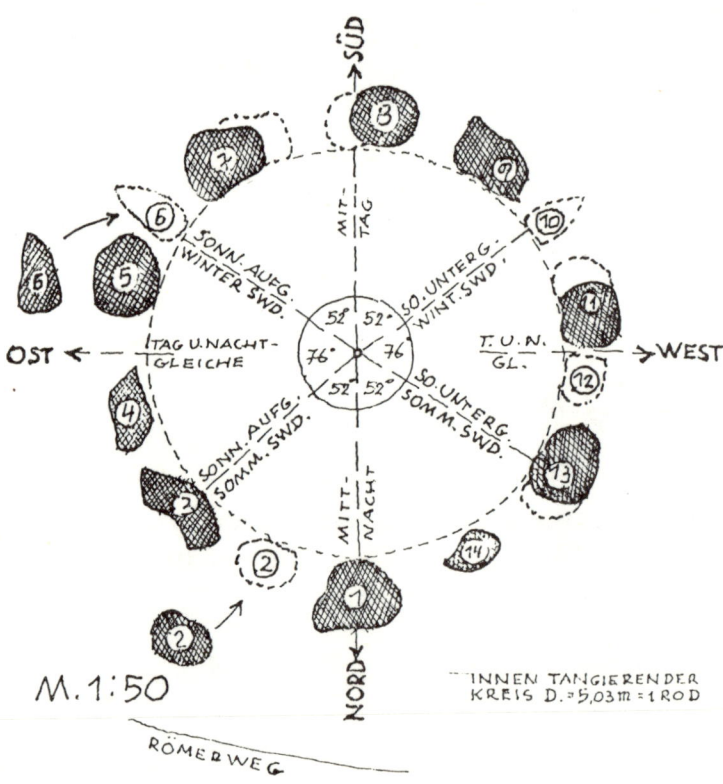

Der Steinkreis beim Waldbauern in der Buckligen Welt. Skizze von
Johann Rigler, veröffentlicht in »Waldmark-Geschichtsblätter«,
Heft 3. Schraffiert = heutiger Bestand, strichliert = ursprünglich

– E. Rolf Schweighart meint, »daß mit frühester Besiedlungszeit schon eine Oberschicht von Menschen auf Grund von Beobachtungen der Gestirnumlaufzeiten die Trigonometrie beherrschte und orientierende Zeichen aus Holz oder Stein setzte«. Er deutet den Steinkreis »als ein solcherart Zeit-Mal mit kosmischer Funktion aus einer Epoche, in der Mensch, Erde und Himmel gleichrangigen Stellenwert besaßen« (veröffentlicht in »NÖ-Kulturberichte«, 1979).

– Kurt Urban (München) nach einer geodätisch-astronomischen Ortung: »Zusammenfassend läßt sich sagen: Die Suche nach einer Kalenderortung des Waldbauern-Steinkreises war für drei, gegebenenfalls für fünf wichtige Kalendertage erfolgreich.« (In: »Unsere Heimat«, 1985)

– Hans Lampalzer: »Nachdenklich stimmt freilich, wie es überhaupt nicht möglich zu sein scheint, in überlieferten Schriften den Steinkreis erwähnt zu finden.« (In: »NÖ-Kulturberichte«, 1979)

Nein, wir wollten kein Fest bei diesem Steinkreis feiern, sondern ihn nur besichtigen. Dabei hatten wir dann allerdings das Gefühl, als wäre das Fuhrwerk, aus dem der letzte dieser Steinbrocken hier abgeladen wurde, soeben zwischen den Bäumen entschwunden . . .

In den Berichten wird erwähnt, daß einige Steine des Steinkreises vor Jahrzehnten für Bauzwecke weggeschafft, dann aber auf Betreiben von Heimatforschern wieder ersetzt wurden. Rigler vermutet, daß der Steinkreis mit seinem Durchmesser von etwa 5 1/2 Meter ursprünglich aus dreizehn Steinen bestand, von denen jetzt nur noch sechs an der ursprünglichen Stelle liegen. Sind es wirklich so viele? Lange Zeit auf einem Fleck liegende Felsblöcke gewinnen auch eine gewisse Bodenverbundenheit – eine solche zeigen aber höchstens drei Blöcke des Steinkreises.

Er ist also ein recht seltsames Ding, dieser Steinkreis, und er läßt an eine andere Kuriosität in diesem Gebiet denken – an die »Wildensteiner Ritterschaft zur blauen Erde«, welche von 1798 bis 1823 auf Burg Seebenstein in der Buckligen Welt ihren Sitz hatte. Illustre Persönlichkeiten wie Erzherzog Johann gehörten ihr an, und den Sinn dieser Vereinigung sahen die würdigen Männer in der Pflege »deutschen Rittertums« . . . »Bei feierlichen Ritterschaften sollen alle Ritter und Knappen in ihrer altdeutschen Tracht erscheinen. Zu diesem Ende hat sich jeder Ritter und Turnierbursche ein altdeutsch ritterliches Kleid machen zu lassen. Jedoch darf selbes nicht von Seide, noch mit Gold und Silber besetzt sein«, lautete eine der Regeln.

Auf dieser Flucht in eine vermeintlich »größere« Vergangenheit entstand auch die Germanenideologie, nach der das Volk der Germanen Träger aufrechten und edelsten Menschentums war. Die Germanen wurden zu heroisch-nationalen Leitbildern hochgejubelt. Mit besonderer Vorliebe wurden damals auch an allen Ecken und Enden sogenannte »Thingplätze« lokalisiert, also umfriedete Plätze einer Volks- und Gerichtsversammlung (wobei man sich ein solches Thing etwa wie eine debattierfreudige Stammtischrunde unter freiem Himmel vorstellte).

Zurück zu unserem Steinkreis. Es wäre also nicht ausgeschlossen, daß seinerzeit einige beflissene Träumer in zufällig herumliegenden Steinen eine »heilige Umfriedung« zu sehen glaubten -- und dann noch einige Korrekturen und Ergänzungen vornahmen.

Zurück zu unserem Schülerausflug. Die Kinder hängen eine Puppe an den Baum, im Glauben, daß hier einmal eine Richtstätte war. Aber diese befand sich in Wirklichkeit nahe dem Schloß Krumbach. Alte Überlieferungen scheinen also nicht mit unserem Steinkreis verbunden zu sein. So bleibt die Frage: Wurde der Osterausflug der Kinder erst nach der »Entstehung« des Steinkreises eingeführt?

So oder so – er ist ein Kultrelikt, dieser Steinkreis beim Waldbauern, und wenn schon nicht aus prähistorischer Zeit dann zumindest eines des Historismus.

Zum Waldbauern am Waldbauernriegel (870 m) nehmen Motorisierte die Straße von Zöbern nach Pichl (wo man parkt). Ca. 1 km weit dem rotmarkierten Weg Nr. 902 folgen, dann bei einem Gehöft auf dem rechts abzweigenden und (schlecht!) gelb markierten Weg weiter zum Waldbauern. Ca. 100 m östlich des Hofes ist am Waldrand der Steinkreis.

Der Wanderweg Nr. 902 bringt auch von Schloß Krumbach zu dem Gehöft, wo der (schlecht) gelb markierte Weg zum Waldbauern abzweigt (und noch weiter bis Hochneukirchen führt).

LITERATUR

Algermissen Konrad, Bernward und Godehard von Hildesheim, Hildesheim 1960

Augustin Baron Freiherr von, Streifzüge durch die norischen Alpen, Wien 1840

Ast Wilhelm und Hiltraud, Dreihundert Jahre Gnadenstätte Mariahilferberg, Gutenstein 1968

Babenberger. Katalog der Ausstellung »1000 Jahre Babenberger in Österreich«, Wien 1976

Becker M. A., Niederösterreichische Landschaften, Wien 1879
  -- Verstreute Blätter, Wien 1880

Berger Renate, Geschichte von Sakralbauten und Adelssitzen in den Gemeinden St. Pantaleon-Erla, Ennsdorf, St. Valentin und Ernsthofen im Gerichtsbezirk Haag, Niederösterreich, Diss. Wien 1979

Berger Walter, Vierköpfige Lichtstock-Schäfte im nö. Weinviertel. In: Österreichische Zeitschrift für Volkskunde, Wien 1971

Bors Kurt, Archäologisch-geographische Geländeforschung nach mittelalterlichen Ortswüstungen in der Marktgemeinde Sieghartskirchen, Wien 1986

Brunner Otto, Adeliges Landleben und Europäischer Geist, Salzburg 1949

Browe Peter, Die eucharistischen Wunder des Mittelalters, Breslau 1938

Burl Aubrey, The Stone Circles of the British Isles, London 1976

Calliano Gustav, Geschichte der Stadt Baden, Baden 1921

Criste Oskar, Feldmarschall Johannes Fürst von Liechtenstein, Wien 1905

Denkmal-Enthüllungsfeier in Franzensdorf, Franzensdorf 1930

Diehl Gustav Eugen, Das Treufest in Pöchlarn, Wien 1907

Doberer Erika, Die Apsisreliefs von Schöngrabern im Wandel der kunstgeschichtlichen Betrachtung. In: Österreichische Zeitschrift für Kunst und Denkmalpflege, Wien 1984

Donner J. A., Eine Donaufahrt anno 1890, Salzburg 1969

Donin Richard Kurt, Die Kunstdenkmäler der Stadt Hainburg, Wien 1931

Eloga Erika, Albrecht II., Diss. Wien 1952

Elter Josef, Stein- und Holzbildhauer, Krems 1983

Embel Franz Xaver, Schilderungen der Gebirgsgegenden um den Schneeberg in Österreich, Wien 1803

Eppel Franz, Fund und Deutung, Wien 1958
  -- Kunst im Lande rings um Wien, Wien 1963
  -- Die Eisenwurzen, Salzburg 1968

Festschrift 150 Jahre Franzensdorf, Franzensdorf 1986

Fielhauer Hannelore und Helmut, Die Sagen des Bezirkes Scheibbs, Scheibbs 1975

Filip Jan, Keltische Kultplätze und Heiligtümer in Böhmen. In: Vorgeschichtliche Heiligtümer und Opferplätze in Mittel- und Nordeuropa, Göttingen 1970

Fischerlehner Egon, Lochsteine in Oberösterreich. In: Mannus, Köln 1980

Franz Leonhard, Thomas Ebendorfer und der Michelberg bei Stockerau. In: Unsere Heimat, 1928

Franzl Johann, Ferdinand II., Graz 1978

Funk Wilhelm, Deutsche Rechtsdenkmäler, Erlangen 1938

Galler Werner, Die Burschenschaften des östlichen und mittleren Weinviertels, Diss. Wien 1971

Gerhartl Gertrud, Wiener Neustadt, Wien 1978

Goldhahn Richard, Spital und Arzt von einst und jetzt, Stuttgart 1940

Gugitz Gustav, Das Jahr und seine Feste im Volksbrauch Österreichs, Wien 1950
-- Österreichs Gnadenstätten in Kult und Brauch, Wien 1955-58

Gutkas Karl, Geschichte des Landes Niederösterreich, St. Pölten 1974

Haag NÖ, Haag 1982

Habsburg-Lothringen, Theodor Salvator, Wallsee, ein Römerkastell, Wallsee 1977

Häfner Otto, Der heilige Wolfgang, Rothenburg a. N. 1930

Häusler Wolfgang, Geschichte des Servitenklosters Schönbühel an der Donau, Diss. Wien 1969
-- Geschichte von Böheimkirchen, Böheimkirchen 1985

Hagemoser Erich, Beiträge zur Wüstungsproblematik des angehenden Mittelalters im Zusammenhang mit dem Land Niederösterreich, Diss. Wien 1960

Hierzenberger Gottfried, Der magische Rest, Düsseldorf 1969

Hockenmaier Fructuosus, Geschichte der Gnadenstätte Maria Lanzendorf, Lanzendorf 1926

Holzach Michael, Das vergessene Volk, Hamburg 1980

Hula Franz, Mittelalterliche Kultmale, Wien 1970

Ilg Karl, Grenzzeichen in den Alpen. In: Volk und Wissenschaft, Innsbruck 1979

Innerkofler Adolf, Die Brüder von Kirchschlag, Regensburg 1916

Jobst Werner, Provinzhauptstadt Carnuntum, Wien 1983

Joppich J./Kainz F., Beiträge zur Altstraßenforschung im Dunkelsteinerwald. In: Unsere Heimat, Wien 1969

Jünemann Joachim, Rillen und Näpfchen auf sakralen Denkmalen. In: Deutsche Apothekerzeitung, 1977 und 1980

Kafka Karl, Wehrkirchen Niederösterreichs, Wien 1969

Kerschbaumer Anton, Wahrzeichen Niederösterreichs, Wien 1899

Kießling Franz, Die drei Thayaburgen Buchenstein, Eibenstein, Unter-Thurgau, Wien 1895
-- Frau Saga im Niederösterreichischen Waldviertel, Wien ab 1924

Killian Johann, Der Kreuzweg von Bisamberg, Korneuburg 1928

Kirchner Horst, Die Menhire in Mitteleuropa, Wiesbaden 1955

Kisler Karl Michael, Post und Boten in Niederösterreich, St. Pölten 1981

Klein Fritz, Das alte Traismauer, Traismauer 1983

Krabicka Karl, Hennersdorf, Hennersdorf 1978

Kramer Hans, P. Joachim Haspinger, Innsbruck 1938

Kranner Eduard, Krems, Krems 1969

Kretzenbacher Leopold, Das verletzte Kultbild. In: Sitzungsberichte der Bayerischen Akademie der Wissenschaften, München 1977

Kuenringer Die, Katalog der Niederösterreichischen Landesausstellung, Wien 1981

Kunschak Leopold, Steinchen vom Wege, Wien o. J.

Ladenbauer-Orel Hertha, Wieselburg an der Erlauf, das östlichste Imperium des hl. Wolfgang. In: Der hl. Wolfgang, Linz 1972

Lanc Elga, Die mittelalterlichen Wandmalereien in Wien und Niederösterreich, Wien 1983

Lhotsky Alphons, Thomas Ebendorfer, Stuttgart 1957

Loderer Hermine, Bockfließ, Bockfließ 1978

Mailly Anton, Der Tempelherrenorden in Niederösterreich, Wien 1928
– – Ortswahrzeichen von Niederdonau, Wien 1943

Mannhardt Wilhelm, Der Baumkultus der Germanen, Berlin 1875

Matis Herbert, Die Manufaktur und frühe Fabrik im Viertel unter dem Wienerwald, Diss. Wien 1964

Maurer Hermann, Horner Schriften zur Ur- und Frühgeschichte, Horn 1983/84

Maurer Joseph, Geschichte der landesfürstlichen Stadt Hainburg, Wien 1894

Melchers Carlo, Das große Buch der Heiligen, München 1978

Mitmannsgruber Anton, Rund um die Brücke von Kematen, Kematen 1949

Mitscha-Märheim Herbert/Nischer-Falkenhof Ernst, Der Oberleiserberg, Wien 1929

Much Mathäus, Germanische Wohnsitze und Baudenkmäler in Niederösterreich, Wien 1876

Neugebauer Johannes-Wolfgang, Wehranlagen und Grabhügel im pol. Bezirk Mistelbach, Wien 1979

Neumann Elisabeth, Europas Kultur in Groß-Skulpturen, Giessen 1981

Novotny Fritz, Romanische Bauplastik in Österreich, Wien 1930

Oberhautzenthal, 650 Jahre Pfarre, Sierndorf 1983

Österreichs Wiege – der Amstettner Raum, 4 Bände, Amstetten ab 1966

Ondratschek Heinrich, Das Herz des Leithagebirges, Mannersdorf 1912

Pap J. R., Holzriesen, fast vergessene technische Bauten der Forstwirtschaft. In: Festschrift der AV. Sektion Reichenau 1886-1986. Reichenau 1986

Paul Ada, Steinkreuze und Kreuzsteine in Österreich, Horn 1975

Paul Josef, Göttlesbrunn, Göttlesbrunn 1983

Petrin Silvia, Geschichte von Maria Enzersdorf, Maria Enzersdorf 1979

Pulicar Gertrud, Eichendorff und Wien, Diss. Wien 1944

Quellen zur Geschichte der Täufer, Band XI, Gütersloh 1964

Reden Sibylle, Die Megalith-Kulturen, Köln 1978

Reichert F. R., Gottfried Bessel, Mainz 1972

Richter Jürgen, Das Spitalswesen Niederösterreichs und Wiens im Mittelalter, Diss. Wien 1964

Ried Ludwig, 850 Jahre Stadt Korneuburg, Korneuburg 1986

Rigler Johann, Steinkreis bei Krumbach. In: Waldmark Geschichtsblätter, Neunkirchen 1979

Ritter Emmeram, Die Brunnenpyramide zu Göttweig. In: Kulturberichte aus Niederösterreich, Wien 1960

Schabes Alois, Der Raum Leobersdorf in vorgeschichtlicher, römischer und frühmittelalterlicher Zeit, Leobersdorf 1976

Scheiger Joseph, Andeutungen zu einigen Ausflügen im Viertel unter dem Wienerwald, Wien 1828

Schierer Rudolf, Dokumentationen und Sehenswürdigkeiten: Kilb – St. Gotthard und Umgebung, Weinburg 1981

Schiferl Lois, War'n dös Kampln? Wien 1947

Schilder Otto, Der politische Bezirk Gänserndorf, Gänserndorf 1970

Schlombs Walter, Die Entwicklung des Beichtstuhls in der Katholischen Kirche, Düsseldorf 1965

Schmid Werner, Silvio Gesell, Bern 1954

Schmidl Adolf, Der Schneeberg und seine Umgebungen, Wien 1831

Schmidt Leopold, Volkskunde von Niederösterreich, Horn 1966

– – »Post sex«. In: Österreichische Zeitschrift für Volkskunde, Wien 1962

– – Sagen und Legenden im Dunkelsteinerwald. In: Österreichische Zeitschrift für Volkskunde, Wien 1979

Schöngrabern. Internationales Kolloquium des Österreichischen Nationalkomitees des C. I. H. A., Wien 1987

Schönholz Friedrich Anton von, Traditionen zur Charakteristik Österreichs, München 1914

Schnürer Gustav/Ritz J., Sankt Kümmernis und Volto santo, Düsseldorf 1934

Schultes Joseph August, Ausflüge nach dem Schneeberge in Unterösterreich, Wien 1802

Spanuth Heinrich, Der Rattenfänger von Hameln, Hameln 1951

Steininger Hermann, Pranger und Marktsäulen in Niederösterreich. In: Mannus, Bonn 1979

Stundner Franz, Die Verteidigung des Landes Österreich unter der Enns im Dreißigjährigen Krieg, Diss. Wien 1949

Taylor Norman, The story of Sequoia, New York 1962

Thom J. C., Geschichte von Korneuburg und dessen naher Umgebung, Korneuburg 1856

Tscholl Elmar, Römisches Limeskastell in Wallsee. In: Jahresschrift der Österreichischen Gesellschaft für Archäologie, Wien 1977/78

Viertler Johann, Der Schalenstein von Rattendorf. In: Carinthia 1979

Villiger Leo, Catharina Regina von Greiffenberg, Zürich 1952

Volk Peter, Verwundete und Ärzte in der Schlacht bei Wagram 1809, Freiburg im Breisgau 1963

Wannerer/Floner/Schreiber, Karlstetten, Karlstetten 1983

Wilczek Hans, Hans Wilczek erzählt seinen Enkeln Erinnerungen aus seinem Leben, Graz 1933

Wolf Hans, Falkenstein, Horn 1959

Wolkan R., Geschicht-Buch der Hutterischen Brüder, Wien 1923

Wollenik Franz, Kirchschlag in der Buckligen Welt, Kirchschlag 1981

Zaubek Othmar, Wallfahrtsheiligtümer des südwestlichen Waldviertels, Waidhofen/Th. 1974

Zehetner Hans, Führer durch die alten Wachauorte St. Michael – Wösendorf – Joching – Weißenkirchen, St. Michael 1972

Zehn Jahre archäologische Arbeiten im Bezirk Korneuburg, Stockerau 1987

Zwettl, Zwettl 1980/1982

REGISTER

Auch das gab es anno dazumal . . . kurz nach der Jahrhundertwende erschien in Wien einige Zeit allmonatlich ein »Touristen-Witzblatt«. Es blieb bis heute einzigartig in der Alpinliteratur.

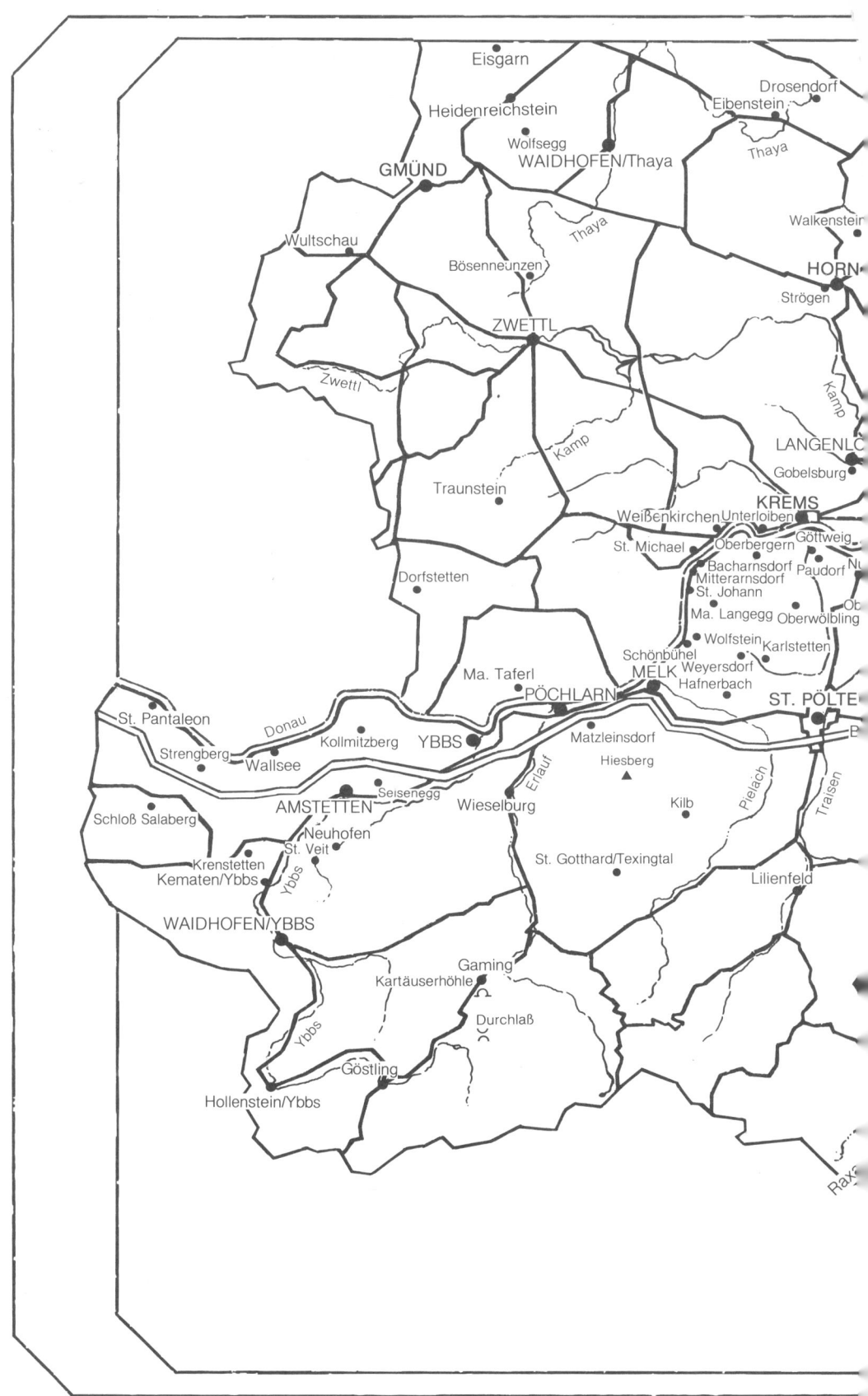